해
방
후
3
년

작가의 일러두기

1. 책에 수록된 인용문은 최대한 원문을 그대로 발췌하고자 했다. 그러나 오늘날 잘 쓰지 않는 한자어나 표현은 독자가 이해하기 쉽도록 풀어 썼으며, 인용문이 너무 긴 경우는 중략하거나 적당히 요약했다.

2. 문장부호는 다음과 같이 통일했다. 책과 잡지 『 』, 논문·소제목 「 」, 신문 《 》, 기사 〈 〉.

3. 책 내용의 많은 부분은 많은 선후배 역사가들의 주옥같은 연구 성과에 기대어 있다. 하지만 아쉽게도 전문 학술서가 아니다 보니 본문에 세세하게 출전을 달지 못하고 대신 책 말미에 참고한 문헌들의 목록을 달아놓았다. 미흡하나마 감사의 마음을 전하고 싶다. 아무쪼록 이 책이 선후배 역사가들의 소중한 연구 성과에 누가 되지 않기를 바란다.

해방 후 3년

건국을 향한 최후의 결전

조한성 지음

생각
정원

| 차례 |

역사의 가능성을 확인하라

1945년 8월 15일, 민족은 해방되었다. 일제의 식민통치는 끝났다. 독립을 위한, 자유를 향한 민족의 오랜 염원은 그렇게 눈앞에 다가왔다. 항복을 밝히는 일본 천황의 방송 연설은 잘 들리지 않았지만, 기쁨과 환희가 방방곡곡에 퍼져 나가는 데에는 그리 많은 시간이 필요하지 않았다.

그러나 민족은 해방의 기쁨을 온전히 누리지 못했다. 오랜 세월 수많은 이들이 목숨을 바쳐 싸웠으나, 막상 해방은 세계대전의 와중에 연합국에 의해 성취되었기 때문이다. 해방은 급작스럽게, 결코 원하지 않았던 것과 함께 찾아왔다. 한반도는 분할 점령되었다. 아시아를 해방시킨 미국과 소련, 두 강대국에 의해.

국내외에서 최후의 결전을 준비했던 한국의 레지스탕스들은 세계대전에 기여할 어떤 기회도 갖지 못한 채 해방을 맞았다. 두 개의 핵폭탄으로 일제의 패망이 앞당겨진 탓이었다. 이로 인해 민족은 스스로 독립을 쟁취할 기회를 놓치고 말았다. 우리는 곧바로 새로운 싸움을 시작해야 했다. 그것은 분할 점령된 한반도에서 민족의 독립을 완성하고 민주주의 민족통일국가를 건설하기 위한 싸움이었다.

해방 후 3년, 그 가능성의 역사

해방은 우리에게 많은 꿈과 가능성을 가져다줬다. 비로소 한반도는 공화의 역사를 시작할 수 있었고, 미국식인지 소련식인지 아니면 제3의 방식인지 선택해야 했지만 민주주의의 역사를 시작할 수 있었다. 민중들은 좀 더 자유롭고 차별 없는 세상을 꿈꿨다. 경작할 땅을 갖거나, 일한 만큼 정당한 보수를 받기 바랐다.

해방 후 3년의 역사는 그런 희망 속에 시작되었다. 더 나은 세상, 더 나은 삶을 위한 희망이었다. 민족을 위해 싸웠던 사람들은 이제 독립의 완성과 민족통일국가의 건설을 위해 나섰다. 민족주의자, 공산주의자, 자유주의자, 사회주의자, 그들의 정치적 성향은 가지각색이었고 지향하는 민주주의는 모두 달랐다. 미국과 영국을 모델로 한 자유민주주의 국가의 건설, 소련을 모델로 한 인민민주주의 국가의 건설, 아니면 미국식 민주주의와 소련식 민주주의를 절충한 좌우연립국가의 건설. 그들이 만들고자 했던 나라의 모습은 모두 달랐다.

해방 후 3년의 역사에는 정말 다양한 꿈이 존재했다. 그리고 그 꿈을 이루기 위해 시행한 무수히 많은 선택과 행동이 있었다. 그들은 뜨겁게 뭉쳤고, 격렬히 싸웠다. 자유, 평등, 민주주의, 권력, 그리고 혁명. 그것은 어쩌면 한 번도 제대로 가져보지 못한 것들에 대한 강렬한 열망의 표현이었을지도 모른다.

선택과 행동은 미래를 바꿨다. 대한민국은 그렇게 만들어졌다. 아무것도 그려지지 않은 하얀 도화지에 그리는 그림은 아니었지만, 해방 후 3년은 어느 때보다 많은 것을 꿈꿀 수 있었고, 어느 때보다 많은 것을 만들 수 있었다. 해방 후 3년의 역사는 가능성의 역사였다.

이 책이 해방 후 3년에 주목하고, 1945년 8월 15일 광복을 맞이한 순간부터 1948년 8월 15일 대한민국 정부가 수립되는 순간까지의 역사를 다루는 이유도 바로 여기에 있다. 해방 후 3년의 역사에서 우리의 출발점과 도착점을 확인하고, 그 과정에서 우리가 선택한 것과 선택하지 않은 것을 찾아내고, 역사의 가능성을 돌이켜보는 것이 그것이다.

7인의 민족 지도자는 무엇을 꿈꿨는가?

이 책은 해방 후 3년에서 가장 중요한 역할을 담당했던 7인의 민족 지도자를 주인공으로 삼았다. 여운형, 박헌영, 송진우, 김일성, 이승만, 김구, 김규식이 그들이다. 1장부터 7장까지는 해방 직후부터 1947년 제2차 미소공동위원회가 종료되는 시점까지, 7인의 민족 지도자들이 각각 어떤 꿈과 지향을 가지고 민족국가를 건설하려고 했는지 서술했다. 동일한 시기의 역사를 7개의 장으로 나누어 서술한 이유는 각 지도자들의 차이를 명확히 하기 위해서였다. 그들이 동일한 시대를 얼마나 다르게 살아갔는지, 그들이 한 일과 하지 않은 일, 그들이 선택한 것과 선택하지 않은 것이 얼마나 다른 결과를 가져왔는지 비교하고자 했다. 마지막 8장은 제2차 미소공동위원회 종료 이후부터 1948년 대한민국 정부가 수립되는 과정을 다뤘다. 이 장은 대한민국이 만들어지는 과정과 한반도가 분단되는 과정을 보여주면서, 분단을 앞두고 각각의 지도자들이 어떤 선택을 했는지 살펴본다.

이 책의 차례에서 민족 지도자들의 순서는 해방 후 활동을 개시한 순서나 귀국한 순서에 따라 배열했다. 여운형이 차례의 맨 앞에 자리한 이유, 김일성이 이승만보다 앞에 서술된 이유는 모두 이 때문이다. 귀국 시점이 같은 김구와 김규식의 경우에는 먼저 중요한 활동이 많았던 김구를 김규식보다 앞서 서술했다.

처음 이 책을 기획할 때에는 해방 후 3년의 또 다른 주역들인 미군정과 소련군 사령부도 각각 독립적인 장으로 구분하여 자세히 다루고 싶었다. 하지만 필자의 역량 부족으로 그런 장 구성은 불가능했기에, 미군정과 소련군 사령부의 입장은 각각 이승만과 김일성의 장에 붙여서 서술했다.

역사의 가능성을 확인하라, 미래의 가능성을 꿈꿔라

해방 후 3년의 역사를 되돌아볼 때, 가장 주의해야 할 것은 결정론적인 시각이다. 해방 후 3년의 역사는 세계자본주의와 세계공산주의의 대립이 시작되는 시점에 자리하고 있어 세계 체제의 규정력에 상당한 영향을 받았다. 이것은 민족의 역량을 모두 결집한다고 해도 쉽사리 극복할 수 없을 만큼 막강한 것이었다. 하지만 그 힘이 강하다고 해서 해방 후 3년의 역사를 처음부터 모든 것이 결정되어 있었던 역사로 판단하면 곤란하다. 해방 후 3년의 역사는 우리 민족이 미·소가 만든 세계 질서와 끊임없이 충돌하며 우리 스스로의 선택에 따라 조금씩 방향을 바꾸고 조금씩 변화를 일으키면서 하나하나 소중하게 만들어간 역사이기 때문이다.

이제 해방 후 3년 민족국가의 건설을 위해 싸웠던 사람들의 이야기를 시작한다. 그들의 꿈과 선택은 과연 무엇이었고, 그것은 미래를 어떻게 바꿔놓았는가. 오늘날 그들의 꿈에서 사라진 것은 무엇이고, 오늘날까지 무엇이 남아 우리에게 전해지는가. 그들의 삶 속에서 '역사의 가능성'을 확인하자. 그리고 지금, 우리의 선택은 어떤 역사를 가능하게 할 것인가?

2015년 8월
조한성

1장

___

자주적 민족국가
건설 프로젝트

| 여운형과 조선인민당 |

●

　　1945년 8월 15일 아침, 한여름의 무더위가 아침부터 기승을 부리던 날, 몽양夢陽 여운형呂運亨, 1886~1947은 계동 집을 나서 스튜드베이커 승용차에 올라탔다. 자동차의 요란한 엔진 소리, 창문을 통해 들어오는 후덥지근한 바람, 말없이 차창 밖을 바라보는 여운형의 표정에서 알 수 없는 긴장감이 드러났다.

　　여운형이 탄 8기통 스튜드베이커는 당시로서는 고위 관료급이나 탈 수 있는 최고급 승용차로, 여운형에게 이 차를 빌려준 이는 자동차 정비업체 '경성서비스'를 운영하는 기업가 정무묵鄭武黙이었다. 그는 4, 5년 전부터 여운형을 따르며 물심양면으로 지원을 아끼지 않았다. 이날도 자동차 한 대를 보내달라는 말에 기꺼이 최고급 자동차와 함께 공장장 홍순태洪淳泰를 운전사로 딸려 보냈다.

　　평소 걸어 다니기를 즐기던 여운형이 자동차를 빌린 것은 의외의 일이었다. 《조선중앙일보》 사장 시절, "《조선일보》 광산왕(방응모方應謨)은 자가용으로 납시고, 《동아일보》 송진우宋鎭禹, 1890~1945는 인력거로 꺼떡꺼떡, 《조선중앙일보》 여운형은 걸어서 뚜벅뚜벅"이란 말이 나돌 정도가 아니던가.

　　사실 여운형은 이날 욕심을 좀 부렸다. 평소와 달리 옷차림에도 특별히 신경을 썼고 수염 손질에도 정성을 다했다. 그는 짐짓 거드름을 피워볼 심산이었다. 이날 약속된 자리는 과분하지만 그에게 민족의 대표 역이 주어질 터였고, 거기서 그는 일본인들에게 온몸으로 세상이 달라졌음을 보여 주고 싶었다. 지금 그는 정무총감 엔도 류사쿠遠藤柳作를 만나러 가는 길이 었다.

해방의 아침

전날 저녁 엔도가 사람을 보내 만남을 요청했을 때, 여운형은 드디어 꿈에 도 그리던 순간이 눈앞에 다가왔음을 알았다. 조선군 참모부 소속의 모 씨 도 일본 천황이 중대 발표를 할 예정이라는 정보를 전해주고 갔다. 여운형 은 그것이 일본의 항복 선언을 의미한다고 생각했다. 일본 본토에서의 결 전이 가까워졌다고 알리는 신문 기사들은 이미 전쟁이 막바지에 이르렀으 며 일본이 곧 패전할 것임을 보여주지 않던가. 평생을 꿈꿔온 한국의 독립 은 그렇게 다가와 있었다.

차창 밖 서울 풍경을 바라보던 여운형은 문득 힘겨웠던 지난날들을 떠올 렸다. 중국에서 오매불망 한국의 독립을 위해 뛰어다니다 체포되어 고국으 로 돌아왔던 일, 일본에서 미국의 공습을 우연히 목격하고 일제의 패전을 확신했던 일, 최후의 결전을 위해 조선건국동맹*을 조직하고 해외의 독립 운동 세력과 연락했던 일······.

그런데 최근 들어 한반도의 정세는 한 치 앞을 내다보기 힘들 정도로 급 변하고 있었다. 강고해 보이기만 했던 일제는 두 발의 핵폭탄으로 인해 예

---

* 조선건국동맹은 1944년 8월 여운형이 만든 비밀 독립운동 단체다. 민족의 대동단결을 통해 일제를 몰아내고 자주적 민족 국가를 수립하기 위해 준비했다.

상보다 빠르게 패망의 길로 빠져들었다. 이제 조국의 해방은 한국의 항일 세력이 최후의 결전을 치르기도 전에 이뤄지게 되었다. 한국의 미래 역시 일본의 패망에 결정적 영향을 미친 연합국의 의향에 따라 좌우될 가능성이 농후해졌다.

안타까운 일이었다. 우리 민족에게 조금의 시간이라도 주어지길 바랐으나 역사는 이를 허용하지 않았다. 하지만 넋 놓고 바라보기만 할 수는 없었다. 한국의 해방이 연합군의 공로임은 분명하지만, 거기에는 수십 년간 피흘리며 싸워온 한국인의 공로도 분명히 들어 있지 않은가. 우리 민족이 스스로 독립할 자격과 능력이 충분함을 이제 만천하에 보여줘야 했다.

중경임시정부(이하 중경임정)와 조선독립동맹 등 한국의 항일 역량이 대부분 해외에 있는 상황에서 무엇보다 중요한 것은 국내 세력의 움직임이었다. 여운형은 국내 세력이 총집중해 일제의 식민지 권력을 대체해야 한다고 생각했다. 그리고 해외의 항일 세력이 돌아오면 그들까지 포함해 단일한 대오를 형성해야 했다. 그것이 한국의 독립과 자주적 민족국가 수립의 유일한 방안이었다. 여운형은 한국의 미래가 오롯이 우리 민족의 힘에 달려 있다고 믿었다. 한국의 독립과 신국가 건설은 이제부터 시작이었다.

필동의 관저에서 만난 엔도는 평정심을 유지하려고 애썼지만 불안한 기색을 완전히 숨기진 못했다. 그는 떨리는 목소리로 일본의 항복 소식을 알리면서 여운형에게 한국의 치안을 맡아달라고 부탁했다. "일본인의 생명은 이제 당신의 손에 달렸다"라고 말할 즈음엔 일말의 연민마저 느껴질 정도였다. 하룻밤 사이에 한국인과 일본인의 입장은 극명하게 달라져 있었다.

여운형은 자신이 치안을 맡는 조건으로 다섯 가지 요구 사항을 제시했다.

1. 전 조선의 정치범·경제범을 석방할 것

2. 서울의 3개월분 식량을 확보할 것

3. 치안 유지와 건설 사업에 아무런 구속과 간섭을 하지 말 것

4. 학생의 훈련과 청년의 조직화에 간섭하지 말 것

5. 조선 내 각 사업장에 있는 일본 노무자들을 우리의 건설 사업에 협력하게 할
   것[*]

그 내용은 자신의 활동이 단순히 치안에만 국한되지 않을 것이란 선언이
었다. 여운형은 치안과 함께 한국의 신국가 건설 사업에 착수하겠다는 의
지를 분명히 드러냈다. 엔도가 원했던 것은 단순한 치안 유지였지만 그는
여운형의 요구를 거절하지 못했다. 한국인들에게 명망이 높은 여운형이 치
안을 맡아주겠다는 것만으로도 감지덕지한 상황이었기 때문이다.

엔도와의 회담 후 여운형은 즉시 안재홍安在鴻, 1891~1965과 조선건국동맹
원을 중심으로 한국의 치안과 건국 사업을 주도할 조직, 조선건국준비위원
회(이하 건준)를 발족했다. 건준은 한국의 자주적 민족국가 건설을 위한 준
비 기관이자, 민족국가 건설을 위한 진보적 민주주의 세력들의 통일연합기
관임을 표방했다. 건준은 한국의 자주적 민족국가 건설을 위한 우리 민족
의 첫걸음이었다.

해방의 날은 왔다. (중략) 이제 민족해방의 제일보를 내딛게 되었으니 지난날의 아
프고 쓰리던 것은 이 자리에서 다 잊어버리고 이 땅에 합리적이고 이상적인 낙원

---

* 여운형이 엔도에게 요구한 사항. 이만규, 『여운형투쟁사』, 총문각, 1946.

1945년 8월 16일, 여운형은 집 앞에 있는 휘문중학교에서 군중들과 해방의 기쁨을 나누고 감격의 첫 연설을 했다.

을 건설하자. 개인적 영웅주의는 모두 버리고 끝까지 집단적으로 일사불란의 단 결로 나아가자.*

8월 16일 오후 1시, 서울 계동의 휘문중학교 운동장에 울려 퍼진 여운형의 일성은 수천 명의 가슴에 해방의 기쁨을 아로새겼다. 한국을 억죄던 일제의 잔악한 식민통치는 그렇게 종말을 맞았다. 그리고 우리 민족이 그토록 바라던 자유는 우리 곁에 성큼 다가왔다. 해방. 무엇이든 꿈꿀 수 있고, 무엇이든 가능한 마술처럼 느껴지는 시간. 해방은 그렇게 찾아왔다.

---

* 1945년 8월 16일 휘문중학교에서 여운형의 연설. 이만규, 『여운형투쟁사』, 총문각, 1946.

· 해방 후 3년

건준, 민족의 자치 능력을 보이다

건준이 맨 처음 한 일은 한국인 정치범과 경제범의 석방이었다. 8월 16일 오전 9시, 여운형은 사상범보호관찰소장 나가사키 유조長崎祐三의 안내를 받으며 서대문형무소와 경성형무소의 정치범·경제범 석방에 입회했다. 그 자리에서 여운형은 한국의 해방 소식을 알리고 석방자들의 노고를 위로했다. 일부 일본인 교도관들은 여운형에게 일본어로 말할 것을 요구하며 발언을 방해했지만, 대세를 거스를 수는 없었다. 형무소 앞에서는 소식을 듣고 달려온 수많은 군중들이 태극기와 만세 합창으로 이들의 석방을 환영했다. 한국인 정치범·경제범의 석방은 한국의 해방을 대표하는 상징적인 사건이었다.

이날 3시에는 건준 부위원장 안재홍의 대국민연설이 경성중앙방송을 통해 전국에 울려 퍼졌다. 안재홍은 신생 한국의 건설을 위해 건준이 조직되었음을 선포하고, 치안 유지와 식량 확보를 위한 인민의 적극적인 협조를 당부했다. 안재홍의 방송은 뜨거운 반향을 불러일으켰다. 그가 언급한 경위대 신설, 정규병 편성, 식량의 확보 및 물자 배급 유지, 통화 안정, 미곡 공출, 정치범 석방 및 대일 협력자 대책 등은 흡사 신정부의 정책 발표와 같았기 때문이다. 방송을 들은 사람들은 정권이 한국인 측으로 완전히 넘어왔다고 생각했고, 스스로 자치기관을 건설해 일제 권력을 대체해야 한다고 생각했다.

이날부터 지방에서는 건준의 지부 건설을 위한 움직임이 폭발적으로 일어났다. 여운형의 측근 이만규李萬珪, 1882~1978의 증언에 의하면, 이렇게 건설된 건준의 지방 지부는 8월 말까지 전국적으로 145개에 달했다. 신국가 건

1945년 8월 16일, 경성형무소 앞에서 만세를 부르는 사람들. 이제 해방된 조국에서 자유, 평화, 민주주의로 거듭나는 삶을 살아갈 수 있다는 희망이 민중의 마음에 가득했을 것이다.

설을 향한 한국인들의 열망은 용광로처럼 끓어올랐다. 이것은 오랜 시간 억눌려온 독립과 민주주의에 대한 열망, 자유에 대한 열망의 또 다른 표현 이었다.

위대한 새 조선의 탄생을 앞두고 세기의 진로(塵勞, 번뇌)를 계속하고 있는 계동의 건국준비위원회는 연일연야 눈코 뜰 새 없이 바쁘다. (중략) 이 본부에 새벽부터 신문기자반, 사진반, 영화촬영반, 방송반 등의 자동차, 오토바이가 그칠 새 없이 들이닿는다. 이웃 어느 부인은 죽을 쑤어 이고 오고, 어느 할머니는 밥을 해 이고 온다. 또 어느 집 부인네는 설탕물과 꿀물을 타서 쟁반에 받쳐 들고 와서 "선생님 잡수시게 해주세요." 하고 쟁반을 내놓고 자취를 감춘다. 또 어느 청년은 가벼운 주머니를 기울여 기금으로 바치고 간다. 어디에 이만한 우리들의 단결력과 애정

이 숨어 있었던고.[*]

건준은 중앙 조직의 결성과 함께 건국치안대와 식량대책위원회를 만들어 한국의 치안과 식량 문제에 적극 대처했다. 건국치안대는 YMCA 체육부 간사이자 유도 사범이던 장권(張權, 1898~1953)을 중심으로 2천여 명의 청년, 학생으로 구성되었다. 이들은 일제로부터 양도받은 무기로 무장하고, 신문사와 방송국을 비롯한 주요 공공 기관을 접수하며 한국의 치안을 담당해나갔다. 지방에서도 자발적으로 만들어진 치안 조직들이 지역의 경찰과 군대를 무력화하고 지방 권력을 대체하기 시작했다. 이정구(李貞求)를 중심으로 조직된 식량대책위원회는 일제의 식량통제기구인 조선식량영단을 접수하고 식량 행정을 장악해가기 시작했다. 이들은 식량 확보, 부정 유출 방지, 운송 기관 확보 등을 통해 한국의 식량 공급에 최선을 다했다.

건준은 해방 후 2~3주라는 짧은 시간 동안 치안과 식량 문제 해결에 큰 성과를 냈을 뿐만 아니라, 민족국가 수립이라는 전 민족적 열망을 거대한 흐름으로 만드는 데 성공했다. 연합국 중에 어느 누구도 우리 민족의 자치 능력을 믿지 않았지만, 한국인들은 건준을 통해 자신의 자치 능력을 세계에 증명했다.

여운형은 건준을 중심으로 민족의 열망을 하나로 묶어내며, 자신의 오랜 꿈인 자주적 민족국가의 수립을 향해 한 발 한 발 나아갔다. 그가 꿈꾸던 자주적 민족국가는 어떤 모습이었을까? 그는 어떤 방법으로 그것을 수립하고자 했을까?

---

[*] 《매일신보》, 1945년 8월 16일 자. 《매일신보》는 해방 후 건국치안대에 의해 접수되어 사원들이 구성한 자치위원회를 통해 운영되었다. 좌파적 논조로 미군정과 갈등을 빚다가 1945년 11월 10일 정간되었다.

해방 후 서울 YMCA에서 있었던 조선건
국동맹 회의. 여운형은 안재홍과 함께
건국준비위원회를 만들고 신국가 건설
을 본격화했다.

대동단결로 인민적 민주주의 국가를 건설하라

우리의 큰길은 민주주의겠고 우리의 최고 이념은 우리 민족의 완전한 해방에 있

다. 우리는 자본 제국주의에서 해방되었으나 사람이 사람을 부리고 사람이 사람

을 속이며 착취하는 비인도적인 모든 기구가 없어져야 하겠다.*

여운형이 생각한 민족의 완전한 해방이란 사람을 부리고 착취하는 모든
비인도적 기구가 철폐되는 세상이었다. 완전한 자유와 평등이 보장되는 세
상. 그는 이러한 세상이 광범한 인민적 민주주의 혹은 진보적 민주주의의
실현을 통해 가능하다고 말했다. 여운형은 이를 인민 전체의 생활 향상을

---

* 여운형, 「나의 정견」, 『인민당의 노선』, 신문화연구소출판부, 1946.

목표로 하는, 즉 국민 대다수의 경제적 해방을 목표로 하는 민주주의라고 설명한다. 이는 곧 대다수 인민이 경제적 해방을 바탕으로 정치, 경제, 사회 모든 부문에서 자유와 평등을 향유하는 민주주의다.

여운형이 말하는 인민적 민주주의 혹은 진보적 민주주의는 당시 공산주의자들이 흔히 사용하던 용어였다. 그는 공산주의자들의 용어를 즐겨 사용했다. 그러나 의미까지 같은 것은 아니었다. 여운형은 현 단계 한국에 '부르주아민주주의혁명'*이 필요하다고 했지만, 혁명의 방식은 공산주의의 계급혁명이 아니라고 분명히 선을 그었다. 그는 한국에 필요한 것은 어디까지나 민주주의혁명이며, 선거를 통해 민주주의로 나아가야 한다고 생각했다.

항일운동기 여운형은 일찌감치 공산주의를 받아들였지만 그것은 민족해방운동의 한 방편에 지나지 않았다. 그는 공산주의가 주장하는 경제적 평등에 깊이 공감했지만, 계급투쟁이나 전체주의적 운동 방식에는 동조하지 않았다.

선거와 의회를 통해 대다수 인민의 경제적 해방과 자유, 평등의 이념을 확대하고자 했다는 측면에서 여운형의 민주주의는 서구의 사회민주주의와 유사했다. 하지만 이 경우에도 내용까지 일치하는 것은 아니었다.

> 우리는 진정한 민주주의적인 정부를 수립해야 할 것이니 이는 입법과 집행의 기능을 통일한 최고 기관으로서 일원제의 민주의회를 철저한 인민 선거의 기초 위

---

* 당시 공산주의자들은 흔히 2단계 혁명론을 주장했다. '부르주아민주주의혁명'으로 토지개혁과 민주주의 권리를 획득한 후, '사회주의혁명(프롤레타리아혁명)'으로 공산주의 사회를 건설하겠다는 것이었다. 공산주의자들이 말하는 부르주아민주주의혁명은 전통적인 부르주아혁명과는 차이가 있었다. 혁명을 통해 얻어내는 민주주의적 개혁의 성과는 유사했지만, 부르주아가 주도하는 부르주아혁명과는 달리 공산주의자들이 주장하는 부르주아민주주의혁명은 노동자와 농민이 주도하는 혁명이었다. 보다 자세한 사항은 제2장 박헌영 편을 참고하길 바란다.

에 확립하고, 중앙집권제에 의한 권력의 집약과 지방자치제에 의한 하부 기관의
창의성을 종합 통일한 행정기구를 구성함에 의해 실현될 수 있는 것이다.[*]

여운형은 기존의 서구 민주주의가 인민의 자유와 평등을 제대로 보장하
지 못했다고 판단했다. 따라서 한국이 신국가를 건설하는 데에는 이러한
약점을 극복할 방안이 적극적으로 마련되어야 한다고 생각했다. 여운형은
인민의 정치적 자유 보장과 능동적 정치 참여를 유도하기 위해 입법과 집
행이 통일된 의회를 구상했다. 이와 함께 중앙권력기구는 중앙집권제로 운
영의 효율성을 높이는 한편, 지방기구는 지방자치제를 통해 구성하여 인민
의 창의적 의견이 표출되는 민주적 창구가 되도록 했다. 결국 이것은 서구
의 의회라는 형식에 소비에트식 운영 방식을 도입해 서구 민주주의의 약점
을 보완하겠다는 복안이었다.

또한 여운형은 경제적 측면에서 주요 산업 시설의 국유화와 토지 문제의
수평적 해결을 통해 봉건 잔재의 청산을 제시했다. 그러나 그는 주요 산업
시설 이외에는 광범한 사적 소유를 인정해 개인적 창의와 이윤 추구를 기
반으로 하는 자본주의적 발전이 보장되어야 한다고 생각했다. 그는 토지개
혁으로 토지를 잃은 지주에 대해서도 충분한 생계 대책이 마련되어야 한다
고 여겼다.

여운형은 향후 한국의 경제정책이 민중 생활의 향상과 신국가의 부강이
라는 두 가지 목표를 향해 나아가야 한다고 생각했다. 이를 위해서 한국은
상당한 기간 동안 자본주의적 경제체제를 유지해야 했다. 여운형은 낙후된

• 여운형, 〈건국과업에 대한 사견〉, 《독립신문》, 1946년 10월 18~22일 자.

• 해방 후 3년

농업국에서 고도의 공업국으로 빠른 발전을 도모하려면 신국가의 독립을 해치지 않는 범위 내에서 연합국의 경제적 원조가 필요하며, 이를 바탕으로 종합적인 계획경제를 수행해야 한다고 보았다.

일본으로부터 해방된 오늘날 민주주의의 새 조선을 건설하는 데 있어서 조선에 적색이 어디 있느냐. 대체 공산주의자를 배제할 필요가 어디 있느냐. 다 같이 민주주의 국가로 건설하면 그만 아니냐. 많고 적은 것은 결국 인민 투표로 결정할 것이다. (중략) 노동자, 농민 및 일반 대중을 위하는 것이 공산주의냐, 만일 그렇다면 나는 공산주의자가 되겠다. 노동 대중을 위해 여생을 바치겠다. 우익이 만일 반동적 탄압을 한다면 오히려 공산주의 혁명을 촉진시킬 뿐이다. 나는 공산주의자를 겁내지 않는다. 그러나 급진적 좌익 이론은 나는 정당하다고 보지 않는다.*

그럼 자주적 민족국가를 건설할 방법은 무엇인가? 여운형은 그 유일한 방법은 민족의 대동단결뿐이라고 믿었다. 건준을 민족국가 건설을 위한 진보적 민주주의 세력들의 통일연합기관이라 규정한 것도 이러한 이유에서였다. 그는 민족해방을 완수하고 신국가를 건설하는 데 좌우익의 구별은 무의미하다고 판단했다. 그는 신국가 건설을 위한 민족통일전선에서 제외되는 것은 극히 일부의 반민족 세력이면 족하다고 믿었다.

여운형은 좌우익의 결속을 토대로 민족의 총의를 모으기 위해 전국적인 '인민대표회의' 소집을 기획했다. 인민대표회의를 통해 인민의 뜻을 대변할 인민위원을 선출할 생각이었다. 선출된 인민위원들은 '국민대헌장회의

---

* 여운형,《매일신보》, 1945년 10월 2일 자.

(가칭)'를 구성하고 헌법과 국호 등 신국가 건설에 필요한 중대 사항들을 논의할 예정이었다.

여운형이 기획한 인민대표회의와 국민대헌장회의는 실행 주체인 한국인들이 하나로 뭉쳐 단일한 대오를 형성할 때 가능한 것이었다. 그래야만 인민들로부터 부여된 유일무이한 권위가 작동할 수 있기 때문이다. 건준을 통해 좌익 세력을 규합하는 것은 성공적이었다. 건준 중앙에는 여운형을 중심으로 한 중도좌파 세력을 비롯해 박헌영朴憲永, 1900~1955의 재건파 조선공산당*과 장안파 조선공산당** 등 좌파의 주요 세력이 모두 참여했다. 문제는 우익이었다. 건준 중앙에 참여한 우익 세력은 안재홍을 비롯한 극소수에 머물렀기 때문이다.

여운형은 송진우에게 건준 참여를 적극 권유했다. 송진우의 건준 참여는 우익 내 단일 최대 계파인 동아일보 세력의 합류를 의미했다. 동아일보 세력의 지도력과 친화력을 고려할 때 그들의 참여는 흥사단 계열의 기독교 세력이나 여타 우익 세력들의 동참을 유도할 가능성이 높았다. 여운형이 친일 활동이 명백했던 김성수金性洙, 1891~1955를 건국 사업에 함께할 인물로 평가한 이유도 여기에 있었을 것이다.

그러나 송진우는 끝까지 움직이지 않았다. 그는 중경임정이 들어올 때까지 경거망동하지 말라며, 중경임정이 들어오면 그들을 추대해 신국가를 건설해야 한다고 주장했다. 송진우의 건준 참여 거부로 건준을 통한 민족 역

• 재건파 조선공산당은 1945년 9월 11일 박헌영을 중심으로 결성된 공산주의 정당이다. 정식 공산당 결성 전에 재건준비위원회를 꾸렸기 때문에 '재건파'라고 불렸다.

** 장안파 조선공산당은 1945년 8월 16일 이영(李英, 1889~1960), 정백(鄭栢, 1899~1950), 최익한(崔益翰, 1897~?) 등이 중심이 되어 결성한 공산주의 정당이다. 종로 장안빌딩에서 조직되었다고 하여 '장안파'라고 불렸다. 재건파와 장안파 조선공산당에 대한 자세한 사항은 제2장 박헌영 편을 참고하길 바란다.

량의 총결집이라는 목표는 큰 차질을 빚었다.

　그렇지만 여운형은 정세를 낙관했다. 해방 공간에서 우리 민족이 보여준 뜨거운 건국 열기가 결국에는 좌우를 하나의 무대로 이끌어내리라 생각했던 것이다. 한국의 정세가 한국인의 자율성을 보장하는 방향으로 흘러갔다면 아마도 그의 예측이 맞았을 것이다. 하지만 한국의 사정은 그렇지 못했다. 한국의 정세는 38선을 중심으로 한 미·소 양국의 분할 점령이 시작되면서 급격히 변화했다. 특히 남한의 경우가 심했는데, 모든 변화의 중심에는 미군의 진주進駐가 자리하고 있었다.

건준에서 인공으로

해방 직후 한반도에는 소련군이 진주할 것이라는 소문이 무성했다. 미군이 진주한다는 소문도 있었지만, 소련군 진주가 더 사실처럼 받아들여졌다. 그 이유는 소련군이 8월 8일 대일본 선전포고를 한 이후 빠른 속도로 진격해왔기 때문이다. 일제 당국은 소련군이 늦어도 8월 17일까지 서울을 점령할 것이라고 예측했고, 여운형에게도 소련군 진주 소식이 이미 정해진 일인 양 알려줬다. 엔도가 여운형의 제안을 가감 없이 받아들였던 이유에는 소련군의 한반도 점령 소식이 큰 비중을 차지하고 있었다. 미군이 아니라 소련군이 점령한다는 사실이 그들을 더 큰 절망 속에 빠뜨렸고, 그 충격과 공포가 여운형의 요구를 곰곰이 따져볼 겨를조차 없게 만들었던 것이다.

　소련군의 진주 소식이 반갑지 않기는 한국의 우익 세력 역시 마찬가지였다. 다수의 인사들이 친일 혐의에서 자유롭지 못해 몸을 사리고 있던 상황에서, 공산주의 종주국 소련의 점령이라는 소문은 앞으로 다가올 미래를 더욱 불안하게 만들었다. 해방 직후 그들이 섣부른 행동을 자제하면서 숨죽여 정세를 관망했던 이유는 바로 여기에 있었다.

그런데 소련군의 진군이 38선 부근에서 멈추고, 38선 이남에 미군의 진주 소식이 전해지면서 한국의 정세는 요동치기 시작했다. 그 첫 번째 변화는 건준 내 우익 세력의 이탈과 건준 밖 우익 세력의 결속이었다.

건준 내 우익 세력의 대표자 안재홍은 향후 한국의 신국가가 민족주의 세력의 주도하에 건설되어야 한다고 생각했고, 좌익 세력은 민족주의 세력을 지지하며 2선에 머물러야 한다는 이른바 '민공협동' 노선을 추구했다. 이를 실현하고자 그는 건준에 참여하면서 건준 내 우익 세력의 주도권을 확보하기 위해 최선을 다했다. 그러나 건준에 결합한 우익 세력이 절대적으로 부족했기 때문에 그는 김병로金炳魯, 1887~1964, 원세훈元世勳, 1887~1959 등을 건준으로 끌어들여 세력을 강화하고자 했다.

하지만 그의 시도는 좌익 세력의 반대와 우익 세력의 건준 불참 결정으로 실패했다. 건준에 들어오려던 우익들이 갑자기 건준 불참을 결정한 이유는 미군의 진주 소식 때문이었다. 그동안 정세를 관망하던 우익들은 미군 진주가 확실시되면서 중경임정 추대를 주장하며 독자세력화에 나섰다. 굳이 좌익들이 자리 잡고 있는 건준에 참여하지 않더라도 충분히 정치 세력화가 가능하다고 판단했던 것이다. 결국 9월 1일 조선국민당(이후 국민당으로 개칭), 16일 한국민주당(이하 한민당) 등 우익 정당들이 결성되었고, 안재홍은 건준을 탈퇴했다.

조선 독립은 단순한 연합국의 선물이 아니며 우리 동포가 과거 35년간 유혈의 투쟁을 계속해온 혁명으로 오늘날 자주독립을 획득한 것이다. 그러므로 혁명에는 기탄이 필요치 않다. 혁명가는 먼저 정부를 조직하고 인민의 승인을 받을 수 있다. 급격한 변화가 있을 때에 비상조치로 생긴 것이 인민공화국이다. (중략) 당초에 연합국이 진주한다면 국권을 받아들일 수 있도록 준비한 것이 인민공화국이다.*

미군의 진주 소식이 일으킨 두 번째 변화는 건준의 해체와 조선인민공화국(이하 인공)의 탄생이었다. 인공은 9월 6일 저녁 경기여고에서 개최된 전국인민대표자대회를 통해 수립되었다. 인공의 탄생과 함께 건준은 발전적인 해체를 맞았고, 지방도 중앙의 변화에 맞춰 건준 지부에서 지방인민위원회로 개편되었다. 지방인민위원회는 1945년 말까지 남한 145개, 북한 70여 개 시·군에 조직되었다. 이는 거의 모든 시·군을 망라한 것이었다.

인공의 탄생은 외형적으로 한국인에 의한 정부 수립을 의미했다. 그러나 인공의 설립은 많은 논란을 야기했다. 우선 인공을 탄생시킨 전국인민대표자대회의 대표성이 문제가 되었다. 전국인민대표자대회는 여운형이 계획했던 '인민대표회의'를 현실화한 것으로, 제대로 된 대표성을 가지려면 민주적이고 합리적인 절차에 따라 광범한 인민을 대표할 수 있도록 다양한 방면에서 인민대표를 소집해야 했다. 그러나 인공의 수립을 서두르면서 인민대표는 건준 관계자와 재건파 공산당, 일부 연락이 가능한 지방 대표들로 채워지는 데 그쳤다. 이로 인해 인공은 심각한 대표성 논란에 휩싸이고

---

* 여운형의 연설. 이만규, 『여운형투쟁사』, 총문각, 1946.

말았다.

결국 인공은 좌우를 망라한 민족통일전선 정부를 표방했지만, 그보다는 좌익 정부로 인식되었다. 지방에서는 좌우 세력이 함께하는 경우가 많았지만, 중앙에서는 여운형을 중심으로 한 중도좌파 세력과 박헌영을 중심으로 한 좌파 세력으로 한정되어 있었기 때문이다. 인공은 중앙에서도 우익의 비율을 높이기 위해 우익의 참여를 독려했지만 별다른 성과를 얻지 못했다.

9월 14일 인공의 정부조직 발표는 인공에 대한 반발을 더욱 가속화시켰다. 박헌영의 재건파 공산당 세력이 여운형 측과 상의도 없이 이승만李承晩, 1875~1965을 주석으로 하는 정부조직을 발표했던 것이다. 여운형은 인공 수립을 결정하기는 했지만 정부조직까지 발표할 생각은 없었다. 정부를 조직하는 것은 어디까지나 군정 당국과의 양해하에서 이뤄져야 한다고 보았기 때문이다. 그러나 박헌영 측은 여운형이 정치 테러*로 요양차 서울을 비운 사이 정부조직 발표를 강행해 극심한 반발을 야기했다. 우익은 자신들 누구도 인공의 정부조직 참여를 수락한 적이 없다고 반발하면서, 인공이 아직 국내에 들어오지도 않은 이승만, 김구金九, 1876~1949, 김규식金奎植, 1881~1950 등 저명한 애국자들의 명의를 도용하고 있다고 비난했다.

사실 박헌영 측이 이승만을 인공의 수반으로 내세운 것은 무지로 인해 벌어진 한 편의 코미디였다. 인공이 내세운 우익 인사 가운데 이승만만큼 반공 성향이 강한 인물도 없었기 때문이다. 인공의 삽질에 톡톡히 덕을 본 이는 이승만이었다. 공산주의자들이 앞장서 그의 인지도를 높여준 셈이었

---

* 해방 후 한국에서는 정치 테러가 극성을 부렸다. 특히 여운형은 가장 주목받는 정치인이어서, 해방 후 2년간 10여 차례에 이를 정도로 빈번하게 정치 테러의 대상이 되었다.

으니 말이다.

인공의 급조에 반발한 것은 우익만이 아니었다. 장안파 공산당도 인공이 민의를 제대로 대표하지 못하는 편향된 정부라고 비판하고 나섰다. 북한의 공산주의자들 역시 앞으로 수립될 정부는 친일반동분자를 제외한 모든 계층을 망라한 정권이어야 한다고 하면서 인공의 존재를 부인하는 듯한 인상을 풍겼다. 결국 인공은 남북 전체에서 가장 강력한 조직력을 갖춘 한국인 최고의 자치조직이었지만, 몇 가지 결정적인 실수로 인해 대부분의 정치 세력에게 부정당하는 신세가 되고 말았다.

여운형은 왜 이렇게 인공의 설립을 서둘렀을까? 그는 미군의 진주 이전에 한국의 민의를 대표하는 과도정부를 수립하는 것이 유리하다고 판단했다. 잘되면 미국에게 정식으로 정부의 자격을 인정받을 수도 있고, 안되더라도 최소한 미국의 정치적 협의 대상은 될 수 있을 것이라 여긴 것이다. 문제는 미군 진주라는 상황에 맞추다 보니 시간이 너무 촉박했다는 점이다. 이로 인해 인공은 한국인 전체가 아니라 일부만을 대표하는 정부가 되었다. 여운형이 한 최초의 치명적인 실수였다.

미군정의 인공 부정 정책
———

1945년 9월 8일, 미군 제24군이 인천항에 상륙했다. 인천항에는 미군을 환영하기 위해 많은 한국인들이 모였다. 그런데 일본군의 삼엄한 경계 속에 상륙한 미군은 왠지 해방군이라기보다는 점령군에 가까운 모습이었다. 이날 미군을 환영하러 나왔던 한국인 두 명이 사망했다. 미군으로부터 호위

경계를 요청받은 일본군이 발포한 것이다. 일본군에 의한 것이긴 했지만 이는 향후 미군과 한국인들의 관계를 암시하는 상징적인 사건이었다.

미군은 진주 후 곧바로 조선총독부를 대신해 미군정청을 설립하고 이것이 남한 내 유일한 정부임을 천명했다. 인공의 존재는 즉각 부인되었다. 미군정은 중앙과 지방을 통틀어 남한 내에서 가장 잘 조직되고 영향력이 강했던 인공을 '정부를 사칭하는 일개 괴뢰정당'으로 취급했다. 그들에게 인공은 좌익 세력에게 점거된 불순한 조직이자 분쇄 대상이었다.

여운형도 인공과 같은 취급을 받았다. 미군정 사령관 하지John Reed Hodge, 1893~1963는 진주한 지 한 달 정도 지난 후에야 여운형을 만났다. 그는 여운형을 일제의 돈을 받아 정권을 가로챈 친일 사기꾼인 양 취급했다. 하지의 태도는 미군정 주변에서 통역과 고문으로 활약하던 한국인 극우 인사들과 한민당의 악선전이 작용한 결과였다.

조선에 진주한 지 약 한 달여가 지난 후인 1945년 10월 중순경, 하지 장군과 아놀드 장군은 짐짓 나를 환영하는 태도를 취했소. 악수를 하고 난 뒤, 하지 장군이 내게 던진 첫 질문은 "왜놈과 무슨 관련이 있지?"였고, 내 대답은 "없소!"였소. 그러자 다시 "왜놈으로부터 돈을 얼마나 받았지?"라고 묻더이다. 대답은 역시 "그런 적 없다"였소. 나는 그의 질문과 비우호적 태도에 완전히 당황했소이다.*

문제는 진주 초기부터 미군이 한국인보다 일본인의 말을 더 신뢰하고, 일제에 복무했던 관료들과 경찰들, 한민당과 극우적 인사들의 말을 더 신

---

* 1947년 9월 16일 여운형이 김용중(金龍中, 1898~1975)에게 보낸 편지. 정병준, 『몽양여운형평전』, 한울, 1995에서 재인용.

뢰했다는 점이다. 이러한 미군의 태도는 한국의 상황을 객관적으로 바라보는 데 방해가 되었을 뿐만 아니라 민족의 단결을 저해하는 중대한 요인이 되었다.

미군이 여운형과 인공을 푸대접한 이유는 좌익적 색채가 짙다는 판단 때문이었다. 그러나 여운형과 인공이 반드시 그런 것은 아니었다. 여운형은 인맥으로는 우익보다 좌익에 더 가까웠지만 정치적 성향은 공산주의자라기보다 민족주의자에 더 가까웠다. 인공 역시 중앙에서는 좌익 세력이 강했지만 지방에서는 우익들도 상당한 영향력을 발휘하고 있었다. 미군정 초기 미군정 안팎에서 인공을 주요한 정치 파트너로 인정해야 한다는 의견이 나왔던 것도 이 때문이다.

미군정이 인공을 그렇게 인정하고 인공 내 우익 세력의 강화를 정책적으로 추진했다면 미군은 좀 더 손쉽게 남한의 정세를 자국에 유리한 방향으로 이끌었을 가능성이 높다. 그것이 바로 소련군이 북한을 장악한 방법이었다. 하지만 미군정은 인공의 좌익적 성향을 과대평가해 인공을 인정하는 것이 곧 남한의 공산화를 의미하는 것이라 판단했고, 시종일관 적대적으로 몰아붙이는 오류를 범하고 말았다.

안타깝게도 미군정의 인공 부정 정책은 그들이 결코 원하지 않았던 방향으로 인공을 변질시켰다. 미군정이 인공을 탄압할수록 인공 안에는 탄압에 잘 훈련된 공산주의자들만이 남게 되었던 것이다. 결국 박헌영의 재건파 공산당은 인공의 중앙인민위원회를 중심으로 인공의 중앙과 지방을 모두 장악하기에 이르렀다. 박헌영은 정치적으로 최고의 수혜자가 되었다. 해방 직후 여운형에 비하면 보잘것없는 세력에 불과했던 그였지만, 인공수립 이후 여운형 지지 세력을 광범위하게 흡수하며 여운형을 압도하기 시작했다.

이렇게 인공에서 정치적 주도권을 잃고 다수의 지지 세력을 조선공산당 측에 넘겨준 것이 여운형의 두 번째 치명적인 실수였다. 그가 건준과 인공을 중심으로 민족의 역량을 통일시키기 위해 동분서주하던 사이, 그의 경쟁자들은 이미 조선공산당이니 한민당이니 하며 자파 세력을 결집하기 위해 온 힘을 기울이고 있었다. 조선건국동맹이나 건준에서 함께했던 동지들도 대부분 언제부터인가 해방 후 난립한 여러 정당의 일원이 되었다. 자기 세력의 결집보다 민족의 대동단결을 우선시했던 여운형은 이러한 세태에 절망할 수밖에 없었다. 하지만 암울한 현실 속에서도 새로운 기회가 찾아왔다. 그것은 정당통일운동이었다.

좌우 갈등을 넘어 정당을 통일하라

모든 것을 국민의 총의에 물어 하루바삐 의견을 일치하는 것이 옳다고 생각합니다. 국민대회를 소집해 임시정부를 지지할 것인가 인민공화국을 지지할 것인가 아니면 새로운 무엇을 만들 것이냐를 국민의 총의에 물어야 합니다. 즉, 최후의 재판은 반드시 국민이 내려야 할 것입니다. 오늘 이 자리에서 무슨 결의라도 나는 것이 있다면 나는 여기에 절대복종하겠습니다.*

해방 후 우후죽순처럼 수많은 정당이 난립하자 세간에서는 정당의 통일

• 10월 5일 각정당수뇌간담회에서 여운형의 발언. 『조선주보』 1권 1호, 1945년 10월 15일.

을 요구하는 의견이 날로 거세졌다. 분열과 갈등이 자칫 민족의 완전한 독립과 신국가 수립이라는 염원을 허무하게 무너뜨릴지도 모른다는 두려움이 확산되었기 때문이다. 결국 1945년 10월 5일, 좀처럼 한자리에 모이지 않던 조선공산당과 한민당 등 좌우를 대표하는 주요 정당이 만났다. 정당통일을 바라는 여론의 압력을 더 이상 외면할 수 없었던 것이다.

정당 간의 대화는 쉽지 않았다. 좌익과 우익 세력들은 각각 인공과 중경임정을 내세워 자신들에게 유리한 방향으로 논의를 전개하기에 급급했다. 하지만 인공의 대표로 참석한 여운형은 달랐다. 그는 민족의 통합을 위해서라면 당장이라도 인공을 해산할 수 있다고 선언했다. 여운형의 발언으로 분위기는 급반전했다. 그 결과 10월 10일 '각정당행동통일위원회'라는 상설회의체가 탄생했다.

각정당행동통일위원회에 참여한 정당과 단체는 무려 43개에 달했다. 그만큼 정당통일운동의 열기가 뜨거웠다. 위원회는 38선 문제와 일본인 재산 문제 등 긴급한 문제를 논의하는 장이자, 정당 통일을 위한 주요 정당 지도자들의 협의기구로서 민족의 대동단결에 대한 민중의 열망을 대변했다. 하지만 10월 16일 이후 위원회는 급속히 힘을 잃었다. 이승만이 귀국한 것이다.

이승만이 귀국하자 여론의 관심은 모두 그에게 쏠렸다. 사람들은 이승만이 현 정국의 난맥상을 모두 해결해주길 바랐다. 그에 대한 기대는 좌우익이 따로 없었다. 결국 각정당행동통일위원회는 자신의 임무를 모두 이승만에게 넘겼다. 10월 23일, 각정당행동통일위원회는 이승만이 주도한 독립촉성중앙협의회(이하 독촉중협)로 전환할 것을 선언했다. 독촉중협에는 각정당행동통일위원회가 그러했듯이 좌우의 주요 정당이 모두 참여했다.

그러나 안타깝게도 이승만에 대한 전 민족적 기대는 그리 오래가지 않았다. 이승만이 독선적이고 편파적인 태도로 일관하며 독촉중협을 우익 중심으로 운영하면서 좌파의 이탈을 촉진했기 때문이다. 결국 여운형과 박헌영 등 좌파 세력은 독촉중협을 탈퇴했고, 각정당행동통일위원회로 시작된 정당통일운동의 성과는 연기처럼 사라지고 말았다.

인민당은 몽양(여운형)의 정치이념을 실천하는 대정당을 만들고자 출발한 것이다. 진보적 민주주의로 투쟁과 혁명정신을 버리지 않고 파열과 편벽을 피해 완전한 중간 당으로 나선 것이다. 조선 민중은 해방 후 세계 사조의 급류와 국제정치의 선풍에 부딪혀서 좌우로 흔들리고 있었다. 그러나 흔들리는 진자는 멈출 때가 있다. 진자가 서는 곳은 지구의 중심 방향이다. 인민당의 임무는 가운데 서서 좌우로 흔들리는 민중이 멈춰 설 곳을 가리키는 것이다.*

정당통일운동이 실패로 돌아가면서 민족 분열의 위기는 점점 고조되었다. 한반도의 정세는 미·소 양군의 38선 분할 점령 이후 미·소가 내뿜는 강력한 자력에 영향을 받았다. 시간이 갈수록 한국의 역량은 양극에 이끌려 좌우로 분립되는 양상을 보였다.

결국 건준과 인공의 지도자였던 여운형은 박헌영 세력에게 잠식당한 인공과 거리를 두면서 독자적인 세력화를 꿈꿨다. 그에게는 좌우를 묶어 자주적 민족국가의 수립을 추진할 세력이 필요했다. 좌우로 흔들리는 민중을 중심 방향으로 안내할 중도파의 정당, 조선인민당(이하 인민당)이었다.

---

* 이만규, 『여운형투쟁사』, 총문각, 1946.

1945년 11월 12일, 수많은 인파가 운집한 가운데 인민당의 결성식이 열렸다. 이 자리에서 여운형은 인민당이 전 노동 대중과 진보적 자본가와 지주까지 포함하는 대중정당임을 표방했다. 조선공산당과 한민당이 포섭하지 못하는 계층을 포함해 전 계층에 걸친 광범한 지지 기반을 바탕으로 민족의 완전한 해방과 자주적 민족국가 건설에 앞장서는 것, 그것이 그의 출사표였다.

정당통일운동의 실패 이후 세간의 관심은 중경임정과 인공의 통일합작 운동에 쏠렸다. 11월 23일 김구와 김규식 등 중경임정 요인들의 귀국이 만들어낸 현상이었다. 여운형도 양 정부의 통일운동에 최선을 다했다. 인공이 그러했듯이 중경임정은 미국으로부터 임시정부로 승인받지 못해 어려움을 겪고 있었다. 만약 중경임정과 인공이 합작한다면 국내 정부와 국외 정부의 합작이자 좌익 세력과 우익 세력의 합작으로서 광범한 대중의 지지를 얻게 될 가능성이 높았다. 그렇게 된다면 미국도 더 이상 그 존재를 부정할 수 없게 된다. 중경임정과 인공의 통일은 현실적으로 좌우 연립정권으로 가는 가장 손쉬운 지름길이었다.

그러나 중경임정과 인공의 협상은 지지부진했다. 중경임정은 인공에게 임정의 법통을 인정할 것과 임정의 부서와 요직을 그대로 인정할 것을 요구했다. 그들은 좌익에게 2~3개의 신설 부서만을 허용할 작정이었다. 인공이 받아들이기 힘든 조건이었다.

정부 통일에 대한 협상이 진척되지 않는 사이 한반도의 정세는 급격히 변화했다. 12월 27일, 모스크바삼상회의 결의안에 관한 보도가 나오면서 남한 정계가 대혼란에 휩싸인 것이다. 소위 신탁통치안 파동이었다.

신탁통치안 파동을 극복하라

——

1. 조선을 독립국가로 재건설하며, 조선을 민주주의적 원칙하에 발전시키는 조건을 조성하고, 일본의 장구한 조선 통치의 참담한 결과를 가급적 속히 청산하기 위해, (중략) 임시 조선민주주의정부를 수립할 것이다.

2. 조선임시정부 구성을 원조할 목적으로 (중략) 남조선 미국점령군과 북조선 소련점령군의 대표자들로 공동위원회가 설치될 것이다. 그 제안 작성에 있어 공동위원회는 조선의 민주주의 정당 및 사회단체와 협의해야 한다. (중략)

3. 조선 인민의 정치적, 경제적, 사회적 진보와 민주주의적 자치 발전과 독립국가의 수립을 원조 협력할 방안을 작성함에는, 또한 조선임시정부와 민주주의 단체의 참여하에서 공동위원회가 수행하되, 공동위원회의 제안은 최고 5년 기한으로 4국 신탁통치의 협약을 작성하기 위해 미·영·소·중 제국 정부와 협의한 후 제출되어야 한다.[*]

모스크바 결의안은 조선임시정부의 수립과 5년간의 신탁통치 실시를 골자로 하는 국제적 합의의 결과물이었다. 이것은 4개국 신탁통치를 통해 한국에서 소련의 영향력을 약화시키고 자국의 이익을 극대화하고자 했던 미국의 입장과, 혁명적 분위기의 한국에서 즉각적인 임시정부의 수립이 자국에 우호적인 정부를 탄생시키기에 유리하다고 판단한 소련의 입장이 교묘히 절충된 결과였다. 이로 인해 결의안은 상당히 애매모호한 성격을 띠었다.

———

* 모스크바삼상회의 결의안, 1945년 12월 28일. 서중석, 『한국현대민족운동연구』, 역사비평사, 1991에서 재인용.

하지만 여기서 중요한 것은 신탁통치가 아니라 임시정부의 수립이었다. 더구나 분명한 것은 임시정부의 수립이 먼저이고 신탁통치는 그다음이었다는 점이다. 미소공동위원회(이하 미소공위)가 한국의 정당 및 사회단체와 협의해 임시정부를 수립하고, 미소공위가 임시정부와 민주주의 단체와 협의해 한국을 원조할 방안, 즉 4개국 신탁통치안을 마련하는 것이었기 때문이다. 신탁통치는 분명히 신생국가의 기능을 일부 제한하겠지만 임시정부 수립 이후에 진행되므로 한국인들이 우려하듯이 신생국가의 독립을 완전히 부정하는 것은 아니었다. 그래서 '독립국가의 수립을 원조 협력할 방안'이라는 설명이 붙여진 것이다.

그런데 12월 27일 《동아일보》 등 남한의 주요 언론들은 실제와 달리 미국이 즉시 독립을 주장하고 소련이 신탁통치안을 주장했다고 보도함으로써 큰 파란을 일으켰다. 특히 한민당의 기관지와 같았던 《동아일보》는 12월 29일 마치 신탁통치안이 모스크바 결의안의 전부인 것처럼 보도하며, 결의안에서 가장 중요한 '임시정부 수립' 결정을 의도적으로 무시했다. 반소·반공노선에 입각한 악의적인 왜곡 보도였다.

중경임정을 중심으로 한 우익 세력들은 대대적인 반탁운동을 벌이기 시작했다. 반탁운동은 다음 해 1월까지 남한 정국을 뜨겁게 달궜다. 이는 독립에 대한 한국인들의 뜨거운 열망의 발현이었다. 하지만 우익들은 반탁운동을 자신들의 세력 확장에 적극 활용했다. 이를 통해 그들은 좌파에게 내줬던 대중적인 지지 기반을 상당 부분 찾아올 수 있었다. 반탁 입장에서 돌연 찬탁으로 돌아선 조선공산당의 결정도 우익에게 큰 보탬이 되었다.

문제는 모스크바 결의안이 한국 문제를 해결하기 위한 유일한 국제적 합의라는 데 있었다. 한국이 독립을 완성하고 민족국가를 수립하기 위해서는 좌익이든 우익이든 결의안에 입각한 국제적 합의를 존중할 필요가 있었다. 그런데 우익 측이 결의안을 신탁통치안 그 자체로 받아들이고 거부함으로써 한국 문제의 해결은 상당한 난관에 봉착하고 말았다.

우리 같은 지도자층이 없었던들 조선의 통일은 벌써 성공했을 것이다. (중략) 모스크바삼상회의 결정을 자세히 모르고 덮어놓고 피로 싸운다는 것은 너무 경솔한 짓이다. 삼상회의는 단순한 조선 문제만이 아니고 전 세계적 문제이므로 개중에 지지할 점도 있고 배척할 점도 있다. 덮어놓고 지지한다는 것도 너무 지나친 처사다. (중략) (지도자들이) '탁치'라는 문제를 정확히 파악지 못하고 대중을 어지럽게 하는 것은 큰 과오다. 과거에는 정당 싸움으로 민중을 두 갈래로 분립시켰던 것을 이번엔 탁치를 이용해 민족을 재분열시킨 것은 중대한 과실이다.[*]

여운형은 찬·반탁 논쟁의 탁류를 주요 정당의 합의로 해결하고자 했다. 1946년 1월 7일, 인민당의 주도하에 4당 대표가 한자리에 모였다. 여기에는 인민당의 이여성李如星, 1901~? · 김세용金世鎔, 1904~?, 조선공산당의 박헌영 · 이주하李舟河, 1905~1950, 한민당의 원세훈 · 김병로, 국민당의 안재홍 · 백홍균白泓均 등이 참석했다. 이날 회담에는 인공 측의 이강국李康國, 1906~1955, 임정 측의 김원봉金元鳳, 1898~1958 · 장건상張建相, 1882~1974 · 김성숙金星淑, 1898~1969 등도 참관인으로 참석했다. 좌우익의 주요 지도자들을 총망라한 것이다. 4당 회담은 성공적이었다. 그들은 회담 결과를 4당 공동성명으로 발표했다.

• 여운형, 〈탁치를 정시하라〉, 《조선인민보》, 1946년 1월 16일 자.

· 해방 후 3년

조선 문제에 관한 모스크바 삼국 외상회의의 결정에 대해 조선의 자주독립을 보

장하고 민주주의적 발전을 원조한다는 정신과 의도는 전적으로 지지한다. 신탁

문제는 장래 수립될 우리 정부로 하여금 자주독립의 정신에 기해 해결케 한다.*

4당 공동성명은 해방 후 주요 정당이 합의에 성공한 첫 번째 사례였다. 더구나 4당이 모스크바 결의안의 내용을 정확히 이해하고 합리적인 대처 방안을 모색하겠다고 선언한 것이어서 대중의 기대도 어느 때보다 높았다. 사실 모스크바 결의안의 이행에 앞서 국내 세력이 한자리에 모여 합의를 이뤄내고, 이를 바탕으로 공동의 대처를 모색한다면 신탁통치 문제의 해결도 그리 요원한 일이 아니었을지 모른다.

그러나 공동성명이 발표된 직후 우익 진영은 모든 합의를 뒤집었다. 세간의 기대가 절망으로 바뀌는 순간이었다. 가장 먼저 태도 변화를 보인 것은 한민당이었다. 한민당은 4당 합의가 반탁 정신을 몰각했기 때문에 승인할 수 없다고 선언했다. 자신의 대표들이 한 합의를 하루 만에 번복한 것이다. 애초에 4당 합의가 가능했던 이유는 한민당 대표로 나왔던 원세훈과 김병로가 한민당의 주류 세력보다 합리적이고 민족주의적 성향이 강했기 때문이다. 한민당 주류는 그들의 합의를 받아들이지 못했다. 여기에는 송진우 사후 한민당의 복잡한 내부 사정도 큰 영향을 미쳤다. 한민당이 합의안을 번복하자 국민당 역시 비슷한 이유를 들어 4당 합의를 거부했다. 여운형은 중도우익 성향의 신한민족당을 포함하는 5당회담으로 정당 간 논의의 불씨를 이어가고자 했지만 별다른 성과는 내지 못했다.

---

* 4당 공동성명, 《조선일보》, 1946년 1월 9일 자.

삐걱거리는 1차 미소공동위원회

국내 정치 세력들의 논의가 무산되면서 이제 공은 미국과 소련으로 넘어 갔다. 그리고 1946년 3월 20일, 미소공위가 시작되었다. 미·소 양국이 모 스크바삼상회의 결의안에 입각, 한국 문제를 해결하기 위해 국제적 협상 에 돌입한 것이다. 미소공위의 시작으로 한국은 새로운 희망에 부풀어 올 랐다. 미소공위가 신탁통치 파동을 계기로 본격화된 좌우 갈등을 해소하고 독립의 완성과 민족국가의 수립이라는 염원을 이뤄주기를 바랐다.

당시 남북한의 정치 상황은 악화 일로였다. 미·소 양국이 남북에 각각 자신의 정치적 기반을 공고히 하는 데 온 힘을 기울이면서, 남북 간 대결이 본격화된 것이다. 2월 8일 북한에서 수립된 북조선임시인민위원회와 2월 14일 남한에서 조직된 남조선대한국민대표민주의원(이하 민주의원)이 미· 소 대결의 실체였다.

민주의원은 미군정의 자문기관으로, 비상국민회의 최고정무위원회를 이 름만 바꾼 것이었다. 비상국민회의는 이승만의 독촉중협과 김구의 비상정 치회의가 합쳐져 조직된 우익 통합체였기 때문에, 이를 기반으로 탄생한 민주의원도 사실상 우익 단체였다. 민주의원이 결성되자 좌익 세력들은 다 음 날 민주주의민족전선(이하 민전)으로 결집했다. 민전은 민족통일전선체 를 표방했지만 그 실상은 민주의원에 맞서기 위한 좌익 단체였다. 이렇듯 미·소 양국의 대결은 한국의 좌우 세력을 더욱 극심한 갈등과 대립으로 몰 아갔다. 미소공위는 이러한 분위기 속에서 시작되었다.

미소공위는 모스크바 결의안에 입각해 미·소 양국이 남북의 주요 정당 및 사회단체와 협의해 임시정부를 구성하고, 임시정부 참여하에 4개국 신

1946년 3월 20일, 미소공동위원회가 개막되었다. 이 위원회는 미·소 양국이 한국 문제를 국제적 합의에 따라 처리할 수 있는 유일무이한 공간이었다.

탁통치협약을 작성한다는 계획을 수립했다. 첫 번째 과제는 미소공위와 협의할 남북 주요 정당과 사회단체를 결정하는 것이었다. 그런데 미소공위는 첫 단계부터 삐걱거렸다. 소련 측이 모스크바 결의안에 반대하는 세력, 즉 반탁운동 세력과는 협의할 수 없다고 주장했기 때문이다. 사실상 우익 세력 대부분을 협상에서 배제하겠다는 논리였다.

미소공위는 미·소 양측의 의견 대립으로 공전을 거듭했다. 그러다가 소련 측이 '공동성명 5호'를 통해 모스크바 결의안을 지지하는 선언서에 서명하는 정당과 사회단체는 협의 대상에 포함한다는 양보안을 제시하면서 미소공위는 다소 활기를 되찾았다. 하지는 여러 차례 성명을 발표해 우익들의 서명 참여를 종용했다. 그는 신탁이 한국을 위한 원조援助안이라고 설명하면서, 한국인의 능력에 따라 최대 5년 내에서 원조 기간을 결정할 수 있고 원하지 않으면 전혀 받지 않을 수도 있다고 주장했다. 또한 선언서에 서명만 하면 미소공위의 협의 대상이 될 수 있고 임시정부에도 참여할 수 있다며, 서명을 하더라도 찬탁을 의미하는 것은 아니라고 주장했다. 하지는 임시정부 수립 후에는 반탁을 해도 무방하다고 덧붙였다. 그러자 반탁을 고수하던 이승만과 김구 등 우익 세력들이 모스크바 결의안을 지지하는 선언서에 서명하기 시작했다.

그러나 미소공위는 또다시 극심한 대립을 벌였다. 소련 측이 하지의 성명과 임시정부 수립 후 반탁운동을 계속하겠다고 선언한 우익들의 태도를 문제 삼고 나섰던 것이다. 미국 측이 제출한 협의 대상 명부도 문제를 일으켰다. 미국 측이 제출한 20개의 정당과 사회단체 가운데 우익은 17개나 된 반면, 좌익은 3개에 불과했기 때문이다. 미·소 양측의 의견 대립으로 미소공위는 더 이상 진전되지 못했다. 결국 5월 9일 미소공위는 무기한 휴회를 선언하고 말았다.

좌우합작운동을 시작하다

단독정부가 출현한다면 나뿐 아니라 전 민족이 반대할 것이다. 나는 민전이나 민주의원을 초월한 통일기관의 필요를 적극적으로 제창한다. (중략) 현재 좌우익은 악화된 감정과 경제적 이해에 관한 문제로 대립되어 있다. 감정은 피차에 풀고 좌우익이 합작해 우리 민족 전체의 의사를 대표하는 통일기관을 만들어야 할 것이다.*

미소공위가 무기휴회되자 한국의 미래는 암흑 속으로 빠져들었다. 민족은 좌우로 분열되었고, 한국 문제 해결을 위한 국제적 협정의 이행은 무산

---

* 여운형, 《중외신보》, 1946년 6월 12일 자.

될 위기에 처했다. 그러자 두 갈래의 움직임이 나타났다. 하나는 이승만의 단독정부(이하 단정) 수립 주장이었고, 다른 하나는 좌우합작운동이었다.

이승만의 단정 주장은 민족통일국가의 수립을 포기하고 남한만의 단독 정부를 세우자는 것이었다. 민족이 위기에 처하자 오직 정권의 탈취만을 노리는 자들이 움직이기 시작한 것이다. 단정은 민족의 정서상 결코 쉽게 받아들일 수 없는 주장이었다. 하지만 미·소가 남북으로 분할 점령하고 있는 현실에서 분단 세력의 등장은 그만큼 조국의 분단이 현실화되고 있음을 의미했다. 만약 이대로 민족의 분열이 극복되지 못한다면 단정 세력은 점점 더 늘어날 수밖에 없었다.

좌우합작운동은 이러한 민족의 위기를 극복하기 위해 탄생했다. 그 시작은 중도좌파를 대변하는 여운형이었고, 파트너는 중도우파를 대변하는 김규식이었다. 그들의 만남은 민족의 완전한 독립과 민족통일국가의 수립을 꿈꾸는 이들에게 분단의 위기를 극복할 유일무이한 대안이었다.

여운형은 좌우합작을 추진하면서 임시정부 수립을 위한 종합적인 계획을 준비했다. 개인 차원의 연석협의체 구성, 단체 차원의 연석협의체로 확대, 남북 차원의 연석협의체로 확대, 미소공위와의 협의하에 조선임시정부 수립 등 4단계로 구성된 계획이었다.* 그는 좌우의 지도자들이 격의 없이 만나는 것이 중요하다고 여겼고, 그 만남을 통해 상호 간 신뢰를 구축하고 각 정당과 단체로 논의의 장을 확대해야 한다고 생각했다. 이를 바탕으로 좌우 남북을 포괄하는 협의체를 구성하고, 미소공위와 함께 임시정부 수립으로 나아가자는 생각이었다.

---

* 정병준, 「1946~1947년 좌우합작운동의 전개과정과 성격변화」, 『한국사론』 29, 1993.

여운형은 좌우합작운동을 시작하며 좌우 남북을 묶는 전달자 역할을 자임했다. 특히 그는 주요 정세의 변화 때마다 북한을 비밀리에 방문해 김일성金日成, 1912~1994을 비롯한 북한 지도자들과 협의해왔기 때문에 북한과의 협상에 자신이 있었다. 사실 당시 정치인들 가운데 좌우 남북을 모두 아우를 수 있는 사람은 여운형밖에 없었다.

미군정은 좌우합작운동 초기부터 적극적인 개입을 시도했다. 그들은 여러 차례 좌우합작을 지지하는 성명을 발표하며 좌우합작운동에 대한 세간의 관심을 고조시켰다. 그 까닭은 무엇일까? 미군정은 미소공위가 결렬되자 군정의 지지 기반을 우익에서 중도 세력까지 확대할 계획을 세웠다. 자신의 지지 기반이던 민주의원이 그동안 남한 대중의 호응을 거의 받지 못한 데다 우편향적 성격으로 인해 소련과의 협상 자리에서도 아무런 역할을 하지 못한 것이 정책 변화의 주요 이유였다. 미군정은 좌우합작운동을 통해 중도 세력을 육성함으로써 남한 대중의 지지를 확보하고, 이승만과 김구 등 반탁 세력을 잠시 2선으로 물러나게 해 대소 협상력을 높이고자 했다. 중도 세력을 부각시켜 좌파의 영향력을 감소시키는 것도 중요한 정책 목표였다. 이와 함께 미군정은 겉으로 분명히 드러내지는 않았지만 민주의원을 대체하는 새로운 임시 입법기관의 설립도 계획하고 있었다.

1946년 7월 여운형과 김규식의 노력으로 좌우합작운동은 정당·사회단체 간 연석협의체로 발전하는 데 성공했다. 이에 따라 좌우익은 각각 5명씩 좌우합작위원 10인을 선출하기로 하고, 좌익 대표로 여운형·허헌許憲, 1885~1951·김원봉·정노식鄭魯湜, 1891~1965·이강국을, 우익 대표로 김규식·원세훈·김붕준金朋濬, 1888~1950·안재홍·최동오崔東旿, 1892~1963를 선출했다. 조선공산당부터 한민당에 이르기까지 좌우익 주요 정당과 단체를 아우르는 구성이었다. 이들의 공식 명칭은 '좌우합작위원회'로 정해졌고, 첫 회의는 7월 25일 열렸다. 출발은 순조로웠다. 그런데 이들을 방해하는 세력이 있었으니, 박헌영의 조선공산당이었다.

좌익 측의 좌우합작 5원칙

1. 조선의 민주독립을 보장하는 삼상회의 결정을 전면적으로 지지함으로써 미소 공동위원회 속개 촉진운동을 전개해 남북통일의 민주주의 임시정부 수립을 매진하되 북조선민주주의민족전선과 직접 회담해 전국적 행동 통일을 기할 것.

2. 토지개혁(무상몰수, 무상분배), 주요 산업 국유화, 민주주의적 노동법령 및 정치적 자유를 위시한 민주주의 제 기본 과업 완수에 매진할 것.

3. 친일파 민족반역자, 친파쇼 반동 거두들을 완전히 배제하고 테러를 철저히 박멸하며 검거 투옥된 민주주의 애국지사의 즉시 석방을 실현해 민주주의적 정치 운동을 활발히 전개할 것.

4. 남조선에 있어서도 정권을 군정으로부터 인민의 자치기관인 인민위원회로 즉시 이양토록 기도할 것.

5. 군정 자문기관 혹은 입법기관 창설에 반대할 것.[*]

박헌영은 우익이 받아들일 수 없는 조건들을 제시해 좌우합작을 방해했다. 박헌영의 의도는 우익이 자신들의 의견을 받아들이지 않을 경우 우익의 반동성을 만천하에 드러내 비판하겠다는 것이었는데, 이는 사실상 민족통일전선을 부정하고 좌우합작을 깨뜨리겠다는 것과 크게 다르지 않았다.

---

* 《독립신보》, 1946년 7월 27일 자.

좌익의 좌우합작 5원칙 제시에 대해 우익은 8원칙으로 대응했다. 우익이 제시한 8원칙은 좌익이 중시하던 토지개혁 등 사회개혁에 대한 의지가 불분명하다는 점에서 좌익과 큰 차이가 있었다. 좌익과 우익은 다시 한 번 메울 수 없는 간극을 확인한 셈이었다. 결국 좌우합작위원회는 출범과 동시에 좌우 갈등의 깊은 골짜기에 빠져 멈춰 서고 말았다.

여운형은 분노했다. 그는 박헌영의 민족 분열적 태도를 이해할 수 없었다. 하지만 좌우합작의 주요 축 가운데 하나인 좌익 세력이 반대하는 한, 그가 할 수 있는 일은 거의 없었다. 결국 여운형은 박헌영이 제안했던 3당 합당 추진으로 상황을 돌파하고자 했다. 3당 합당이란 좌파 주요 정당인 조선공산당, 인민당, 조선신민당*을 하나의 대중정당으로 통합하는 것이었다. 1946년 들어 미군정이 좌익 세력에 대한 공격을 노골화하자 좌파들은 3당 합당을 필수 불가결한 전술로 받아들였다. 3당 합당을 통해 미군정의 공격을 분산 약화시키는 한편, 좌익 세력의 역량을 강화할 수 있다고 판단했던 것이다. 여운형 역시 좌익 정당을 하나로 묶으면 좌익 간의 갈등을 상당히 해소할 수 있고, 향후 좌우합작운동에도 큰 도움이 될 것이라 판단했다.

8월 3일, 여운형은 인민당 명의로 조선공산당과 조선신민당에 합당을 제의했다. 이미 합당에 대한 필요성도 널리 공유되어 있었고, 각 당 상층부가 합당 방식에 합의한 후 합당을 추진한다는 약속도 되어 있었기 때문에 합당 과정은 순조로울 것으로 예측되었다. 그러나 3당 합당 논의를 표면화하

---

* 조선신민당은 1946년 2월 조선독립연맹을 중심으로 조직한 정당이다. 평양에 중앙 조직주석 김두봉(金枓奉, 1889~?), 부주석 한빈(韓斌, 1901~?)을 두고, 서울에는 경성특별위원회(위원장 백남운(白南雲, 1894~1979))를 두는 등 남북을 아우르는 조직을 가지고 있었다.

자 여기저기에서 심각한 갈등이 노출되었다. 먼저 조선공산당이 주도권 싸움에 휘말렸다. 박헌영의 경성콤그룹* 계열과 반박헌영파 계열이 당권을 두고 대립하기 시작한 것이다. 이와 함께 인민당과 조선신민당도 각각 두 개의 그룹으로 분열되었다. 조선공산당과 완전 합의에 입각하여 당 대 당, 대등한 통합을 주장하는 측과 사실상 흡수 통합을 의미하는 무조건적 합당을 주장하는 측의 대립이었다.

원래 여운형은 3당 합당의 방법으로 각 지방 단위 조직에서부터 합당을 결의하고 그 결과를 모아 전체대표대회에서 합당을 최종 결정하는 민주적 방식을 원했다. 그러나 조선공산당은 각 당 대표가 모여 먼저 합당을 선언하고 하부 단위를 조직해가는 하향식 합당 방식을 주장했다.

합당 방법에 대한 합의가 이뤄지지 않자 조선공산당은 인민당과 조선신민당에 침투해 있던 공산당 프락치를 총동원해 양당을 흔들어댔다. 그들의 공세는 중앙과 지방을 포함하여 전방위적으로 이뤄졌다. 공산당 프락치들은 순식간에 양당 중앙 조직에서 다수파를 형성해 무조건적 합당을 관철시키고자 했다. 인민당 여운형, 조선신민당 백남운 등 양당 지도부의 의견은 철저히 무시되었다. 이로 인해 양당의 당내 갈등은 최고조에 달했고 3당 합당은 좌파의 단결이 아니라 분열의 씨앗이 되었다.

좌파 분열의 중심에는 박헌영이 있었다. 그는 두 정당과의 약속을 무시하고 조선공산당의 조직력을 동원하여 조선공산당에 유리한 방식으로 3당 합당을 관철하고자 했던 것이다. 이와 함께 박헌영은 9월 총파업**을 통해

---

* 경성콤그룹은 1939년 이관술(李觀述, 1902~1950), 김삼룡(金三龍, 1910~1950) 등이 박헌영을 지도자로 하여 결성한 공산주의 비밀조직이다. 일제 말 최대 공산주의 조직으로, 해방 후 조선공산당 재건의 핵심 세력이 되었다.

** 9월 총파업은 조선공산당이 조선노동조합전국평의회(전평)를 통해 일으킨 총파업이다. 조선공산당이 신전술 채택 이후 대중조직을 동원해 벌인 최초의 대중파업이었다.

미군정과 직접적인 대결에 나섰다. 이른바 신전술新戰術이었다. 신전술이란 미군정의 공격에 맞서 힘으로 미군정의 탄압을 분쇄하겠다는 맞대응 전술이었다. 여기에는 강경노선으로 좌파 내 반대파를 제압하겠다는 의도도 숨어 있었다.

좌파의 분열은 미군정이 절실히 바라던 바였다. 그들은 여러 가지 공작으로 좌파의 분열에 기름을 부었다. 이와 함께 조선공산당에 대한 탄압을 더욱 가속화하고 중도 세력을 종용해 좌우합작운동을 재개하도록 힘썼다. 좌파에서 조선공산당을 분리해내고 미국의 정책에 동의하는 온건한 사회주의자들만 남겨 자기편으로 끌어들이려는 것이었다.

이와 함께 미군정은 좌우합작운동을 과도입법기구 설치 문제와 적극적으로 연계하기 시작했다. 자신의 최종 목표를 명확히 한 것이다. 미군정은 여운형과 김규식을 설득해 좌우합작위원회가 입법기구 설치를 제안하도록 종용했다. 미군정은 자신들이 주도해 만든 민주의원이 처참히 실패한 적이 있었기 때문에 입법기구만큼은 한국인의 뜻에 의해 설립된다는 모양새를 갖추길 원했다. 미군정은 만약 좌우합작위원회가 입법기구 설치를 도와준다면, 입법기구의 의원 2분의 1을 좌우합작위원회가 추천할 수 있도록 하겠다는 제안으로 여운형과 김규식을 유혹했다.

결국 여운형과 김규식은 미군정의 제안에 동의했다. 그 결과 10월 7일 좌익의 좌우합작 5원칙과 우익의 8원칙을 절충한 좌우합작 7원칙이 발표되었다. 대체로 좌익 측 입장이 반영된 가운데 과도입법기구의 설치를 제안하는 조항이 별도로 첨가된 것이 7원칙의 특징이었다.

좌우합작 7원칙

1. 조선의 민주독립을 보장한 삼상회의 결정에 의해 남북을 통한 좌우합작으로 민주주의 임시정부를 수립할 것.

2. 미소공동위원회 속개를 요청하는 공동성명을 발표할 것.

3. 토지개혁에 있어 몰수, 유조건 몰수, 체감 매상 등으로 토지를 농민에게 무상으로 분여하며 시가지의 기지 및 대건물을 적정 처리하며 주요 산업을 국유화해 사회노동법령 및 정치적 자유를 기본으로 지방자치제의 확립을 속히 실현하며 통화 및 민생문제 등등을 급속히 처리하여 민주주의 건국 과업 완수에 매진할 것.

4. 친일파 민족반역자를 처리할 조례를 본 합작위원회에서 입법기구에 제안하여 입법기구로 하여금 심리 결정해 실시케 할 것.

5. 남북을 통해 현 정권하에서 검거된 정치운동자의 석방에 노력하고 아울러 남북 좌우의 테러적 행동을 일체 즉시로 제지토록 노력할 것.

6. 입법기구에 있어서는 일체 그 권능과 구성 방법, 운영 등에 관한 대안을 본 합작위원회에서 작성해 적극적으로 실행을 기도할 것.

7. 전국적으로 언론, 집회, 결사, 출판, 교통, 투표 등의 자유가 절대 보장되도록 노력할 것.*

그러나 좌우합작 7원칙은 좌우익 양측에게 환영받지 못했다. 좌익에게 문제가 된 것은 입법기구 설치 조항이었고, 우익에게 문제가 된 것은 토지개혁 조항이었다. 애초에 7원칙에 서명한 좌익들은 여운형을 비롯한 중도

---

* 《동아일보》, 1946년 10월 8일 자.

좌파 세력밖에 없었기 때문에 조선공산당의 지지를 받기는 어려웠다. 조선 공산당은 입법기구 설치 조항이 단정으로 가는 도구라고 생각했기 때문에 여운형 측을 극도로 비난했다. 우익은 의견이 갈렸다. 토지개혁에 두려움을 느끼고 있던 한민당 내 주류 세력은 반대를 명확히 했지만, 김구와 한국독립당(이하 한독당)* 세력 등은 7원칙을 적극 환영했던 것이다.

김규식과 여운형은 7원칙에 서명하면서 과도입법기구 수립의 조건으로 세 가지 전제 조건을 내세웠다. 첫째는 모든 정치범의 석방, 둘째는 경찰행정기구의 전면적 개혁, 셋째는 친일파 숙청이었다. 이와 함께 그들은 미군정으로부터 몇 가지 조건을 보장받았다. 첫째는 좌우합작위원회가 입법기구 의원 2분의 1을 추천할 권한이고, 둘째는 간접선거로 치러질 의원선거에서 친일파 및 민족반역자는 대의원이 될 수 없도록 한 것이다. 그리고 간접선거 방식에서 민주주의 보장 약속이나 선거 감시원의 파견, 빠른 시일 내에 직접선거에 의한 입법기구로 대체할 것 등이 그 내용이었다. 또한 여운형은 미소공위의 조속한 재개를 주장했다. 여운형과 김규식은 입법기구가 미군정의 자문기구에 그치는 것이 아니라 명실상부한 한국인의 자치기구가 되기를 원했다. 과도입법기구가 좌우를 대변하는 한국인의 진정한 자치기구가 되면 이를 기반으로 미소공위를 재개해 임시정부 수립으로 나아갈 수 있다고 생각했다.

그러나 미군정은 7원칙이 통과되는 순간 좌우합작위원회를 배신했다. 그들에게 필요한 것은 단지 입법기구 수립 조항이었을 뿐, 좌우합작위원회가 내세운 전제 조건이나 요구 조건이 아니었다.

---

* 한국독립당은 1940년 4월 김구를 중심으로 조직된 정당이다. 중경임시정부의 주류 세력을 대변하는 정당으로, 우익적 성향을 가졌다. 흔히 한독당으로 약칭한다.

좌우합작은 모스크바삼상 결정에 의해 규정되어 있는 미소공위를 속개시켜 외부적으로 우리의 과도정부 수립을 촉진시키고 내부적으로 남북의 통일을 기하는 정치 협상인 것이다. 그러므로 좌우합작과 입법기관은 전연 별개의 것이다. 입법기관 설치의 선행조건으로서 정치범의 석방, 현 경찰행정기구의 전면적 개혁, 친일파의 숙청 등을 좌우합작위원회에서 군정 당국에 제시한 바 있었고 또한 동의를 얻었던 것이다. 그러므로 기본 조건이 관철되어야만 군정 당국의 요청에 응할 수가 있다는 것은 두말할 것도 없다. 나는 비민주적인 지방대의원 선거에 대해 일부분 개선 등으로는 도저히 문제가 해결되지 않는 만큼 전적으로 반대하는 바다.*

미군정은 10월 14일부터 10월 31일까지 입법기구 의원을 선출하기 위한 선거를 강행했다. 어떤 전제 조건도 실현되지 않은 채 실시된 선거였다. 선거법에 의하면 보통선거여야 했지만 사실상 세대주가 투표하는 제한선거였고, 일정한 납세액 이상을 납부하는 자에게만 투표권을 주는 차별선거였다. 게다가 동, 면, 군, 도에 걸친 4단계의 간접선거여서 민주성을 보장받기도 힘들었다. 대부분 선거를 처음 경험하는 한국인들에게 선거를 위한 교육이나 선전도 제대로 이뤄지지 않았다. 결국 선거는 온갖 부정과 비리가 판치는 부정선거가 되고 말았다.

민선의원 선거 결과는 이승만과 한민당의 압승으로 나타났다. 이승만과 한민당이 각 지방의 선거를 관리하고 각종 탈법과 부정선거를 주도했기 때문이다. 더구나 10월 항쟁**의 와중에 치러진 선거여서 처음부터 좌파 세력

---

* 여운형, 《조선인민보》, 1946년 11월 7일 자.
** 10월 항쟁은 1946년 10월 대구에서 시작된 민중항쟁이다. 총파업 중 대구에서 경찰의 발포로 노동자 한 명이 사망하면서

은 대부분 배제될 수밖에 없었다. 그들 대부분은 검거의 선풍에 휩싸여 있었다. 관선의원의 경우도 우익 일변도인 것은 마찬가지였다. 관선의원은 김규식, 원세훈, 안재홍 등 합작위원회 우측 대표와 미군정의 레너드 버치 Leonard Bertsch 중위가 합의해 선출했는데, 하지는 몇 번의 거부권 행사 끝에 자신이 용납할 수 있는 우익들만 선출되도록 했다.

여운형은 입법기구 설립을 반대한다는 성명을 발표했지만 미군정은 꿈쩍도 하지 않았다. 결국 여운형은 12월 12일 개원한 남조선과도입법의원에 참가하기를 거부했다. 입법기구를 한국인 자치기관으로 만들어 토지개혁과 친일파 처단 등 주요 개혁을 실시하고, 미소공위 재개와 임시정부 수립의 발판으로 삼으려던 그의 계획은 물거품처럼 사라졌다. 남은 것은 좌파들이 던지는 배신자의 딱지뿐이었다.

3당 합당 역시 실패로 돌아갔다. 11월 중순경 박헌영의 무조건적 합당 방식에 반대했던 3당의 잔여 세력은 여운형의 뜻과 상관없이 그의 명의를 도용해 사회노동당(이하 사로당)을 결성했다. 조선공산당은 반대 세력을 아우르지 못한 채 인민당과 조선신민당의 동조 세력만으로 11월 23일 남조선노동당(이하 남로당)을 결성했다.

여운형은 절망했다. 그의 정치적 위상은 더 이상 떨어질 곳도 없을 만큼 추락했고 우파와 좌파 모두에게 배척당하는 신세로 전락했다. 결국 여운형은 12월 4일 전격적으로 정계 은퇴를 선언했다.

합작운동은 전 민족통일을 의도함이요, 좌당 합동은 혁명 역량을 단일화하려 함

시작되어 경상남북, 전라남북, 강원 등 전국으로 퍼져 나갔다. 친일 경찰과 친일 관공리의 등용, 식량 공출, 물가 폭등 등 미군정의 여러 정책에 대한 불만이 항쟁의 주요 원인이었다.

· 해방 후 3년

이다. 그러나 현상은 근본 의의와는 정반대 방향으로 나아가고 있다. 이러한 난국에 처해 역량 없고 과오 많은 내가 이 중임을 지려다가 일보도 전진 못 하고 넘어져 이를 그르치는 것보다는 차라리 민중 앞에 사죄해 이 중책에서 물러남이 옳다고 생각한다. 이것은 내가 혁명전선에서 이탈하려는 것이 아니라 지도자의 자리에서 내려서는 것이요, 나의 여생을 민주 진영의 한 병졸로서 건국 사업에 바칠 것을 맹세한다.[*]

2차 미소공동위원회와 중도 세력의 부상

정계 은퇴 후 여운형은 고향인 경기도 양평에 은거했다. 그러나 한국의 정국은 여운형에게 한낱 시골 노인으로서의 한적한 삶을 허용하지 않았다. 1947년 1월 여운형은 정치 활동을 재개했다. 연초부터 불어오던 미소공위 재개 움직임과 일부 좌파들의 강력한 인민당 재건 요구가 그 이유였다.

구 인민당의 잔여 세력이나 남로당에 합류하지 않은 좌파들은 여운형의 지도를 강력히 요구했다. 북한의 김일성도 여운형의 정계 복귀를 희망했다. 김일성은 남로당이 포함하지 못한 좌파들이 생각보다 많았기 때문에 이들을 새로운 조직으로 묶어 혁명의 지지 세력으로 남겨둬야 한다고 생각했다. 이를 위한 적임자는 여운형밖에 없었다. 김일성은 직계 고위공작원 성시백成始伯, 1905~1950까지 동원해 여운형의 조직 사업을 도왔다. 김일성이 여운형을 적극 지원한 이면에는 남로당으로부터 소외된 여운형이 미국 측

---

* 여운형의 정계 은퇴 성명서, 《조선일보》, 1946년 12월 5일 자.

과 더 가까워질지도 모른다는 두려움도 컸다. 만약 그렇게 된다면 그것은 좌익 측에게 커다란 손실이 될 터였다.

아니나 다를까. 1947년 3월 미군정은 인도에서 열리는 범아시아회의에 여운형을 한국 대표로 위촉했다. 미군정의 입장에서 이것은 여운형에 대한 마지막 평가였다. 그들은 국제적 외교 무대를 빌려 여운형이 앞으로 얼마나 미국 정책에 협조적인 인사가 될 것인지 시험하려 했다. 미군정의 의도와는 별개로 여운형은 한국의 독립 열망과 민족통일국가 수립 요구를 세계 만방에 선전할 필요가 있다고 생각해 미군정의 제안을 흔쾌히 받아들였다. 하지만 그는 인도에 가지 못했다. 인민당 재건을 준비하던 좌파들이 신당 준비를 핑계로 그의 인도행을 적극 만류했기 때문이다. 애초부터 미군정은 여운형을 별로 신뢰하지 않았지만 그의 인도행 번복은 미국의 신뢰를 결정적으로 끊어놓는 계기가 되었다.

1947년 5월 21일, 미소공위가 재개되면서 한국의 완전한 독립과 민족통일국가 수립이라는 한국인의 열망은 다시 한 번 뜨겁게 타올랐다. 여운형은 5월 24일 근로인민당을 창당하고 통일운동을 재개했다.

미소공위 재개로 여운형과 김규식의 정치적 입지는 크게 강화되었다. 미군정 역시 이승만과 김구를 견제하기 위해 서재필徐載弼, 1864~1951을 귀국시키는 등 중도파의 입지 강화에 힘을 실어줬다. 세간에는 미소공위가 성공해 임시정부가 수립되면 초대 수반은 김규식이 될 것이라는 예측이 난무했다. 이승만도 초대 수반은 김규식, 부수상은 여운형과 김두봉이 될 것이라고 예측할 정도였다.

미소공위는 성공이 점쳐질 정도로 순조롭게 진행되는 듯했다. 그러자 위기감을 느낀 극우 세력이 중도 세력과 마찰을 일으키기 시작했다. 중도 세

서재필을 마중 나간 여운형과 김규
식(왼쪽부터 김규식, 서재필, 여운형).
1947년 7월, 미군정은 이승만과 김구
를 견제하고 중도파의 입지를 강화하
기 위해 서재필을 귀국시켰다.

력이 미군정청과 경찰조직 내에서 친일파 제거를 주장하면서 갈등의 골은 점점 더 깊어졌다. 중도 세력은 극우 청년단체의 테러 위협에 시달렸다. 미 소공위의 성공 가능성이 높아지고 권력의 향배가 중도 세력에게 가까워진 다고 판단될수록 테러의 위협은 거세졌다. 7월 19일 오후 서울 혜화동 로터 리에서 울린 총성도 그중 하나였다.

암살

1947년 7월 19일, 여운형은 여느 날처럼 스튜드베이커 자동차에 몸을 실었 다. 1945년 8월 15일 엔도를 만나러 갔던 해방의 날 이래 정무묵의 스튜드 베이커 자동차는 언제나 여운형의 든든한 두 발이 되어줬다. 이날의 운전 사도 공장장 홍순태였다. 정무묵과 홍순태는 늘 묵묵히 여운형의 힘이 되 어주는 고마운 사람들이었다. 이날은 경호원 박성복朴性復과 이제황李濟晃, 1910~1981도 동승했다. 해방 후 10여 차례에 이를 정도로 정치 테러에 시달려

언제나 여운형의 발이 되어줬던 스튜드베이커 자동차에서 내리는 여운형. 사진 가운데 흰 모자를 쓴 이가 바로 그이다.

왔던 그였기에 어쩔 수 없는 선택이었다.

여운형은 아침 일찍 재미조선사정협의회 회장인 김용중과 면담하고 돌아오는 길이었다. 그는 집에 들러 간단히 점심식사를 한 후 오후부터 한국과 영국의 친선 축구경기를 관람할 예정이었다. 경호 문제가 좀 신경 쓰이기는 했지만 조선체육회 회장이기도 한지라 즐거운 마음으로 한국 팀을 응원할 생각이었다.

그런데 오후 1시 차가 혜화동 로터리에 들어설 무렵, 파출소 앞에 있던 경찰차 한 대가 갑자기 스튜드베이커 앞을 막아섰다. 충돌을 피하려고 차가 속도를 줄이는 순간 한 사내가 뒤쪽 범퍼로 뛰어올랐다. 세 발의 총성이 귀를 찢을 듯 울려 퍼졌다. 순식간에 벌어진 일이었다. 경호원 박성복이 공포를 쏘며 도망가는 사내를 뒤쫓았지만, 그는 모퉁이에서 누군가에 의해 제지당하고 말았다. 그를 막은 사람은 동대문경찰서 소속의 한 경찰이었다. 그사이 범인은 유유히 시야에서 사라지고 말았다.

홍순태와 이제황은 가슴을 쥐고 쓰러진 여운형을 급히 병원으로 옮겼다. 하지만 그를 살릴 수는 없었다. 이미 너무 많은 피를 흘린 뒤였다. 여운형은 이렇게 대낮의 도시 한복판에서 허무한 죽음을 맞았다. 평생을 민족의 독립과 통일국가의 수립에 힘쓰며 죽을 고비를 수도 없이 넘겼지만, 그는 같은 민족이 겨눈 총탄을 피하지 못했다.

며칠 후 경찰은 여운형을 살해한 범인으로 19세의 우익 청년 한지근韓智根을 검거했다고 발표했다. 하지만 경찰의 수사는 부실했고 공범이나 배후 관계는 제대로 밝혀내지 못했다. 경찰은 뭔가를 밝혀내기보다 뭔가를 은폐하려 한다는 인상을 주었다. 사건 당시 스튜드베이커를 가로막았던 경찰차와 범인 검거를 방해했던 현직 경찰의 존재 등 당시 정황은 경찰에 대한 의혹을 부풀리기에 충분한 요인이었다.

사건의 배후는 끝내 밝혀지지 않았다. 그러나 여운형의 죽음이 누구에게 가장 이득을 가져다줬는지를 따져보면 그 배후를 추측하는 것이 그리 어려운 일은 아니다. 미소공위를 통해 확대된 여운형의 정치적 영향력을 가장 두려워했던 세력이 바로 그를 암살한 범인의 배후리라.

사건이 발생하자 미군정은 즉각 여운형의 집을 수색했다. 그런데 수색의 목적은 암살범을 잡기 위한 것이 아니라, 여운형이 북한과 연락해온 자료를 확보하기 위한 것이었다. 남한의 대정객 여운형에 대한 미군정의 마지막 대접은 겨우 그 정도였다.

사실 미군정은 사건 발생 직전 암살에 관한 정보를 알고 있었으면서도 적극적으로 여운형을 보호하려 하지 않았다. 그들은 여운형을 신뢰하지 않았고, 1947년 7월 19일 즈음에는 더 이상 보호할 필요성마저도 느끼지 못했던 것이다. 그 이유는 7월 들어 교착되기 시작한 미소공위의 결과에 연유했다. 미소공위는 마치 성공을 향해 달려가는 듯 보였지만, 미·소 양국은 7월 초부터 또다시 협의 대상 문제를 둘러싸고 극심한 갈등을 재현하고 있었다. 미소공위가 교착 상태에 빠지자 미국은 더 이상 미소공위를 통한 한국 문제의 해결을 꿈꾸지 않게 되었다. 그것은 미국에게 더 이상 여운형이 필요하지 않음을 의미했다. 효용성이 다하는 순간 여운형은 죽임을 맞았던 것이다.

7월 중순 이후 미소공위는 사실상 결렬 상태에 빠져들었고, 미소공위를 통한 임시정부 수립은 이제 실현 불가능한 목표가 되었다. 이와 더불어 민족통일국가의 꿈도 허망하게 사라지고 말았다. 여운형의 죽음과 함께 민족통일국가의 꿈도 종말을 맞게 된 것이다.

해방 한국의 최고 지도자는 누구인가?

오늘날처럼 활발하지는 않았지만, 남한에서는 해방 직후부터 여론의 향배를 알기 위해 각종 단체나 언론사들이 수차례에 걸쳐 여론조사를 실시했다. 대개 여론 주도층을 대상으로 설문지를 돌리거나 길거리의 행인들을 대상으로 질문을 던지는 방식이었다. 당시의 여론조사 결과는 오늘날처럼 객관성을 담보하거나 정확하게 여론을 대변할 수는 없지만, 여론의 일부를 살펴본다는 점에서는 어느 정도 의미가 있다.

1945년 11월 중도 성향의 단체 '선구회'가 시행한 여론조사는 해방 후 첫 번째 여론조사로 유명하다. 이 조사에서 한국을 이끌어갈 양심적 지도자, 한국 최고의 혁명가로 꼽힌 인물은 여운형이었다. 해방 직후 건준과 인공에서 누구보다 활발한 활동을 펼쳤던 만큼 그는 해방 한국에서 최고의 인기를 구가했다. 반면 최고의 대통령감으로 꼽힌 인물은 이승만이었다. 인공의 최고 지도자로 선정된 데다가 미군정의 적극적 후원으로 말미암아 그는 일찌감치 경쟁자들을 제치고 대통령 후보로 여론의 지지를 받았다. 1946년 7월 우익 성향의 한국여론협회 여론조사에서도 결과는 크게 다르지 않았다. 초대 대통령으로 적합한 인물을 묻는 질문에 1위는 이승만이었고 김구, 김규식, 여운형이 그 뒤를 이었다.

그럼 미군정과 소련군 사령부는 해방 한국의 최고 지도자로 누구를 염두에 두었을까? 해방 직후 미군정은 이승만과 김구를 남한 정계의 중심으로 삼았다. 그러나 반탁 문제로 인해 소련과의 협상에서 어려움을 겪자 미군정은 이승만과 김구를 잠시 제쳐두고 김규식을 앞세웠다. 실현되지는 않았지만 미군정은 한때 남한 과도정부 수립 단계에서 김규식을 대통령으로 임명할 계획을 세우기도 했다.

반면 소련군 사령부는 해방 직후 조만식曹晩植, 1883~1950을 해방 한국의 최고 지도자로 내세웠다. 하지만 반탁 문제로 갈등을 겪게 되자 그들은 조만식을 강제로 정계에서 끌어내렸다. 이후 그를 대신해 소련군이 선택한 인물은 여운형이었다. 소련군 사령부는 제1차 미소공위를 준비하면서 임시정부 내각 명단을 작성했는데, 여기서 여운형을 임시정부 수상으로 점찍었던 것이다. 부수상은 박헌영과 김규식이었고, 김일성은 국방상으로 이름을 올렸다.

이렇듯 미·소 양측이 한국에 통일정부를 구성하고자 할 때에는 최고 지도자로 김규식과 여운형을 염두에 두고 있었다. 만약 미소공위가 파탄되지 않고 임시정부 수립에 성공했더라면 민족 최고 지도자의 자리는 김규식이나 여운형에게 돌아갔을 가능성이 높다. 김규식과 여운형은 미·소 양측이 모두 용납할 수 있는 민족 지도자였던 것이다. 뒤집어 보면 이것이 바로 이승만이 그토록 단정 수립에 혈안이 되었던 이유, 김일성이 민족통일정부 수립에 좀처럼 적극성을 보이지 않았던 이유였다.

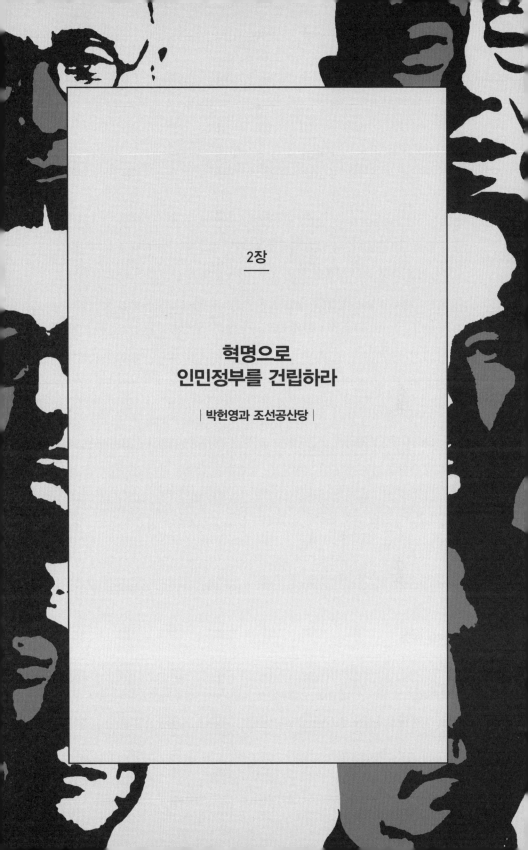

2장

혁명으로
인민정부를 건립하라

| 박헌영과 조선공산당 |

●

　1946년 9월 말의 어느 날, 영구차 한 대가 조용히 서울 시내를 빠져나갔다. 차 안에는 하얀 상복을 입은 젊은 남녀 몇 명이 슬픈 표정으로 앉아 있었다. 언뜻 그들은 부모를 황망히 저세상으로 떠나보낸 평범한 유족처럼 보였다. 그런데 번잡한 시내를 벗어나는 동안 그들의 얼굴에는 묘한 긴장 감이 서려 있었다. 그들의 긴장 어린 표정은 서울과 경기 일대에 내려진 경찰의 비상경계망을 벗어날 때까지 계속되었다.

　달리던 차가 멈춰 선 곳은 강원도 홍천의 어느 인적 없는 산간 지역이었다. 목적지에 도착하자 젊은 남녀는 서둘러 관 뚜껑을 열었다. 그러자 관 속에서 수의를 입은 사내 한 명이 몸을 일으켰다. 짤따란 키에 검은 안경을 쓴 사내였다. 그는 곧바로 평범한 농부 옷으로 갈아입고, 길 안내를 맡은 사내와 함께 홀연히 산속으로 사라졌다. 그는 조선공산당의 최고 지도자 박헌영이었다.

서울 탈출

1946년 9월 7일, 미군정은 조선공산당 지도부에 대한 체포령을 내렸다. 박헌영은 하루아침에 경찰에 쫓기는 신세가 되었다. 조선공산당 중앙에 대한 미군정의 직접적인 타격은 충분히 예견된 일이었다. 조선정판사위조지폐사건* 이후 미군정의 공세는 명백히 조선공산당의 중심으로 향하고 있었던 것이다. 하지만 막상 체포령이 내려지자 박헌영은 착잡한 마음을 숨길 수 없었다. 해방 후 합법적인 공간에서 활동한 지 1년여 만에 또다시 지하투쟁을 감수해야 할 입장에 처했기 때문이다.

미군정의 의지는 확고했다. 그들은 더 이상 조선공산당에게 합법적인 활동을 용인할 생각이 없었다. 박헌영은 중대한 기로에 섰다. 지하에 숨어 체포될 때까지 남한의 혁명을 위해 투쟁하든, 아니면 북한으로 넘어가 소련과 김일성에 기대어 남한혁명을 간접 지도하든, 둘 중 하나였다. 문제는 두 개의 선택지 가운데 어느 하나 쉬운 길이 없다는 점이었다.

박헌영은 일단 북행을 선택했다. 우선 미군정의 예봉을 피한 후 여건이 좋아지면 다시 남한으로 돌아와 활동을 재개할 생각이었다. 그러나 그의 미래에는 확실한 것이 아무것도 없었다. 소련군과 김일성이 그를 어떤 낯으로 대할지, 조선공산당의 미래가 어떻게 변할지까지도.

북행길은 고통스러웠다. 벌써 수차례 북한을 오갔지만 이번만큼 힘겨웠던 적은 없었다. 박헌영 일행은 38선을 넘기까지 강원도의 험준한 산악 지대를 일주일이나 헤매야 했다. 안전을 위해 홍천에서 철원으로 통하는 산악 길을 택한 것이 문제였다. 그러나 박헌영을 더욱 힘겹게 한 것은 인생 최대의 정치적 위기로 인한 정신적 고통이었다. 그때 그는 알지 못했다. 이번이 마지막 북행길이 되리란 것을.

---

* 조선정판사위조지폐사건은 조선공산당이 일제의 화폐인쇄시설을 이용하여 위조지폐를 찍어내 당의 자금으로 활용했다는 혐의로 미군정이 1946년 5월 이관술 등 조선공산당 간부와 당원 10여 명을 체포하고 처벌한 사건이다. 미군정은 이 사건을 계기로 조선공산당에 대한 공세를 본격화했다.

해방 후 1년 동안 박헌영에게 무슨 일이 있었던 걸까? 그는 왜 미군정에 쫓겨 서울을 탈출해야 했을까? 그 답을 찾아 해방 후 박헌영의 행적을 따라가 보자.

한국 최고의 공산주의자

1945년 8월 17일, 전라남도 광주에서 서울로 향하는 목탄 트럭에 무명 한복을 입은 까무잡잡한 얼굴의 한 사내가 타고 있었다. 이 트럭은 조선건국준비위원회(이하 건준) 전남지부가 서울의 정세를 살피러 가는 대표단을 위해 마련한 차였다. 무명 한복의 사내는 대표단 중 한 인사의 소개로 트럭에 동승했다.

다음 날 아침 전주에 도착하자 사내는 잠시 어디론가 사라졌다가 전주형무소에서 이제 막 출옥했다는 무기수 한 명을 데려와 일행에게 소개했다. 그 무기수도 일행의 양해를 얻어 트럭에 동승했다. 그날 저녁 트럭은 서울에 도착했다. 두 사내는 남대문 부근에서 하차했다. 그들은 대표단 일행에게 고맙다는 인사를 하고 총총히 사라졌다. 광주에서 동승한 사내는 박헌영이었고, 전주에서 동승한 사내는 김삼룡이었다.

박헌영은 한국 최고의 공산주의자였다. 그는 1920년대 조선공산당, 1930년대 국제선 공산주의그룹*, 1940년대 경성콤그룹 등에서 주요 지도

---

* 국제선 공산주의그룹은 국제 공산주의 조직인 코민테른의 동양비서부 조선위원회의 지시로 박헌영, 김단야(金丹冶, 1899~1938), 박애(朴愛, ?~1927) 등이 조선공산당의 재건을 위해 조직한 공산주의그룹이다. 코민테른과 긴밀한 관계 속에서 활동하며 국내에 20개 안팎의 세포단체, 90여 명의 조직원을 확보했다.

자로 활약했다. 그는 세 차례의 투옥
에도 불구하고 일제 말까지 한국의
혁명운동을 이어나갔다. 그의 가장
큰 무기는 뛰어난 이론과 강고한 투
쟁력이었다.

특히 경성콤그룹 활동은 그의 명
성을 해방 후까지 이어준 디딤돌이
었다. 경성콤그룹은 1930년대 후반
걸출한 공산주의그룹이었던 이재유

박헌영은 1920년대 조선공산당 시절부터 활약하여
1930년대 국제선 공산주의그룹, 1940년대 경성콤그
룹 등을 이끌었으며, 해방이 되자 조선공산당을 재
건하기 위해 온 힘을 쏟았다.

李載裕, 1905~1944 그룹 가운데 일제의
검거를 피한 이관술, 김삼룡 등이 박헌영을 지도자로 추대하여 만든 일제
말 최대의 공산주의그룹이었다. 이 시기는 대부분의 공산주의자들이 혁명
운동을 포기하거나 전향했던 시기여서 경성콤그룹의 존재가 더욱 빛날 수
밖에 없었다.

그러나 불행히도 경성콤그룹은 두 차례의 대규모 검거 사건으로 궤멸적
타격을 입었다. 박헌영은 일제 공안 당국의 추적을 피해 지하로 잠적했다.
후일 그는 잠적한 동안 행상, 노동자, 점쟁이 등 안 해본 직업이 없었다고
회고했다. 해방 직전 광주의 한 벽돌 공장에서 평범한 인부로 가장했던 것
이 그의 마지막 변신이었다.

해방이 되자 박헌영은 오랜 은거 생활을 접고 김삼룡과 함께 서울로 올
라왔다. 8월 18일 서울에 도착한 후 그가 곧바로 실행한 것은 두 가지였다.
하나는 경성콤그룹 동지들과 석방된 공산주의자들을 자신의 지도 아래 모
으는 것이었고, 다른 하나는 서울에 있는 소련 영사관과 상시적인 연락 관

계를 구축하는 것이었다. 첫 번째 공작은 성공적이었다. 박헌영은 경성콤그룹 동지들과의 회합에서 경성콤그룹을 중심으로 공산당을 재건한다는 원칙에 합의했고, 소련 영사 샤브신Anatole Shabshin에게 공산당 재건과 제반 활동에 대한 적극적인 지원을 약속받았다. 박헌영에게 주어진 최우선 목표는 바로 일제하에 오랫동안 해체되어 있던 조선공산당을 재건하는 것이었다.

박헌영을 둘러싼 환경은 그 어느 때보다 유리했다. 한국의 완전한 독립과 민족국가 건설에 대한 민중의 뜨거운 관심이 해방 한국의 혁명적 열기를 고조시켰기 때문이다. 해방은 일제 치하에서 지하에만 갇혀 있던 공산주의운동을 합법적인 공간으로 끌어올렸을 뿐만 아니라, 한국의 공산주의자들에게 무한한 가능성을 제공해줬다. 그렇게 한국 공산주의운동의 제2막이 시작되었다.

조선공산당을 재건하라

8월 20일, 박헌영은 조선공산당을 재건하기 위한 구체적인 행동에 나섰다. 자신의 지도 아래 결집한 공산주의자들을 중심으로 '조선공산당 재건준비위원회(이하 재건위)'를 결성한 것이다. 후일 그는 이 조직이 경성콤그룹을 재편한 것이라고 회고했는데, 여기에는 경성콤그룹뿐만 아니라 국제선 공산주의그룹 출신의 공산주의자들도 망라되어 있었다.

박헌영은 당 중앙을 곧바로 조직하지 않고 재건위라는 과도적 단계를 설정함으로써 당 건설에 신중을 기했다. 재건위 단계에서 공산주의 각 그룹 및 공산주의자들을 최대한 결집하고, 통일된 정치노선으로 중앙과 지방을 아우르는 강력한 당 조직을 건설하려는 의도였다. 이는 일제하 조선공산당 재건운동의 일반적인 방식 중 하나였는데, 박헌영은 이것이 1930년대 국제선 공산주의그룹의 당재건운동을 계승한 것임을 분명히 했다.

재건위의 첫 번째 활동은 박헌영이 작성한 '현 정세와 우리의 임무'라는 테제를 잠정적인 정치노선으로 통과시킨 것이었다. 이것이 바로 그 유명한 '8월 테제'다. 재건위는 8월 테제를 기반으로 공산주의 각 그룹 및 개인을 결집하는 데 총력을 기울였다. 또한 지방의 당 조직을 설립하기 위해 전권 대표들을 각 도에 파견했다. 중앙과 지방의 당 조직 건설 작업이 시작된 것이다.

그런데 재건위의 당 건설 작업에는 어려운 과제가 하나 놓여 있었다. 그것은 8월 16일 결성된 또 다른 조선공산당, 속칭 장안파 조선공산당과의 통합 문제였다. 장안파는 서울파 이영 · 정백, 화요파 조동호趙東祜, 1892~1954 · 이승엽李承燁, 1905~1953, ML(마르크스-레닌)파 이정윤李廷允, 1897~? · 최익한, 경성콤그룹 이현상李鉉相, 1906~1953 등이 중심이 되어 조직한 공산당이다. 장안파가 존재하는 상황에서 박헌영 측의 재건위가 조직되자, 공산주의자들 사이에서 양측의 통합을 요구하는 의견이 높아져갔다.

양측의 통합 논의는 처음부터 재건위에 유리한 방향으로 흘러갔다. 장안파는 서울에 있던 일부 공산주의자들이 중앙 선포식으로 급조한 당이어서 애초부터 조직적으로 문제가 많았다. 이로 인해 장안파에 참여한 인사들 중에는 박헌영 측의 재건위로 옮겨 가는 이들도 있었고, 장안파의 해체를 요구하는 이들도 있었다. 문제는 일부 인사들이 당의 해체를 거부하고 장안파의 유지를 고집하면서 통합 논의가 잘 이뤄지지 않았다는 점이다.

결국 양측의 통합 문제는 9월 8일 계동에서 열린 열성자대회에서 가려졌다. 이 대회에는 각 파 공산주의자 60여 명이 참석했는데, 박헌영 측을 지지하는 인사들이 많아 처음부터 일방적인 분위기였다. 대회는 박헌영 측에 유리한 방향으로 결론이 났다. 박헌영의 당 건설 원칙을 지지하고, 당 중앙의 선출을 박헌영에 일임하며, 당 건설 후 빠른 시간 내에 당대회를 소집해 당의 기본적 강령과 전략·전술을 규정한다는 것이었다.

> 조선공산당 중앙의 건설이라는 조직 원칙은 명백하다. (중략) 이제 말한 지하운동의 혁명적 공산주의자 그룹들과 출감한 전투적 동지들이 중심이 되고서 당이 재건되는 것이요, 동시에 여기에는 어느 파를 물론하고 당원 될 만한 자격을 갖춘 분자는 모두 입당해 통일적 당 깃발 밑에서 활동할 수 있는 기회를 주자는 것이다. 물론 강조해둘 것은 당 중앙에는 노동자, 빈농 출신의 전투적인 동시에 마르크스·레닌·스탈린주의의 이론으로 무장하고 실지 투쟁 경력을 가진 요소를 널리 구하여, 될 수 있는 대로 많이 당 지도부에 끄집어들이는 것이다. 그렇기 때문에 과거의 파벌 두령이나 운동을 휴식한 분자는 아무리 명성이 높다 해도 이번 중앙에는 들어올 자격이 없다는 것이다. 이러한 원칙에서 당은 새로 재건될 것이다.*

9월 11일, 박헌영은 열성자대회의 결의에 입각해 재건위를 해소하고 조선공산당을 재건했다. 이날 박헌영은 재건위와 김일성·무정武亭, 1905~1951 등 해외파 공산주의그룹, 기타 정파로 구성된 당 중앙을 조직했다. 박헌영

---

* 9월 8일, 계동 열성자대회에서 행한 박헌영의 연설. 《해방일보》, 1945년 9월 25일 자.

은 조선공산당의 총비서로서 당 주도권을 장악했고, 재건위 인사들이 당의 핵심을 차지했다.

장안파는 일부 인사를 제외한 대부분이 박헌영의 조선공산당에 흡수되었다. 열성자대회에서 박헌영에게 당 조직 권한을 위임한 순간 장안파의 패배는 결정된 것이나 마찬가지였다. 하지만 이영·정백·최익한 등 끝까지 흡수 통합에 반대한 인사들에 의해 장안파는 조금 더 유지되었다. 이들은 조선공산당과 노선 경쟁을 벌이며 좌편향적 오류와 우편향적 오류를 반복했다. 어느 때는 사회주의로의 직접 이행을 주장하다가, 어느 때는 한민당과 손잡고 통일전선을 결성했던 것이다. 결국 장안파는 11월 23일 최종 해체되는데, 소련과 북한의 공산주의자들이 장안파의 분파적 행위에 대해 대대적으로 비판한 후의 일이었다.

1928년 일제의 극심한 탄압으로 해체되었던 조선공산당은 이렇게 해방 공간에서 부활했다. 하지만 이것은 시작에 불과했다. 조선공산당은 당 중앙뿐 아니라 당 기본 조직인 세포조직을 바탕으로 전국에 걸친 지방 당 조직을 완성해야 했고, 노동자와 농민을 바탕으로 한 혁명적인 대중조직을 창설해야 했다. 이와 함께 조선공산당은 한국의 독립을 완성하고 민족통일 국가를 수립하는 한편, 한국의 혁명을 완수해야 했다.

부르주아민주주의혁명과 인민정부

박헌영이 꿈꾸던 혁명은 사회주의혁명이었다. 그러나 한국의 현실에서 사회주의혁명을 곧바로 수행하는 것은 불가능했다. 한국은 오랜 식민 지배로 인해 봉건적 잔재와 자본주의 체제가 뒤섞인 기형적 국가였기 때문이다. 박헌영은 현 단계 한국의 혁명을 '부르주아민주주의혁명'으로 규정했다. 부르주아민주주의혁명을 통해 역사적으로 부르주아계급이 수행했던 봉건제 청산과 부르주아민주주의의 확립과 같은 근대적 개혁 과제를 프롤레타리아계급의 헤게모니하에서 성취하고자 했던 것이다. 박헌영은 부르주아민주주의혁명을 통해 한국을 근대적 민주주의 체제로 개편하고, 혁명의 성과가 일정한 수준에 다다르면 사회주의혁명(프롤레타리아혁명)을 통해 공산주의 사회로 이행하는 2단계 혁명을 꿈꿨다.

> 금일 조선은 부르주아민주주의혁명의 단계를 걸어가고 있나니, 민족적 완전 독립과 토지 문제의 혁명적 해결이 가장 중요하고 중심되는 과업으로 서 있다. 즉, 다시 말하면 일본의 세력을 완전히 조선으로부터 구축하는 동시에 모든 외래 자본에 의한 세력권 결정과 식민지화 정책을 절대 반대하고 근로인민의 이익을 옹호하는 혁명적 민주주의 정권을 내세우는 문제와 동시에 토지 문제의 해결이다.[*]

박헌영이 부르주아민주주의혁명을 통해 성취하고자 한 것은 민족의 완전한 독립(반제국주의)과 토지 문제의 혁명적 해결(반봉건주의)이었다. 이는 1928년 코민테른이 조선공산당의 재건을 위한 지침으로 채택한 '12월 테제'[**]의 내용과 별반 다르지 않았다. 1928년 이래 12월 테제가 한국의 공산주의자들에게 미친 절대적인 영향은 박헌영에게도 유효했다.

---

[*] 「8월 테제」, 1945년 9월 25일.
[**] 12월 테제는 1928년 12월 코민테른 중앙집행위원회 정치서기국이 채택한 조선공산당 재건에 관한 결정서다. 정식 명칭은 '조선 농민 및 노동자의 임무에 관한 테제'인데 흔히 '12월 테제'로 불린다. 코민테른 제6차대회의 '계급 대 계급' 노선에 입각하고 있어 민족부르주아지의 혁명성을 부정하는 등 극좌적인 내용을 가지고 있다.

특히 박헌영은 토지혁명을 부르주아민주주의혁명의 핵심 내용으로 중시했다. 토지혁명이야말로 한국의 자본주의적, 봉건적 잔재를 깨끗이 쓸어버릴 최고의 수단이라고 생각했던 것이다. 이와 함께 그는 친일 잔재 및 식민주의의 청산, 근로인민의 권익을 보장하는 혁명적 민주주의 정권의 수립을 통해 민족의 완전한 독립을 성취하고 부르주아민주주의혁명을 완성하고자 했다.

> 우리는 정권을 위한 투쟁을 전국적 범위로 전개해야 하나니, 해방 후의 새 조선
> 은 혁명적 민주주의 조선이 되어야 한다. 기본적 민주주의적 여러 가지 요구를
> 내세우고 이것을 철저히 실천할 수 있는 인민정부를 수립해야 한다.*

박헌영이 꿈꾼 한국의 신정부, 혁명적 민주주의 정권은 '인민정부'였다. 프롤레타리아계급의 헤게모니가 관철되는 조건하에서 노동자와 농민을 중심으로 도시 소시민과 인텔리겐치아(지식층), 기타 모든 민주적 인사가 참여하는 민족통일전선을 결성하고 이에 입각한 정부를 구성하는 것, 이것이 바로 박헌영이 상정한 인민정부였다.

사실 박헌영의 인민정부는 코민테른 제7차대회를 전후하여 정립된 반파시즘 인민전선론**의 산물이었다. 파시즘에 대항하기 위해 모든 계급과 계층을 동원해 인민전선을 결성하고, 이에 입각해 인민전선 정부를 구성하자

---

* 「8월 테제」, 1945년 9월 25일.
** 반파시즘 인민전선론은 1930년대 반파쇼투쟁 중 프랑스와 에스파냐에서 등장한 인민전선을 수용해 코민테른 제7차대회를 통해 세계 공산주의의 운동론으로 공식화한 것을 의미한다. 본래 인민전선은 여러 계층과 당파의 연합전선으로, 노동자계급의 계급적 정치적 통일을 의미하는 통일전선과는 구분된다. 하지만 당시 한국의 공산주의자들은 흔히 인민전선과 통일전선을 혼용해 사용했다.

는 것이다. 박헌영은 인민정부를 사회주의정권으로 나아가는 과도정부로 인식했다. 2단계 혁명론에 조응해 정부의 형태도 2단계로 구상한 것이다.

이와 함께 박헌영은 부르주아민주주의혁명으로 나아가기 위한 준비 단계로 '진보적 민주주의'를 설정했다. 이는 언론, 출판, 집회, 결사 등 인민의 기본적 권리가 보장되는 민주주의 체제를 의미했다. 여기에는 8시간 노동제와 의무교육의 실시, 여성의 지위 향상, 18세 이상의 인민에 대한 선거·피선거권의 부여 등 인민의 일반적인 기본 권리 외에도 대규모 산업 시설의 국유화나 누진세의 적용 등 근로인민의 권익을 보호할 제반 개혁이 포함되어 있었다. 박헌영은 이러한 개혁을 통해 민주주의 정치를 실현하고 인민의 생활을 급진적으로 개선하는 것이 진보적 민주주의이며, 부르주아민주주의혁명의 실현을 앞당기는 동력이라 여겼다. 즉, 노동자와 농민을 중심으로 한 대중운동을 통해 진보적 민주주의를 확보해나가고, 전위정당인 공산당과 대중조직을 확대해 토지혁명과 같은 한 차원 높은 투쟁으로 발전시켜 부르주아민주주의혁명을 완성한다는 것이었다.

그런데 박헌영의 혁명관 및 국가관에는 몇 가지 문제가 있었다. 첫째, 그는 한국혁명을 지나치게 낙관했다. 이는 '세계혁명의 토대'이자 '국제 프롤레타리아트(무산계급)의 조국'인 소련에 대한 과도한 믿음 때문이었다. 박헌영은 한국혁명이 소련의 존재로 인해 매우 유리한 환경을 가지고 있다고 생각했다. 그는 평화적인 수단만으로도 한국혁명이 성공할 수 있으리라 예상했다. 한국혁명에는 무장봉기와 같은 폭력적 수단이 굳이 필요하지 않으리라는 판단이었다.

둘째, 그는 '국제노선'을 맹신했다. 국제노선이란 미·영·중·소 등 연합국 간의 국제적 합의에 입각한 문제 해결 방식을 의미한다. 이는 제2차세계

대전 이후 전후 처리 방식의 하나로 등장했다. 박헌영은 한국의 해방 및 완전한 독립이 소련을 포함한 연합국의 국제노선에 의해 가능하다고 믿었고, 국제노선에 적극 협력함으로써 이러한 목적을 조기 달성할 수 있다고 생각했다. 문제는 국제노선에 대한 맹목적 지지가 한반도 현실에 대한 박헌영과 조선공산당의 능동적인 대처를 방해했다는 점이다. 이것은 한국의 현실에 기초한 전략·전술을 수립하는 데 결정적인 장애로 작용했다.

셋째, 그는 민족 문제에 대해 안일한 인식을 가지고 있었다. 한국의 당면 과제는 독립을 완성하고 민족통일국가를 수립하는 데 있었다. 이러한 과제를 성공적으로 수행하기 위해서는 아무리 그가 세계혁명을 꿈꾸는 공산주의자라 하더라도 주체적인 민족의식을 발휘할 필요가 있었다. 하지만 박헌영은 소련과 국제노선을 맹신하면서 민족 문제를 주체적으로 사고하지 못했다. 이는 좌우와 미·소가 대립하는 순간 치명적인 문제를 낳을 수밖에 없었다.

문제는 이것만이 아니었다. 박헌영은 8월 테제를 작성하면서 12월 테제와 반파시즘 인민전선론을 적절히 배합했는데, 여기서 커다란 논리적 모순이 발생했다. 원래 12월 테제는 코민테른 제6차대회의 '계급 대 계급' 노선에 입각한 것이고, 인민전선론은 코민테른 제7차대회에서 '계급 대 계급' 노선을 부정하며 만들어진 것이다. 이때의 '계급 대 계급' 노선은 민족부르주아계급의 혁명성을 부정하고 적대화하는 노선인 반면, 인민전선론은 민족부르주아계급의 혁명성을 긍정하고 인민전선을 통해 공동투쟁을 모색하는 노선이다.

그런데 박헌영의 8월 테제는 전혀 다른 두 개의 노선을 하나로 뭉뚱그려 심각한 모순을 유발했다. 8월 테제는 전체적으로 '계급 대 계급' 노선에 입각해 서술하고 있어서, 곳곳에 민족부르주아지와 비공산좌파에 대한 부정적 의견이 드러난다. 하지만 정부 수립 문제에 이르러서는 민족통일전선 정부인 인민정부를 언급함으로써 민족부르주아지와의 연합을 주장하는 듯한 인상을 준다. 이러한 모순은 이 문제가 현실로 다가왔을 때 혼란을 야기할 가능성이 높았다. 문제는 이것이 민족국가 수립을 좌우하는 핵심적인 판단 기준이었다는 점이다.

실제 역사는 어떠했을까? 박헌영의 2단계 혁명론과 2단계 정부 수립 방안은 현실에서 어떻게 구체화되었을까? 그의 실천은 그의 이론 어디쯤에 위치해 있었던가?

인민정부의 실현체, 조선인민공화국

건국 대업을 공의公議에 토의코자 그동안 전국인민대표자대회를 준비하고 있던 조선건국준비위원회에서는 9월 6일 오후 9시 경기여고 강당에서 전국 대표 1천여 명의 결합 아래 대회를 개최했다. 벽두 건준 선전부 이여성의 개회선언이 있자 곧 의장 선출에 들어가, 위원장 여운형이 의장석에 등단하자 개회사를 한 다음 전원 기립해 해방전선에서 희생한 선배 동지들의 추도묵상이 있고 국가 제창이 있은 후, 부위원장 허헌의 경과보고가 있고 이어 '조선인민공화국' 조직 기본법 초안을 축조 낭독해 다소의 수정을 가해 이를 통과시킨 후, 인민위원 선거에 들어가 위원장, 부위원장을 더한 5명의 전형위원을 선정해 55명의 위원, 후보위원 20명, 고문 12명으로 발표했다.*

1945년 9월 6일, 조선인민공화국(이하 인공)이 수립되었다. 인공은 한국인들의 자생적인 건국운동의 산물이었다. 건준이라는 민족통일전선이 민족통일전선 정부로 발전한 것이다.

건준에서 인공으로 전환을 주도한 것은 박헌영과 재건위 공산주의자들이었다. 이들은 건준에 참여했던 공산주의자들을 바탕으로 건준 내에서 꾸준히 영향력을 확대했고, 여운형의 동의를 얻어 건준을 인공으로 전환하는 데 성공했다. 박헌영에게 인공은 8월 테제에서 언급한 '인민정부'의 실현체였다. 박헌영은 인공을 통해 자신의 통일전선전술과 정부 수립 방안을 실현하고자 했다.

인공 수립 후 얼마 지나지 않아 박헌영 세력은 인공의 최고권력기구인 중앙인민위원회를 장악했다. 그리고 건준의 지부를 지방인민위원회로 개편하는 과정에서 자연스럽게 지방에까지 영향력을 확대했다. 조선공산당은 인공을 통해 급속히 세력을 확대하는 동시에 막강한 영향력을 발휘했다.

하지만 민족통일전선 정부로서 인공은 허점투성이였다. 전국적인 대표성도 제대로 확보하지 못한 데다가 인공이 발표한 내각은 두고두고 비난거리가 되었다. 좌익은 이를 두고 우편향 정부라고 비난했고, 우익은 좌익 세력의 정부 참칭이라 비난했다. 우익은 인공이 좌우를 망라한 민족통일전선 정부가 아니라 좌익 일방의 정부라고 인식했다. 이것은 인공의 실상을 호도하는 것이었지만, 인공의 주도권이 박헌영과 조선공산당에 있는 한 쉽사

---

* 《매일신보》, 1945년 9월 7일 자.

머리를 맞댄 박헌영과 여운형. 박헌영은 조선건국준비위원회를 조선인민공화국으로 전환하고 중앙인민위원회를 장악하는 데 성공했다.

리 교정될 수 없는 인식이었다. 결국 민족통일전선에 입각한 과도정부를 표방했던 인공의 위상은 큰 타격을 입었다.

처음부터 인공을 좌익 정부라 의심했던 미군정도 인공의 존재를 적극 부인하고 나섰다. 10월 10일, 미군정은 성명을 통해 남한에서 미군정 외에는 어떠한 정부도 존재할 수 없다며, 인공을 해체하거나 '국國' 자를 삭제하라고 요구했다. 인공 지도부는 이를 곧바로 받아들일 수는 없지만 향후 정권으로 행세하지는 않겠다며, 이 문제를 내부 회의를 통해 논의하겠다고 미군정과 약속했다.

인공은 11월 20일부터 22일까지 전국인민위원회 대표자대회를 열어 이 문제를 논의했다. 그런데 지방인민위원회 대표들은 '국' 자 삭제 요구가 '조선 인민의 죽음을 의미하는 것'이라며 강력히 반발했다. 그들은 인공이 주권을 바탕으로 성립되었다고 굳게 믿었고, 실제로 지방인민위원회는 일정 부분 지방자치기관, 지방행정기관처럼 활동하고 있었기 때문에 미군정의 요구를 받아들이기가 쉽지 않았다. 결국 대회는 '공화국' 사수를 결정했고, 미군정은 약속 위반이라며 크게 반발했다. 이때부터 미군정은 본격적으로 지방인민위원회에 대한 물리적 해체에 나섰다.

인공의 태생적 한계, 우익들의 반발, 미군정의 전방위적 압박으로 인공은 최대의 위기를 맞았다. 인공을 사수할 것인가, 버릴 것인가. 결단이 필요했다. 11월 말부터 박헌영은 두 가지 길을 모두 고려하기 시작했다. 첫째는 인공이 중경임정과 정부 대 정부로 협상해 연립정권을 구성하는 방안이었고, 둘째는 인공을 버리고 진보적 민주주의 정당의 통일과 대중조직에 기반을 둔 하층통일전선의 결성으로 새로운 통일전선 조직을 구성하는 방안이었다.

당시 여론은 인공과 중경임정의 통합을 강력히 원하고 있었다. 따라서 박헌영의 첫 번째 선택은 인공과 중경임정의 합작으로 쏠렸다. 12월 12일 박헌영은 친일파, 민족반역자, 국수주의자(파시스트)를 제외하고 좌우익 반반씩의 세력 균형을 이뤄 합작하자고 제안했다. 하지만 중경임정은 그의 제안을 거부했다. 그들은 중경임정의 법통을 시인하고, 임정의 부서와 요직을 그대로 인정한 상태에서 2~3개의 부서를 늘려 좌익이 차지할 것을 조건으로 내걸었다.

결국 인공과 중경임정의 합작은 실패로 끝났다. 이제 박헌영에게 남은 패는 인공을 포기하고 새로운 통일전선 조직을 구성하는 것이었다. 박헌영은 민주주의 정당과 조선노동조합전국평의회(이하 전평), 전국농민조합총연맹(이하 전농) 등 대중조직을 하나로 묶어 새로운 통일전선체를 조직하고자 했다. 그런데 박헌영이 말하는 민주주의 정당이란 사실상 좌익 정당만을 의미했으며, 그는 이 무렵부터 우익 정당들을 반민주주의적 세력이라고 규정하고 비판하기 시작했다. 결국 그가 설립하려는 새로운 통일전선 조직이란 우익 세력을 배제한 좌익 진영만의 통일전선체였다. 박헌영은 좌익 진영의 민주주의 투쟁을 통해 우익 진영의 반민주성을 폭로하고, 일반 대중의 지지를 전취해 정권 수립으로 나아가고자 했다. 이는 사실상 민족통일전선을 폐기한 것이나 마찬가지였다. 여기에 기름을 부은 것은 12월 말 거대한 폭풍 속에 휘말리기 시작한 한국의 정국이었다. 신탁통치안 파동이 그것이었다.

반탁에서 찬탁으로

신탁통치 반대 시민대회는 3일 오후 1시부터 서울운동장에서 많은 군중의 참집
아래 개회되었다. 그런데 대회의 진행은 최초의 소집 취지와는 정반대의 노선을
걸어서 외상회의 절대 지지를 표명해 탁치 반대를 반대한다는 것 등을 결의하고
동 2시 반부터 각 단체는 반탁 반대의 시가 시위행진을 했다. 그러나 거리에 나선
시민들은 취지가 달라진 시위 행렬에 크게 의아해하고 호응치 아니했다.[*]

1946년 1월 3일, 서울시 인민위원회와 반파쇼공동투쟁위원회가 주최한
'민족통일자주독립시민대회'가 개최되었다. 이 대회는 좌익이 주도한 집회
로, 처음에는 신탁통치를 반대하기 위한 대회로 알려졌다. 그런데 실제 대
회는 반탁을 반대하는 집회, 즉 모스크바삼상회의 결정 지지 집회로 진행
되었다. 반탁시위인 줄 알고 참여했던 군중들 사이에서 극심한 혼란이 벌
어졌다. 조선공산당의 지방 당원들도 반탁 현수막을 준비했다가 급히 문구
를 수정해 사용하거나, 끝내 사용하지 못하고 뚤뚤 말아서 돌아와야 할 정
도였다. 왜 이런 일이 벌어졌을까?

애초 모스크바 결의안이 결정되고 신탁통치안 문제가 정국의 이슈로 떠
올랐을 때, 조선공산당은 공식적인 의견 표명을 보류했다. 하지만 공산당

---

[*] 《동아일보》, 1946년 1월 4일 자.

좌익 세력의 모스크바삼상회의 결의안 절대 지지 시위. 조선공산당은 충분한 설명도 없이 반탁에서 찬탁으로 급격히 태도를 전환해 대중뿐 아니라 자신의 당원들에게까지 혼란을 가져왔다.

간부들은 개인적 의견임을 전제로 반탁을 주장했다. 인공은 신탁통치반대 투쟁위원회를 조직해 신탁통치 반대를 분명히 했고, 조선공산당, 조선인민당, 서울시 인민위원회 등 좌익 측 40여 개 단체는 반파쇼공동투쟁위원회를 결성해 탁치 반대를 결의했다. 공식적인 의견 표명만 없었을 뿐이지 조선공산당과 그들의 산하 단체들은 사실상 우익 진영과 마찬가지로 반탁투쟁에 나섰던 것이다.

조선공산당이 공식적인 의견을 표명하지 못한 것은 아직 모스크바 결의안에 대해 제대로 알지 못했기 때문이기도 하지만, 소련이라는 존재 때문이기도 했다. 소련 영사 샤브신의 부인인 샤브시나Fanya Shabshina의 증언에 따르면, 샤브신이 박헌영에게 모스크바 결의안을 지지할 것을 종용하자, 겉으로는 따르는 척하면서도 쉽게 받아들이지 못했다고 한다. 그 역시 심정적으로는 반탁 입장을 가지고 있었던 것이다.

결국 박헌영은 소련의 설명을 듣기 위해 12월 28일 밤 평양행을 선택했다. 하지만 그는 소련의 입장을 곧바로 듣지 못했다. 본국의 입장을 알기 위해 모스크바를 방문했던 소련군 민정사령관 로마넨코Andrei Romanenko가 아직 돌아오지 않았던 것이다. 박헌영이 로마넨코로부터 모스크바 결의안에 대한 소련의 입장을 들을 수 있었던 것은 31일에 이르러서였다. 북한의 공산주의자들이 모스크바 결의안의 정확한 내용과 소련의 입장을 이해한 것도 로마넨코의 설명을 들은 이후였을 것이다.

박헌영은 1월 2일 새벽 서울로 돌아왔다. 그는 즉시 조선공산당 중앙위원회 명의로 모스크바의 결정을 지지하는 성명서를 발표했다. 조선공산당 북조선분국의 모스크바 결의안 지지 성명도 이날 함께 나왔다. 같은 날 발표된 양측의 지지 성명은 미리 협의된 결과일 것이다.

문제는 전격적인 태도의 전환이 북한에서는 별로 문제 되지 않았지만, 남한에서는 크게 문제가 되었다는 점이다. 북한에서 신탁통치안은 소련군의 통제하에서 특별한 쟁점이 되지 않았기 때문에 북한의 공산주의자들은 굳이 이에 대한 의견을 미리 공표할 필요가 없었다. 하지만 남한에서 신탁통치안은 언론의 악의적 오보 속에서 정국을 뒤흔드는 쟁점으로 확대되었고, 조선공산당 역시 이에 편승해 사실상 반탁투쟁을 벌이고 있었기 때문에 문제가 되었다.

조선공산당은 자신의 당원과 지지자들이 충분히 납득할 새도 없이 급작스럽게 태도를 변경했다. 1월 3일 시민대회의 어처구니없는 풍경은 이러한 배경의 산물이었다. 이로 인해 조선공산당은 대중들로부터 신망을 크게 잃었다. 신탁 문제와 같은 민족적 중대사를 두고 하루아침에 이랬다저랬다 하는 태도를 보였기 때문이다. 조선공산당은 차근차근 대중들을 '설득'하기보다 상황에 쫓겨 조급하게 자신의 태도 변화를 '선언'함으로써 스스로 자신에 대한 대중의 지지를 반감시켰다. 문제는 이로 인해 정국의 주도권을 잃었을 뿐 아니라, 대중에 대한 장악력도 상당 부분 우익 진영에 양보해야 했다는 점이다. 이것은 돌이킬 수 없는 치명적인 실수였다.

새로운 통일전선체, 민주주의민족전선

> 민족통일의 미성수未成遂로 인해 민주주의 제諸 국가가 이러한 결정(신탁통치 – 저자 주)을 하게 되었으니 우리는 시급히 민족통일전선(민주주의민족전선)을 결성해 1일이라도 속히 자주독립을 전취할 것을 대중 앞에 제의해 이 기회를 민주주의민족전선 조직에 의한 민족통일의 적극적 계기로 만들어야 할 것이다. (이 통일전선의 구체적 지시는 따로 배부할 것이다.) 대중이 있는 곳에는 어느 곳이든지 이 반신탁운동을 민족통일전선 결성운동으로 전환하는 동시 모스크바삼상 결의를 절대 지지해야될 것이다.*

1945년 11월 말, 박헌영에 의해 처음 제기되었던 새로운 통일전선전술은 1946년 1월 2일과 3일 발표된 인공과 조선공산당의 모스크바 결의안에 대한 지지 성명 속에서 비로소 구체화되었다. 민주주의민족전선(이하 민전)이 그것이었다.

흥미로운 것은 조선공산당이 민전을 세상에 드러내기 직전까지 중경임정과의 협상을 지속했다는 점이다. 1945년 12월 31일, 인공 측 대표 홍남표

---

* 조선공산당 중앙위원회, 《서울신문》, 1946년 1월 8일 자.

洪南杓, 1888~1950, 이강국 등은 중경임정 측 대표 최동오, 장건상 등과 만나 인공과 중경임정을 동시 해체하고 통일정부를 구성하자고 제의했다. 이에 따라 인공 중앙인민위원회는 다음 날인 1946년 1월 1일 통일정부 수립을 제안하는 공문을 중경임정 측에 전달했다. 하지만 중경임정은 서식상의 문제를 들어 공문의 접수를 거부했고, 이로써 좌우 양측의 민족통일전선 결성은 최종적으로 파국을 맞았다.

조선공산당의 양 정부 통일 제안은 민전이라는 새로운 통일전선체로 옮겨가기 위한 일종의 명분 쌓기였다. '우리는 대중들의 열망에 부응해 인공의 해체까지 감수하며 통일전선 결성을 위해 노력했다. 하지만 우익들은 끝내 우리의 제안을 거부했다. 그러니 우리는 그들을 배제하고 좌익 정당과 대중단체를 묶어 새로운 통일전선체를 건설하겠다'는 논리였다. 또한 이것은 중경임정의 반탁운동으로 쏠린 정국을 통일전선 논점으로 묶어놓기 위한 정세 전환용 제안이기도 했다.

조선공산당의 노력은 좌익 진영의 관심을 새로운 통일전선체의 결성으로 유도하는 데 성공했다. 그 결과 2월 15일 민전이 결성되었다. 이는 조선공산당·인민당·조선독립동맹(후일 조선신민당으로 개칭) 등 좌익을 대표하는 3개 정당과 중경임정에서 탈퇴한 조선민족혁명당·조선민족해방동맹 등 2개 정당, 전평·전농 등 30여 개의 대중단체로 구성된 통일전선체였다. 민전은 '조선 민주주의 진영을 총망라한 민주단체의 최고 형태'로서, 이승만과 임정 등 '반민주주의적 세력'을 제외한 좌우 양익과 여러 계층 및 분야를 아우르는 민족통일기관임을 표방했다. 하지만 실제로 민전은 우익 측 남조선대한국민대표민주의원(이하 민주의원)에 맞서는 좌익 집단에 불과했다.

특이한 것은 민전이 과도적 임시국회의 역할, 임시정부 수립의 책임 역할, 미소공동위원회(이하 미소공위)에서 민족의 유일한 정식 대표의 역할을 자임했다는 점이다. 이는 우익 측 민주의원에 대한 대결 의식의 소산이었다. 또한 이것은 박헌영과 조선공산당이 민전을 단순한 통일전선체로만 인식한 것이 아니라 인공을 대체하는 과도정부로 인식했음을 보여준다.

이로써 남한에서는 우익 측 민주의원과 좌익 측 민전이 좌우 양 집단을 구성해 첨예하게 대립했다. '민족통일전선 결성에 입각한 민족통일국가의 수립'이라는 민족적 대의는 좌우 갈등 속에서 닿을 곳을 찾지 못하고 표류했다. 하지만 삭풍만 불었던 것은 아니다. 겨울 뒤에는 반드시 봄이 오는 법. 한반도에도 훈풍이 불어왔다. 미소공위가 시작된 것이다.

국제노선으로 임시정부를 수립하라

1946년 3월 20일 미소공위가 시작되자 박헌영과 조선공산당은 쌍수를 들어 미소공위를 환영했다. 미·소 양국의 협조에 의한 한국 문제의 해결, 즉 국제노선에 입각한 한국의 독립 완성과 민족통일국가의 수립을 꿈꿨기에, 그들은 조직의 사활을 걸고 미소공위의 성공을 위한 선전 작업에 최선을 다했다.

이제야말로 누가 옳고 그른지가 명료해졌습니다. 어떤 단체와 지도자가 정말 민주주의적이며 어떤 단체와 개인이 반민주주의적인 것인지는 더 물을 여지 없이 명백해졌습니다. 또 누가 참으로 국제적 협조와 세계의 평화와 진보와 민족의 통일과 우리의 자유와 독립과 번영을 위해 싸우고 있는가 하는 문제가 뚜렷하게 알려졌습니다. 노동자 농민 여러분, 학생 지식 문화인 여러분, 도시 소시민 여러분, 해내 해외의 모든 동포 여러분, 우리의 정부는 정말로 서게 되었습니다. 인민을 위한 정부는 확실히 이 나라에 서게 되었습니다.*

박헌영은 미소공위를 통해 수립될 임시정부는 반드시 민주주의적 원칙 위에 만들어져야 한다고 주장했다. 민주주의 원칙이란 모스크바삼상회의의 결정을 진정으로 지지하는 민주주의 정당과 대중단체를 토대로 조직할 것, 친일파와 민족반역자, 삼상회의 결정에 반대하거나 임시로 삼상회의 결정 지지로 표변한 반민주주의적 집단을 배제할 것, 인민을 위한 정치 형태인 인민위원회를 기반으로 조직할 것, 한 계급이나 한 당파나 한 개인의 전제를 위해 조직하지 않을 것 등이었다.

결국 박헌영의 민주주의 원칙에서 가장 중요한 것은 우익 배제였다. 우익 지도자들의 반동성을 폭로하고 임시정부 구성에서 그들을 배제해, 그 아래에 있는 대중을 전취하고 우익 세력을 압도하려는 전술, 즉 하층통일전선전술이 바로 그가 생각한 임시정부를 구성하는 최고의 방법이었다. 조선공산당이 역량을 총동원해 전국 각지에서 임시정부수립촉진운동을 펼친 것도 모두 이를 위한 것이었다. 그런데 조선공산당의 우익 배제는 독창적인 주장이 아니었다. 우익 지도자 대부분을 반동적 인물로 파악하고 임시정부 구성에서 배제하고자 했던 것은 미소공위 소련 측 대표단의 생각에서 비롯되었기 때문이다.

---

* 박헌영의 방송 연설, 《해방일보》, 1946년 4월 6일 자.

조선공산당은 미소공위를 통한 임시정부 수립을 낙관하고 있었다. 그들은 소련이라는 존재가 임시정부 수립을 보장할 것이라 믿어 의심치 않았다. 하지만 5월 9일 미소공위는 무기한 휴회되었다. 임시정부 협의 대상 분제로 미·소 양측이 끝내 이견을 좁히지 못했던 것이다. 미소공위에 입각한 정권을 유일한 정부 수립 방안으로 여기고 있었던 박헌영과 조선공산당에게 미소공위의 무기휴회는 큰 충격이었다.

조선공산당은 미소공위 휴회의 책임이 반동분자들의 방해 책동에 있다고 비판하고, 이를 분쇄하겠다고 주장했다. 이와 함께 모스크바 결의안에 대한 전 민족적 지지운동과 친소·친미운동을 펼쳐 미소공위 재개를 촉진하고자 했다. 하지만 미소공위의 무기휴회로 박헌영과 조선공산당이 의존했던 정부 수립 계획이 얼마나 불안한 기초 위에서 지어지고 있었는지 만천하에 드러났을 뿐이다. 미·소 협조에 의한 정부 수립에서 우익을 배제한다는 것은 애초부터 불가능한 일이었다. 그러나 박헌영과 조선공산당은 이러한 진실을 애써 부정했다. 미소공위는 단지 반동분자들의 책동에 의해 깨졌을 뿐, 그들의 전술은 틀리지 않았다는 것이다. 그들이 자신들의 실수를 인정하지 않는 한, 새로운 민족통일국가의 수립 방안이나 미소공위의 무기휴회를 뒤집을 방안은 그들 안에서 나올 수 없었다. 민족통일국가를 수립할 새로운 방안은 여운형과 김규식에게서 나왔다. 바로 좌우합작운동이었다.

좌우합작운동을 분쇄하라

좌우는 싸움으로 세월을 허비하고 있습니다. 제 힘만으로 싸우기에 힘이 부쳐서 이제는 미·소의 알력에 기대를 붙이고 있습니다. 미·소전쟁이 일어나면, 미국을 믿는 이는 소련의 패퇴와 거기에 의해 북벌을 꿈꾸고, 소련을 믿는 이는 미국의 패퇴와 거기에 의해 남정을 꿈꾸는 모양입니다.*

미소공위의 무기한 휴회는 민족의 위기감을 고조시켰다. 언제부터인가 사람들은 동족상잔의 내전이 발발할지 모른다며 불안해했다. 좌우합작운동은 이러한 민족적 위기감 속에서 탄생했고, 세상에 모습을 드러내는 순간 정국을 뒤흔드는 화두가 되었다.

박헌영과 조선공산당은 처음부터 좌우합작운동에 부정적이었다. 좌우합작운동은 이미 자신들이 폐기한 우익 상층부와의 합작을 목표로 하고 있어, 자신들의 하층통일전선전술과 맞지 않았던 것이다. 좌우합작운동에 미군정이 개입하는 것도 마음에 들지 않았다. 그들의 의도를 정확히 알 수도 없었고, 순수하게 받아들일 수도 없었다. 좌우합작이 진행되는 동안 여운형과 김규식에게 정국의 주도권을 빼앗길 수 있다는 점도 문제였다.

조선공산당은 미소공위의 무기휴회 직후부터 미소공위 재개를 운동의 최우선 목표로 삼았다. 6월 10일 전평과 전농 등 산하단체를 동원해 '미소공위속개시민대회'를 개최한 것도 미소공위재개운동을 국민운동 차원으로 승격하려는 움직임이었다. 그들에게는 대중을 움직여 미소공위를 재개하도록 미·소를 압박하는 것만이 자신들이 원하는 정부 수립을 위한 유일한 해법이었다.

그런데 좌우합작운동이 공론화되자 조선공산당은 당황했다. 좌우합작의

---

* 오기영(吳基永, 1909~?), 「민족의 비원 – 경애하는 지도자와 인민에게 호소함」, 『신천지』, 1946년 11월.

한 축이 자신이었던 까닭에 대놓고 무시하기도, 적극적으로 나서기도 곤란
했다. 결국 조선공산당은 좌우합작운동에 대한 여론의 압박에 굴복해 좌우
합작 논의에 참여하기 시작했다. 6월 22일 민전 측 여운형·허헌, 민주의원
측 김규식·원세훈 등이 미군정 측 아놀드Archibald Arnold 소장, 버치 중위와
함께 한자리에 모였다. 이 자리에서 민전 측은 좌우합작에 대한 우익 내부
의 의견 통일을 요구하고, 모스크바 결의안의 전면적 지지를 원칙으로 하
며, 미소공위 속개를 촉진하기 위한 운동으로 좌우합작운동을 벌일 것을
주장했다. 좌우합작운동을 조선공산당의 미소공위재개운동으로 유도하고
자 한 것이다.

이와 함께 조선공산당은 7월부터 여러 차례에 걸쳐 좌우합작을 위한 원
칙을 제시했는데, 그것은 모스크바 결정을 총체적으로 지지할 것, 친일파·
민족반역자·반소반공적 파쇼분자를 제외할 것, 테러 행위의 중지와 테러
단체의 해산 등 3개 항으로 정리된다.

조선공산당의 3원칙은 비교적 온건해 우익과 충분히 협상 가능한 사안들
이었다. 이로 인해 좌우합작운동은 좌우합작위원 10인을 선정하고 예비회
담을 거쳐 7월 25일 좌우합작위원회라는 공식 조직의 출범을 앞둘 정도로
급진전했다.

그런데 7월 22일 밤 북한을 방문하고 돌아온 박헌영이 민전 의장단회의
를 긴급 소집하면서 분위기는 급반전되었다. 그는 좌우합작운동에서 철수
할 것과 함께 입법기관에서 어떠한 협력도 하지 말 것을 주장했다. 박헌영
의 주장은 여운형과 김원봉의 반대로 받아들여지지 않았다. 그러자 그는

좌우합작 5원칙을 제시했다.* 이것이 받아들여지면 합작운동을 계속하겠다는 것이었다. 그러나 박헌영이 제시한 5원칙은 우익 진영이 절대 받아들일 수 없는 사안들로 구성되어 있는, 사실상 좌우합작운동을 반대하기 위한 원칙이었다. 여운형과 김원봉의 반대에도 불구하고 박헌영은 다수결로 자신의 의견을 관철시켰다. 그리고 7월 27일 좌우합작 5원칙을 민전 명의로 공식 발표했다. 이로써 좌우합작운동은 큰 난관에 봉착하고 말았다.

문제는 박헌영의 좌우합작 5원칙이 단지 좌우합작운동을 분쇄하기 위해 제시한 일회성 원칙이 아니었다는 점이다. 조선공산당에게 좌우합작 5원칙은 전술적 변화를 반영한 새로운 정치노선의 산물, 그러니까 '신전술'이었다.

신전술, 투쟁의 물결을 일으켜라

신전술이란 무엇인가? 그것은 미국에 대한 기존의 협조 전술을 폐기하고 강력한 대중운동으로 미군정의 공격에 정면으로 맞서는 전술이었다. 이를 통해 미국 정책의 반동성과 미군정의 실정을 만천하에 폭로하고 대중의 지지를 전취하겠다는 계획이었다. 신전술은 미소공위 휴회 이후 강화되고 있던 미군정의 좌익 탄압 공세를 배경으로 한다. 미군정의 공격이 나날이 극심해지자 기존의 수세적인 태도를 버리고 공세적인 태도를 취하게 된 것이다.

---

* 45쪽 '좌우합작 5원칙' 참고.

조선공산당이 좌우합작 5원칙을 통해 미군정이 적극적으로 추진하고 있던 좌우합작운동을 분쇄하고 미군정의 입법기관 설치 문제에도 반대의 뜻을 명확히 하고 나선 것, 북한에서 이뤄지고 있던 토지개혁 등 제반 개혁을 남한에서도 실행하라고 요구한 것, 정권을 인민위원회로 넘기라고 주장한 것도 모두 신전술의 일환이었다. 남한에서 지연되고 있던 민주주의 개혁의 실상을 들어 미군정을 압박하고자 한 것이다.

조선공산당이 미군정의 공세에 맞서 싸우는 방법은 대중을 동원하는 것, 즉 노동자와 농민을 중심으로 한 대중투쟁이었다.

반동 테러에 있어 우리는 과거에 거의 무저항상태를 취해왔습니다. 그러나 지금부터는 완전한 자위적 전술을 취해야 할 것입니다. 다시 말하면 대중을 조직 동원해 그 인민대중의 위력으로써 테러를 제압하고 민주 진영의 위세를 높이고 지도자를 수호하고 전우를 아끼고 반동의 폭력을 숙청하라는 말입니다.*

신전술이 도입되자 북한도 언론을 총동원해 미군정을 비판하고 나섰다. 남북의 공산당이 마치 하나의 몸처럼 일사불란한 모습이었다. 이는 사전에 박헌영이 소련과 북한에 동의를 구했기 때문에 가능했다. 1946년 7월 박헌영은 두 차례의 방북을 통해 소련군과 북한 지도부에게 신전술의 도입 필요성을 제기했다. 소련군과 김일성은 박헌영의 신전술 도입에 대해 반대하지 않았다. 미군정의 공격이 가속화되는 상황에서 공산당의 대응은 보다 적극적일 필요가 있었던 것이다. 다만 투쟁의 수위를 조절할 필요는 있었

---

* 박헌영, 「10월 인민항쟁」, 1946년 11월 13일. 이정박헌영전집편집위원회 편, 『이정 박헌영 전집』, 역사비평사, 2004.

다. 합법과 비합법을 오가는 반합법¥合法적 투쟁이라 하더라도 너무 급격한 전환은 미군정의 탄압을 부채질할 가능성이 높았다. 소련군과 북한 지도부는 군중 동원에 의한 시위나 파업을 최대한 합법적인 투쟁으로 지도해야 한다고 지적했다. 문제는 박헌영이 그들의 의견을 얼마나 충실히 받아들일 것인가, 실제 투쟁 과정에서 조선공산당이 얼마나 지도적 역량을 발휘할 수 있을 것인가였다.

노동당 고위 간부였던 박병엽朴炳燁, 1922~1998의 증언에 의하면 당시 박헌영과 김일성, 소련군 지도부는 노동자와 농민이 함께 투쟁할 수 있는 시점에 총파업을 중심으로 한 대투쟁을 벌이기로 합의했다고 한다. 대투쟁의 시기는 추수가 끝나는 10월 전후로 예상했다. 그런데 대투쟁을 벌이기 이전에 조선공산당에 주어진 과제가 하나 더 있었으니, 3당 합당이었다.

3당 합당인가, 3당 분열인가
___

스탈린은 (김일성과 박헌영에게 – 저자 주) 공산당이 사회민주당 혹은 노동당을 표방하면서 가까운 장래의 과제만을 제기하는 것은 불가능한가라는 문제를 제기했다. 아마도 그런 문제에 준비를 못 한 듯한 조선의 동지들은 그것이 가능하기는 하지만 인민들과 상의를 해봐야 한다고 대답했다. 그러자 스탈린은 그 자리에서 자기 스타일대로 이해하기 어렵지 않게 무심코 말했다.

"인민이라니? 인민이야 땅 가는 사람들이잖소. 결정은 우리가 해야지."*

___

* 샤브시나 꿀리꼬바, 「소련의 여류 역사학자가 만난 박헌영」, 『역사비평』 27, 1994.

· 해방 후 3년

7월 초순경 박헌영은 스탈린Iosif Stalin, 1879~1953의 초청으로 김일성과 함께 모스크바를 방문했다. 샤브시나의 증언에 따르면 그들은 그때 처음으로 스탈린에게 좌익 정당 통합 문제에 관해 들었다.

스탈린의 제안은 당시 소련공산당이 국제적 범위에서 제기하고 있던 노선이었다. 제2차세계대전 이후 새롭게 독립된 국가의 공산당들은 자신의 대중적 기반을 강화하기 위해 강령을 가장 낮은 단계로 조정하고 주변 좌익 정당과의 통합을 추진했다. 물론 소련공산당의 지도적인 영향하에서였다. 스탈린의 발언은 대부분의 공산주의자들에게 절대적인 영향력을 가지고 있었기 때문에, 좌익 정당 통합 문제는 순식간에 남북 공산주의자들에게 가장 중요한 안건으로 떠올랐다.

이는 반드시 스탈린의 권위 때문만은 아니었다. 북한에서는 지방당 조직 과정에서 좌익 정당 간 알력으로 인해 일찍부터 북조선공산당과 조선신민당의 합당 문제가 제기되고 있었다. 남한에서도 미군정의 좌익 탄압·분열 정책으로 인해 좌익 정당을 통합하고 대중정당화를 할 필요성이 제기되고 있었다. 좌익 정당 통합 문제가 제기와 동시에 급물살을 탄 것은 이 때문이었다.

1946년 7월 22일, 박헌영은 좌우합작에 대한 반대를 표명했던 민전 의장단회의에서 3당 합당 문제를 공식적으로 제기했다. 조선공산당, 인민당, 조선신민당 등 좌익 3당을 묶어 하나의 정당으로 통합하자는 것이었다.

박헌영으로부터 3당 합당을 제안받은 여운형은 7월 말 북한을 방문해 이 사실을 확인한 후에야 3당 합당에 동의했다. 8월 3일 인민당의 3당 합당 제안문은 이러한 배경에서 나왔다. 인민당의 제안에 조선공산당과 조선신민당이 동의하면서 3당 합당은 순조롭게 진행되는 듯했다. 하지만 3당 합당은 조선공산당의 당내 갈등으로 일그러지기 시작했다.

조선공산당의 당내 갈등은 8월 5일 강진姜進, 1905~? 등 간부 6명이 박헌영 등 중앙간부파를 비난하는 성명서를 발표하면서 표면으로 떠올랐다. 갈등의 이유는 경성콤그룹 중심의 박헌영파가 신전술 도입과 3당 합당 추진을 당 중앙위원회에 회부하지도 않고 독단적으로 처리했기 때문이다. 박헌영파의 분파주의적 행태에 대한 문제 제기였다.

사실 이러한 당 운영 문제는 어제오늘 일이 아니었다. 박헌영파는 당 건설 초기부터 장안파 출신들을 푸대접해 관련자들의 불만을 샀고, 지방당 조직 과정에서 지역에 기반을 갖고 있던 공산주의자들을 무시하고 자기 파벌을 앞세워 갈등을 유발했다.

결국 박헌영파의 분파주의 문제는 민전 결성을 전후하여 당내에서 공론화되었다. 지방당 간부를 중심으로 박헌영파의 분파주의를 비판하고 당대회 소집을 요구하는 움직임이 나타났던 것이다. 그러나 박헌영은 이들의 요구를 받아들이지 않았다.

지방당 간부들의 요구는 일단 수면 아래로 가라앉았다. 그러다가 신전술과 3당 합당 문제로 반박헌영파의 성명이 나오면서 당내 갈등은 재점화되었다. 박헌영파에 대해 누적되어왔던 불만이 성명서 발표를 계기로 일시에 터져 나왔던 것이다. 박헌영은 성명서를 발표한 강진 등 6인의 간부에 대해 제명과 무기정권無期停權으로 대응했다. 하지만 반박헌영파를 제압할 수는 없었다. 반박헌영파는 당대회 소집을 통해 3당 합당을 해결하자고 주장하며 세력을 결집했다. 이로써 조선공산당은 박헌영파와 대회파(반박헌영파)로 완전히 갈라졌다.

3당 합당 문제로 분열된 것은 조선공산당만이 아니었다. 인민당과 조선신민당도 각각 두 개의 세력으로 분열되었다. 애초에 박헌영은 북한 지도부와 3당 합당을 논의하는 과정에서 3당의 수뇌부가 합당에 합의한 후, 3당의 연합중앙위원회를 통해 합당을 결의하고, 지방당부터 중앙당의 순으로 창당을 완료하기로 약속했다. 하지만 실제는 그렇지 않았다. 박헌영은 3당 수뇌부와의 충분한 합의도 제대로 진행하지 않고, 3당의 연합중앙위원회를 통한 합당 결의도 없이, 인민당과 조선신민당 내 공산당 프락치를 움직여 합당을 추진했다. 인민당의 지도자 여운형과 조선신민당의 지도자 백남운은 합당 문제에서 소외된 채, 하루아침에 당내 소수파를 대표하는 지도자로 전락하고 말았다.

결국 3당 합당 문제는 9월 4일 박헌영파가 인민당과 조선신민당의 무조건합당파를 동원해 '남조선노동당준비위원회'를 구성하면서, 더 이상 돌이킬 수 없게 되었다. 박헌영파는 반대파들에게 치욕적인 굴복을 강요했다.

박헌영파의 움직임에 제동을 걸고 나선 것은 미군정이었다. 미군정은 치안 유지를 목적으로 한 '맥아더 포고 제2호'를 근거로 박헌영을 비롯한 조선공산당 간부들에게 체포령을 내리고, 《조선인민보》 등 3개 좌익 신문을 폐쇄 조치했다. 아마도 미군정으로선 좌우합작운동을 파탄시키고 좌익 정당을 통합해 좌익 진영을 강화하려는 박헌영을 더 이상 두고 볼 수만은 없었을 것이다.

9월 총파업과 10월 항쟁

운수 동맥의 심장인 경성철도공장이 24일 오전 9시부터 완전히 그 기능이 끊어졌다. 즉, 지난 17일 최저생활보장을 위해 여섯 가지 요구 사항을 운수부장과 철도국장에게 제출한 경성철도공장 3천여 명의 종업원들은 21일까지 그 건의에 대한 회답을 요구하는 동시에 만일 기한까지 회답이 없을 때는 최후적 행동으로 나간다는 경고를 했었는데 기일이 지나도록 하등 회답이 없으므로 드디어 24일 상오 9시 종업원 대표들은 운수부장과 철도국장을 직접 면회하고 요구 조건을 관철할 때까지 파업을 단행한다는 정식 선언을 하고 전면적 파업에 이르렀다.*

1946년 9월 23일 부산 철도노조원의 파업을 시작으로 9월 24일 서울 철도노조원의 파업이 이어지면서 총파업이 시작되었다. 총파업은 전평 조직 가운데 노동조건이 가장 열악했던 철도 부문에서 시작되어 경성전기, 경성출판노동조합 등으로 퍼져 나갔다. 한국 역사상 최대 규모의 총파업이었다.

미군정의 공세와 3당 합당 문제로 창당 이래 최대 위기에 봉착했던 조선공산당은 총파업을 통해 위기를 극복하고자 한 것이다. 그들은 10월로 예정되었던 총파업을 9월로 앞당겨 실행함으로써, 미군정의 공세와 대회파의 당대회 개최 시도를 모두 분쇄하려 했다.

하지만 조선공산당은 대회파에게 일정한 타격을 입히는 데는 성공했으나, 미군정에 대해선 그렇지 못했다. 결국 '9월 총파업'은 발생 일주일 만에 경찰과 우익 청년단체의 대대적인 공격으로 와해되었다. 조선공산당과 전평은 총파업을 지도할 충분한 역량도 없이 정치적 목적만을 앞세워 투쟁을 선도함으로써 실패를 자초하고 말았다.

---

* 《서울신문》, 1946년 9월 25일 자.

그런데 조선공산당의 대중투쟁은 여기서 끝나지 않았다. 9월 총파업으로 시작된 불길이 대구에서 대규모 민중봉기로 옮겨 붙은 것이다. '10월 항쟁'이었다. 10월 항쟁은 총파업이 진행 중이던 대구에서 10월 1일 경찰 측의 발포로 노동자 한 명이 사망하면서 대규모 민중봉기로 발전했다. 분노한 군중은 경찰서와 관공서를 습격했고, 미군과 경찰이 이에 적극 대응하면서 각지에서 유혈참극이 벌어졌다. 봉기는 순식간에 경남북, 전남북을 휩쓸며 퍼져 나가 충남, 경기, 강원 일원까지 확대되었다.

10월 항쟁은 지역 좌익들과 민중들이 주도한 대규모 민중항쟁이었다. 그들은 친일 경찰과 친일 관료를 등용하는 미군정의 현상유지정책과 일제강점기 공출과 다를 것 없었던 식량정책, 물가 폭등으로 인한 생활난에 불만을 품고 저항에 나섰다.

조선공산당의 중앙지도부는 지방의 당 조직을 총동원하여 10월 항쟁을 지도하려고 했으나 지도는커녕 제어조차 제대로 할 수 없었다. 북한의 공산당 지도부와 소련군도 투쟁 자금을 지원하며 조선공산당을 독려했지만 효과는 미미했다. 조선공산당이 이러한 대규모 민중투쟁을 지도할 정도로 유능하지는 않았던 것이다.

미군정은 10월 항쟁이 공산당의 사주로 일어났고, 북한에서 직접 고무했다고 주장했다. 하지만 미군정도 그것이 진실의 전부가 아니라는 것을 잘 알고 있었다. 미군정이 남한 사회의 여론을 다독이기 위해 좌우합작위원회와 함께 '조미공동소요대책위원회'를 만든 것도 모두 이 때문이었다. 이 위원회는 10월 항쟁의 주요 원인이 친일 경찰과 군정 내 친일 관료에 있다고 지적하고, 경무부장 조병옥趙炳玉, 1894~1960과 수도경찰청장 장택상張澤相, 1893~1969의 퇴진을 요구했다. 하지만 불행히도 미군정은 어떠한 개혁도 실행에 옮기지 않았다.

결국 두 달여에 걸쳐 진행된 10월 항쟁은 막대한 인명 피해와 경제적 손실만을 남긴 채 종료되었다. 10월 항쟁의 가장 큰 피해자는 항쟁에 직접 나선 민중들과 좌익 세력이었다. 특히 조선공산당의 피해는 극심했다. 그들은 10월 항쟁을 제대로 지도하지 못했고, 무책임한 선전과 선동만 반복하다가 지방 조직 대부분을 희생시키고 말았다. 이제 그들에게 남은 것은 대중의 급격한 지지 철회였다.

흔들리는 남로당

9월 총파업과 10월 항쟁 이후 박헌영과 조선공산당은 훨씬 더 어려운 상황에 빠져들었다. 조선공산당의 대중조직과 지방 조직은 다시 회복하기 힘들 정도로 붕괴되었고, 당 중앙의 위신은 더 이상 떨어질 곳이 없을 만큼 추락했다. 북한으로 피신한 박헌영은 북한 공산당의 배려 속에 남한혁명을 지도할 체제를 갖춰나갔지만, 9월 총파업과 10월 항쟁이 증명하듯 북한에서 남한혁명을 지도한다는 것은 결코 쉬운 일이 아니었다.

1946년 11월 23일, 박헌영은 자파를 중심으로 남조선노동당(이하 남로당)을 결성하는 데 성공했다. 하지만 남로당은 3당 합당의 본래 취지를 제대로 살리지 못했다. 합당 과정에서 반대파까지 양산하면서 좌익 정당의 통합에 실패했을 뿐만 아니라, 합법적인 대중정당을 표방하고 출범했음에도 불구하고 9월 총파업과 10월 항쟁으로 인해 실제로는 반합법적인 정당에 머물러 합법적인 정치 공간에서는 제대로 된 정치력을 발휘하지도 못하는 절름

발이 대중정당이 되었던 것이다.

조선공산당 대회파와 인민당, 조선신민당의 잔류 세력은 박헌영파에 맞서 11월 17일 사회노동당(이하 사로당)을 정식 발족했다. 하지만 그들은 1947년 2월 27일 해체를 선언해야 했다. 소련군과 북한의 지도부마저 그들을 파벌주의자로 몰아붙이면서 정치적 명분을 모두 잃었기 때문이다. 남로당은 사로당과의 경쟁에서 승리했다. 남로당은 그들에게 자기비판서 제출을 요구하는 등 굴욕적인 입당을 강요했다. 결국 남로당은 그들 모두를 자신의 세력으로 끌어안지 못했고, 남로당 합류를 거부한 세력들은 대부분 여운형의 근로인민당으로 들어갔다.

9월 총파업과 10월 항쟁에서 극심한 조직 파괴를 겪은 남로당은 조직의 복구와 확대를 위해 대대적인 당원배가운동을 벌였다. 새로운 당원의 배출처는 주로 민전을 구성하는 전평과 전농 등의 대중조직이었다. 이로 인해 남로당이 곧 민전이고, 민전이 곧 남로당인 상황이 만들어졌다. 이것은 좌익통일전선이었던 민전을 남로당의 외곽 단체로 전락시키는 결과를 낳았다.

남로당의 당원배가운동은 외부에서 단기간에 당원을 모집하는 방식으로도 이뤄졌는데 그러다 보니 당의 질적 수준은 크게 저하되었다. 이는 조직 보안에 큰 영향을 미쳤다. 미군정과 우익의 첩자들이 새로 가입한 당원들 사이에 섞여 들었기 때문이다.

9월 총파업과 10월 항쟁 이후에도 남로당은 미소공위에 입각한 임시정부 수립안을 유일한 투쟁 목표로 삼았다. 그들은 미소공위가 재개되자 미소공위의 성공을 낙관하고 우익 배제와 인민위원회 형태의 임시정부 수립 주장을 반복했다. 이는 소련군의 미소공위 대응 방침에서 한 치도 벗어나지 않는 것이었다.

남로당의 투쟁 방식도 신전술에 입각한 대중 동원 방식의 투쟁이 대부분을 차지했다. 남로당의 좌경모험주의적 대중투쟁은 미군정과 우익 세력의 극심한 탄압을 불렀다. 그리고 조직은 그때마다 심각한 타격을 감수해야 했다. 이는 결국 좌우 양 세력 간의 힘의 역전 현상을 낳았다. 해방 직후 모든 면에서 우익 세력을 압도했던 좌익 세력은 9월 총파업과 10월 항쟁을 고비로 다시는 예전의 힘을 회복하지 못했다.

실패가 반복될수록, 역량의 파괴가 거듭될수록, 소련군과 북조선노동당(북로당)에 대한 남로당의 종속성은 강화되었다. 남로당은 그들에게 인정받기 위해 점점 더 큰 위험을 감수해야 했고, 자신의 역량이 파괴될수록 더욱더 그들에게 의지해야 했다.

모든 불행의 시작은 그들이 남한혁명을 낙관한 데서 비롯되었다. 그리고 그 낙관의 이유를 소련이라는 존재에서 찾았기 때문이다. 소련의 힘을 과신하는 순간 그들은 자신의 힘과 자신이 처한 정세를 객관적으로 판단할 능력을 잃게 되었던 것이다.

공산주의자들의 약점을 제대로 파고들다: 박헌영 존스턴 기자회견 사건

1946년 1월 16일, 《동아일보》 등 남한의 우익 언론들은 박헌영이 외국 기자단과의 인터뷰에서 매국적 발언을 했다고 일제히 보도했다. 박헌영이 소련 일국의 신탁통치를 절대 지지하며, 10~20년 후 한국이 소련의 연방으로 참가하기를 희망한다고 주장했다는 것이다. 언론들의 보도로 박헌영은 순식간에 소련에 나라를 팔아먹은 매국노가 되었다. 한민당을 비롯한 우익 세력들은 즉시 박헌영 타도를 결의했다. 조선공산당은 즉각 언론의 보도 내용을 부인했지만 파동은 쉽사리 가라앉지 않았다. 이 일로 박헌영은 정치적 이미지에 큰 타격을 입었다. 후일 이 사건은 '박헌영 존스턴 기자회견 사건'으로 명명되었다.

사실 이는 미군정이 기획한 의도적인 왜곡 보도 사건이었다. 《뉴욕타임스》 기자 존스턴Richard Johnston이 작성한 악의적인 왜곡 기사를 미군정이 샌프란시스코방송을 통해 보도하게 하고, 다시 이를 보도자료에 담아 국내 언론들이 보도할 수 있도록 조장했던 것이다. 언론 보도 후, 우익 세력들은 기다렸다는 듯 박헌영을 타도하자고 목소리를 높였고, 사건은 일파만파로 확대되었다.

오늘날에도 그렇지만 이런 사건에서 중요한 것은 '진실'이 아니다. 대중은 진실이 무엇인지에 대해선 별로 관심이 없다. 충분한 개연성과 호기심을 자극할 요인만 존재한다면 조작된 사실이라 해도 얼마든지 대중의 마음을 뒤흔들 수 있다. 그런 점에서 미군정과 우익 진영은 큰 성공을 거뒀다. 박헌영과 조선공산당에게 매국 세력이라는 이미지를 덧붙이는 데 성공했기 때문이다.

애초에 미군정과 우익에게 공격의 여지를 만들어준 것도, 대중에게 의심의 개연성을 제공한 것도 모두 조선공산당 자신이었다. 그들은 민족의 공분을 샀던 신탁통치 문제에 대해 충분한 설명이나 설득 없이 찬탁으로 돌아서 대중의 반감을 샀다. 이때부터 대중은 조선공산당의 '애국심'을 의심하기 시작했고, 그들을 신탁통치의 도입을 주장한 것으로 알려진 소련과 자연스럽게 연결지어 생각했다. 그래서 한국이 소련의 연방이 되기를 바란다는 박헌영 왜곡 보도가 나왔을 때, 사람들은 그 보도의 내용을 의심하기보다 납득하게 되었던 것이다.

해방 후 박헌영과 조선공산당은 민족보다는 혁명을 우선하는 태도를 보였다. 그들은 민족의 완전한 독립과 자주적 국가 수립이라는 민족적 과제가 국제노선에 따라 자연히 해결될 것이라고 낙관했다. 그들의 태도는 일제하 한국 공산주의운동이 가지고 있던 대외적 종속성에 기인하는 바가 컸다. 박헌영과 조선공산당은 평생 동안 소련공산당의 영향 아래에서 운동해왔다. 김일성도 그런 점에서 크게 다르지 않았다. 그러다 보니 한국의 공산주의자들은 소련의 그늘에서 벗어나 독자적인 사고 체계를 가질 수 없었다. 소련의 일국사회주의노선의 영향으로 당시 한국의 공산주의자들 사이에는 공산주의 종주국인 소련을 지키는 것이 다른 어떤 가치보다 중요하다는 인식이 만연해 있을 정도였다.

'한국의 소련 연방설'이라는 말도 안 되는 주장이 당시 대중에게 커다란 반향을 일으켰던 이유는 바로 여기에 있었다. 미군정의 공격은 평소 민족보다 혁명을 우선하고, 민족보다 소련을 우선했던 공산주의자들의 약점을 제대로 파고든 것이었다.

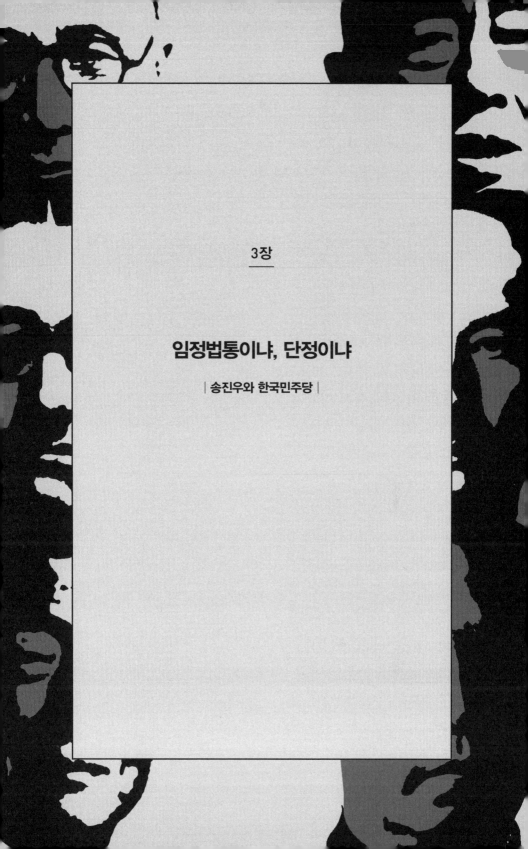

3장

임정법통이냐, 단정이냐

| 송진우와 한국민주당 |

●

　1945년 12월 30일 새벽 6시 15분, 아직 해도 뜨지 않은 어두컴컴한 새벽, 요란한 총소리가 고요한 정적을 깼다. 창덕궁이 건너다보이는 원서동 송진우의 자택에서 난 소리였다. 총소리는 10여 번이 넘게 이어졌고, 고함 소리와 비명, 여러 명의 다급한 뜀박질 소리가 들렸다. 하지만 그들의 발소리는 총소리에 놀란 동네 개들이 시끄럽게 짖는 소리에 이내 묻혀 사라졌다.

　총격을 당한 이는 송진우였다. 일제강점기《동아일보》사장이자 해방 후 한국민주당(이하 한민당)의 수석총무로 활약하던 한국 정계의 대표자이며 보수적 민족주의자들의 대부. 그런 그가 정체불명의 괴한들이 쏜 총탄에 쓰러진 것이다.

　마침 송진우의 집을 방문했던 외종사촌 양중묵梁仲黙은 이날 송진우와 함께 잠자리에 들었다가 당시의 급박한 상황을 목격했다. 그의 증언에 따르면 새벽 6시쯤 인기척 때문에 잠을 깼는데, 송진우가 "누구요?"라고 물어도 상대방은 아무런 대답이 없었다고 한다. 그런데 갑자기 방문이 열리고 괴한 한 명이 침입해 다짜고짜 총을 쏘기 시작했다는 것이다.

　송진우는 가슴을 비롯한 전신 여섯 군데에 치명적인 총상을 입고 의식불명 상태에 빠졌다. 급히 의사를 불러 왔지만, 손을 쓰기에는 상처가 너무 깊었다. 결국 그는 사건 발생 한 시간 만에 피를 토하며 숨을 거뒀다.

　범인은 모두 네다섯 명이었던 것으로 밝혀졌다. 그들은 뜰아랫방에서 자고 있던 경호원이 급히 추격하려 하자 총을 쏘며 달아났다. 종로경찰서와 미군방첩대*, 검사국이 신고를 받고 즉시 비상진을 치며 수사에 나섰지만, 범인들은 이미 사라지고 난 후였다.

송진우 암살 사건은 해방 후 남한에서 벌어진 최초의 정치인 암살이었다. 이 사건으로 한국 정계는 큰 충격에 빠졌다. 도대체 송진우를 죽인 범인들은 누구이며, 그들은 왜 송진우를 테러의 대상으로 삼았을까? 이에 대한 대답은 해방 후 한국 정계의 상황 속에서 찾을 수밖에 없다. 해방 후 4개월여 동안 송진우에게는 도대체 무슨 일이 있었던 것일까?

한민당의 탄생

1945년 8월 15일 해방과 함께 한국은 민족의 완전한 독립과 신국가 건설이라는 오래된 염원으로 뜨겁게 달아올랐다. 그런데 우파 민족주의 진영의 움직임은 예상과 달리 지지부진하기만 했다. 주요 인사들 대부분이 친일 혐의에서 자유롭지 못한 데다가 소련군 진주 소식이 그들의 발목을 잡았기 때문이다. 그들은 과도정부적 역할을 자임하며 달려 나가는 건준을 불만 어린 표정으로 지켜보며 소극적인 태도로 사태를 관망했다. 결국 그들은 해방 정국에서 가장 중요했던 한 달여의 시간을 그대로 흘려보내고 만 것이다.

물론 우파 전체가 사태를 관망하기만 했던 것은 아니다. 민족주의자 중

---

* 미군방첩대(CIC, Counter Intelligence Corps)는 미 24군단 산하에 설치되었던 정보기관이다.

에서 가장 먼저 행동에 나선 이들은 최후까지 일제에 협력하지 않았던 명망가들이었다. 원세훈이 대표적인 인물이었다. 그는 일제강점기 때 중국에서 사회주의 계열의 일원으로 독립운동을 하다가 체포되어 국내로 들어왔다. 이후 독립운동의 대열에서 이탈했지만 그는 끝까지 일제와 타협하지 않았다. 그는 8월 18일 이병헌李炳憲, 1896~1976, 한학수韓學洙 등과 함께 '고려민주당'을 창당하고 민족주의자들의 세력 결집을 위해 노력했다. 민주공화정치와 의회제를 옹호하면서도 진보적 경제정책을 용인하는 사회민주주의적 노선을 추구하고자 한 것이 이들의 특징이었다.

이와 함께 일제강점기 인권변호사로 이름이 높았던 이인李仁, 1896~1979, 김병로 등도 뜻을 함께하는 사람들을 중심으로 세력을 결집하기 시작했다. 이들은 건준 부위원장 안재홍과 접촉하면서 건준 참가를 타진했다. 정국을 주도하는 건준을 좌시만 할 수는 없었기 때문에, 통일전선체인 건준 안으로 들어가 우파의 자리를 확대하고자 했던 것이다. 안재홍과 이인은 경향京鄕 각지의 세력으로 전국유지자대회를 소집해 건준을 전 민중의 총의에 기반한 조직으로 확대 개편하거나, 건준의 위원 수를 늘려 우익의 몫을 확보하고자 했다.

하지만 이들의 계획은 제대로 이뤄지지 않았다. 좌우의 합작에 관심이 많았던 여운형이 테러로 요양하는 사이, 건준 내 좌파들이 민족주의자들의 건준 합류를 방해했기 때문이다. 결국 이인과 김병로 등은 건준 참가를 포기하고 독자적인 세력 결집에 나섰다. 이들이 세력을 한곳에 모으는 데 결정적인 영향을 미친 것은 8월 말 전해진 미군의 진주 소식이었다. 8월 28일 이인과 김병로 등은 여러 계열의 민족주의자들을 모아 '조선민족당'을 결성했다. 새로운 정당이 출범하자 원세훈의 고려민주당도 곧바로 합류를 선언했다.

한편 미군 진주가 확실해지자 장덕수張德秀, 1894~1947를 중심으로 한 구미 해외유학파 세력들도 '한국국민당'을 만들어 세력 결집에 나섰다. 백남훈白南薰, 1885~1967, 김도연金度演, 1894~1967, 허정許政, 1896~1988, 윤치영尹致暎, 1898~1996, 유억겸兪億兼, 1895~1947, 윤보선尹潽善, 1897~1990 등이 대표적인 인물이었다. 그런데 조선민족당과 별개로 한국국민당이 발기하자 민족진영 내에서 통합 요구가 거세게 일어났다. 좌파들이 건준을 중심으로 결집하는 마당에 민족진영이 이리저리 갈라져서는 안 된다는 것이 주요한 통합 논리였다. 이로써 조선민족당과 한국국민당은 9월 4일 통합 발기회를 개최하고 9월 16일 창당대회를 통해 당을 통합했다. 이것이 바로 우익 진영 최대의 연합 정당 한국민주당(이하 한민당)이었다.

우익 진영 최대의 연합 정당, 한민당

건준의 무리들은 이제 반역적인 소위 인민대표자대회란 것을 개최하고 조선인민공화국 정부란 것을 조직했다고 발표했다. 출석도 않고 동의도 않은 국내 지명 인사의 명의를 도용한 것은 말할 것도 없고, 해외 우리 정부의 엄연한 주석, 부주석, 영수되는 제 영웅의 명예로운 이름을 자기 어깨에다 같이 놓아 모모 위원 운운한 것은 인심을 현혹하고 질서를 교란하는 죄, 실로 용서할 수 없는 대죄다. (중략) 지식 인사의 명예로운 이름을 빌려다 자기 위세를 보이려는 도배야, 일찍이 너희들은 고이소小磯 총독 관저에서 합법운동을 일으키려다 조소를 당한 도배이며, 해운대 온천에서 일본인 마나베眞鍋와 조선의 라우렐이 될 것을 꿈꿨던 도배이며, 일본의 압박이 소멸되자 정무총감, 경기도 경찰로부터 치안 유지 협력의 위촉을 받고 피를 흘리지 않고 정권을 탈취하겠다는 야망을 가지고 나선 일본제국의 주구들이다. 우리들은 장구히 너희들의 행동을 좌시할 수 없다. 삼천만 민중이여, 제군은 이 같은 도배들의 반역적 언동에 현혹지 말고 민중의 진정한 의사를 대표한 우리들의 주의에 공명해 민족적 일대 운동을 전개하지 않겠는가.*

한민당의 탄생에 결정적인 영향을 미친 것은 9월 6일 탄생한 조선인민공화국(이하 인공)이었다. 인공의 선포는 민족주의자들에게 큰 충격을 안겼다. 좌파들이 인공을 통해 공산 정권의 수립 의도를 명확히 했다고 여겨졌기 때문이다. 한민당 결성을 주도하던 우익 세력들은 아직 공식적으로 출범하지도 않았던 한민당의 명의까지 이용해 신랄한 비난 성명을 발표했다. 그리고 인공에 맞서기 위해 평소라면 결코 함께할 수 없었을 세력까지 광범위하게 묶어 대규모 연합 정당을 탄생시키는 데 성공했다.

연합 정당이었던 만큼 한민당 내에는 다양한 계파가 존재했다. 그 가운데 최대 계파였던 동아일보 세력이 수양동우회** 세력, 흥업구락부*** 세력과 연합해 당내 주류를 형성했다. 당내 비주류 세력의 중심은 원세훈, 김약수金若水, 1890~1964로 대변되는 우파 사회주의 세력이 차지했다. 우파 사회주의

---

* 한민당의 인공 비난 성명서, 1945년 9월 8일.
** 수양동우회는 1922년 이광수(李光洙, 1892~1950)가 만든 수양동맹회와 평양 대성학교 관련자들이 만든 동우구락부가 1926년 1월 통합하여 만든 단체이다. 안창호의 흥사단 운동을 추종하여 만들어진 인격수양단체로, 대개 서북 지방의 기독교 장로회 인사들이 중심이 되어 조직했다. 민족주의 세력의 주요 계보 중 하나로 해방 후까지 영향을 미쳤다. 이승만 계열의 흥업구락부와는 경쟁적 관계였지만 동아일보 계열과는 친밀한 관계를 유지했다.
*** 흥업구락부는 이승만의 요청으로 1925년 3월 이상재(李商在, 1850~1927), 윤치호(尹致昊, 1865~1945), 유성준(兪星濬, 1860~1934), 유억겸, 신흥우(申興雨, 1883~1959) 등이 조직한 비밀결사다. 대체로 기호 지방의 기독교 감리회 인사들이 중심이 된 조직으로, 동지회의 국내 지부라는 성격을 가졌다. 비밀결사에 걸맞은 활동은 거의 없었으나 민족주의 세력의 주요 계보 중 하나로 해방 후까지 영향을 미쳤다. 구락부(俱樂部)는 '클럽'의 일본식 음역어다.

세력이란 박헌영의 재건파나 장안파 등 공산주의자들과는 함께할 수 없지만, 사회주의·사회민주주의·무정부주의 등 사회주의적 신념을 가지고 활동하던 사람들을 말한다. 이들은 비록 한민당의 비주류이긴 하지만, 한민당의 정치적 스펙트럼을 크게 확대하는 효과를 가져오며 향후 한민당의 정책에 적지 않은 영향을 미쳤다.

그럼 우파 진영이 한민당으로 결집하던 과정에서 우파 최대 계파인 동아일보 세력의 최고 지도자 송진우는 무엇을 하고 있었을까? 송진우는 우익 진영 최대 계파의 대표자였던 만큼 처음부터 여러 세력의 관심을 한 몸에

지팡이를 짚고 선 송진우. 송진우는 우익 최대 정당인 한민당의 결성 당시 자신의 동아일보 세력이 한민당의 주류가 되도록 힘을 기울였으며, 이러한 세력을 바탕으로 한민당의 수석총무가 되었다.

받았다. 특히 여운형은 수차례에 걸쳐 송진우에게 건준 참가를 권유했다. 그러나 송진우는 끝내 여운형의 청을 거절하고 자택에 칩거한 채 정국을 관망했다. 민족진영의 최고 지도자라는 명성이 무색해지는 무책임한 행동이었다.

송진우가 움직이기 시작한 것은 미군 진주가 확실해지고 난 이후였다. 그는 측근 인사들을 움직여 한민당의 결성 과정에 개입하면서, 동아일보 세력이 한민당의 주류를 차지하도록 노력했다. 그 결과 그는 한민당의 수석총무로 선임되었다. 한민당이 선택한 집단지도 체제에서 수석총무는 실

질적인 최고 지도자를 의미했다.

　한민당의 결성과 함께 우익 진영은 해방 정국에 적극적으로 대처하기 시작했다. 한국의 완전한 독립과 신국가 건설을 위한 싸움은 이제부터 시작이었다.

서구식 민주주의 국가를 꿈꾸다

　(우리의 목적은) 정치적으로 민주주의 정체를 수립하는 것입니다. 비록 독립한 국가가 되었더라도 그 권력이 1인의 전제한 바 되고 1계급의 독재한 바가 된다면 무엇으로써 우리의 생명, 재산과 자유가 보장될 수 있겠습니까. 이러한 국가나 사회에는 오직 마찰과 대립이 있을 뿐이라. 그러므로 우리는 만인이 원하는 민주적 정치체제를 확립하지 않으면 아니 될지니, 민중에 의해, 민중을 위한, 민중의 정치가 실현됨을 따라서 민중의 자유는 확인되고 민중의 평등은 보장될 것입니다.*

　한민당은 한국에 어떤 국가를 건설하고자 했을까? 송진우는 한 방송 연설에서 한민당의 강령을 해설하며, 그들이 원하는 신국가의 정치체제는 '민주주의 정체'라고 설명한다. 그것은 1인 1당 독재나 계급독재가 아닌 '민중에 의한, 민중을 위한, 민중의 정치가 실현'되는 국가이자, 자유와 평등이 보장되는 국가다. 송진우가 링컨의 연설 문구를 인용한 것에서 추측할 수 있듯이 한민당이 말하는 민주주의 정체란 언론 · 출판 · 집회 · 결사 · 신앙

---

* 송진우의 방송 연설. 《동아일보》, 1945년 12월 23일 자.

의 자유가 보장되고, 보통선거를 통해 구성된 의회를 중심으로 의회민주주의가 관철되는 서구식 민주주의 국가를 의미했다.

한민당이 보수적 민족주의자들이 결집한 정당이라는 점을 상기한다면, 이들이 추구하는 신국가의 정치체제가 서구식 민주주의 국가라는 사실은 그리 어렵지 않게 추측할 수 있다. 그런데 한민당이 내세운 신국가 체제의 지향 가운데 경제적·사회적 부문은 우리의 예상에서 크게 벗어난다. 한민당의 주장이 당시 좌파들의 주장과 상당히 유사하기 때문이다.

> (우리의 목적은) 경제적으로 근로대중의 복리를 증진하는 것입니다. 과거에 있어서는 자유에만 치중하고 균등에 있어서는 진실한 고려가 없었기 때문에 자본가가 이윤 추구에 방분한 나머지 경제적 균등의 기회는 파괴되고 따라서 근로대중의 생활은 그 안정을 잃었던 것입니다. 그러므로 우리는 정치적 민주주의가 독재적 전횡을 타파하는 데 있는 것과 같이 경제적 민주주의는 독점의 자본을 제압하는 데 있는 것이니 진정한 의미의 경제적 민주주의는 그 정책에 있어서 사회주의의 계획경제와 일치된 점을 발견치 못하리라고도 생각할 수 없습니다.*

송진우는 신국가의 경제정책이 독점자본의 폐해를 제거하고 근로대중에게 균등한 경제적 기회를 제공하는 경제적 민주주의의 실현에 있다고 주장한다. 그리고 이런 점에서 자신들의 경제정책이 사회주의의 그것과 크게 다르지 않다고 말한다. 경제적 민주주의를 실현하기 위해 한민당은 주요 산업의 국유화, 계획경제, 경제통제뿐만 아니라 토지제도 개혁을 통한

---

* 송진우의 방송 연설, 《동아일보》, 1945년 12월 23일 자.

토지 소유의 제한과 매매·겸병의 금지를 내세웠다. 이와 함께 한민당은 8시간 노동제를 비롯한 진보적인 노동정책을 제시하면서 근로대중의 안정적 생활을 보장하는 정책을 수립했다. 이것은 한민당의 정책이 실제로 당시 좌파들의 정책과 크게 다르지 않았음을 보여준다. 왜 이런 일이 벌어졌을까? 그것은 두 가지 이유 때문이다.

첫째, 당시는 세계가 독점자본주의의 극심한 폐해와 그로 인한 극단적인 세계전쟁을 경험한 후여서, 전 세계적으로 경제적 민주주의에 대한 공감대가 널리 퍼져 있었다. 이로 인해 우파의 경제정책이 사회주의 경제 제도와 크게 다르지 않았던 것이다.

둘째, 한민당 안에 결합되어 있던 우파 사회주의 세력이 한민당의 사회경제정책 수립에 일정한 영향을 미쳤기 때문이다. 우파 사회주의 세력은 단지 인적 결합에만 그쳤던 것이 아니라, 한민당의 정책 수립에도 적극 개입해 한민당의 사회경제정책을 진보적 방향으로 견인했다. 바꿔 말하면, 한민당의 진보적인 사회경제정책은 보수적 민족주의자들과 우파 사회주의 세력의 동거를 가능케 하는 주요 요인이었다.

하지만 한민당의 사회경제정책과 좌파들의 정책이 유사하다고 해서 양자를 동일하게 취급하는 것은 곤란하다. 한민당이 진보적인 사회경제정책을 가지고 있었던 것은 분명하지만, 그것은 기본적으로 자본주의 경제체제를 지향하는 가운데, 기존의 독점자본주의가 가지고 있던 모순을 정책적으로 해결하려는 방안이었기 때문이다.

더욱이 양자는 계급적 기반이 달랐기 때문에 정책의 각론에서 큰 차이를 보였다. 대표적인 것이 토지 문제였다. 당시 공산주의자들은 무상몰수 무상분배를 주장한 반면, 한민당은 유상몰수 유상분배를 주장했다. 이는 한민당의 계급적 기반이 지주에 있었기 때문이다. 한민당은 토지개혁을 하더라도 유상몰수 유상분배를 통해 지주들이 보다 안정적으로 자본가로 전환하기를 바랐다. 그들은 되도록 토지개혁을 피하고자 했지만 당시 시대의 과제로서, 자본주의 경제발전에 필수적인 자본 축적의 과정으로서, 토지개혁을 완전히 부정할 수는 없었다. 사정이 그러하다면 지주들의 기득권을 최대한 유지하는 것이 중요했다.

한민당의 본심

그럼 한민당은 어떠한 방법으로 신국가를 수립하고자 했을까? 바로 중경임정을 신국가의 중심 세력으로 추대하는 것이었다. 한민당은 중경임정을 중심으로 광범위한 지지 세력을 결집한 후, 국민의 총의를 확인하는 민주적 절차를 거쳐 신국가를 수립하고자 했다. 송진우는 국민의 총의를 확인하는 절차로 '국민대회'를 상정했고, 이를 위해 한민당과 별개로 '국민대회준비회'를 조직했다. 송진우는 국민대회준비회를 장차 의회 설립의 중추 기관으로 발전시키려는 장기적인 계획을 가지고 있었다.

한민당에게 중경임정 추대 노선은 두 마리의 토끼를 잡을 수 있는 최고의 무기였다. 한 번도 적극적인 항일운동을 조직하지 못한 채 친일 협력이라는 치명적인 약점마저 안고 있었던 한민당 인사들에게 중경임정 추대는 정국을 주도할 명분과 정통성을 부여해줄 뿐만 아니라, 광범한 우파 세력의 결집까지 보장해주는 수단이었다. 이와 함께 한민당은 국민대회라는 민주적 절차를 통해 자신들의 국가건설운동에 정당성을 부여하는 동시에, 미국을 중심으로 한 우방의 지지까지 얻어내고자 했다. 이것이 신국가를 건설하기 위한 한민당의 방안이었다.

그런데 한민당의 국가 수립 방안에는 중대한 문제가 있었다. 독자적인 방안이 아니라 전적으로 중경임정의 정통성에 기대는 방안이라는 점이었다. 그들이 표방한 계획대로라면 한민당은 필연적으로 중경임정에게 주도권을 내어준 채, 중경임정이 허용하는 정도의 권력만을 얻을 가능성이 높았다. 한민당이 원했던 바가 진정 이것이었을까? 물론 아니다. 한민당은 국가 수립 과정에서 중경임정의 중심적 역할을 인정했지만 정국의 주도권만큼은 확실히 자신들의 손아귀에 넣고자 했다.

한민당이 원했던 그림은 이런 것이었다. 중경임정을 내세워 명분과 정당성을 획득하고 민족진영의 중심 세력이 된다. 그 후 자신의 탄탄한 국내 기반을 바탕으로 정국을 주도해 신국가의 중심 세력이 된다. 한민당은 국가 수립 과정에서 중경임정을 충분히 제어할 수 있다고 낙관했던 것 같다. 중경임정에게는 국내적 기반이 전무했기 때문이다.

특히 한민당이 주목한 것은 의회였다. 국가 수립 과정에서 정권을 획득하지 못하더라도 의회만 손에 쥔다면 정국의 주도권뿐 아니라 앞으로의 정권 창출까지 꿈꿀 수 있다고 여겼다. 송진우가 국민대회준비회를 통해 일찌감치 신국가의 의회를 주목했던 이유는 바로 여기에 있었다.

한민당 주류 세력이 한국의 독립 완수와 신국가 건설을 꿈꾸며 처음부터 끝까지 가장 중시했던 것이 하나 있었다. 바로 우익 헤게모니의 확립이었다. 그들은 애초에 인공의 탄생을 공산주의자들의 좌익 국가 건설 시도로 받아들였고, 중경임정을 중심으로 한 우익 헤게모니의 신국가 건설 노선으로 이에 맞섰다. 그들은 처음부터 좌익 세력과의 대결을 기정사실화했다. 그들의 사전에 좌우 협조란 단어는 존재하지 않았던 것 같다. 한민당이 공산 세력과의 대결을 선택하는 순간, '민족'은 더 이상 중요한 문제가 되지 않았다. 그들은 '좌익'이라는 민족 내부의 적과 싸우기 위해 나서는 모든 자들과 손잡을 준비가 되어 있었다.

한민당이 신국가 수립을 위해 가장 먼저 한 일은 미군정의 정치적 파트너가 되는 것이었다. 이를 기반으로 인공을 공격해 좌익 세력을 약화시키고, 중경임정을 중심으로 한 신국가건설운동을 펼쳐나가는 것이 그들의 첫 번째 목표였다.

미군정의 파트너가 되다

정치정세 중 가장 고무적인 유일한 요소는 연로하고도 보다 교육받은 한국인들 가운데 수백 명의 보수주의자들이 서울에 존재한다는 점입니다. 그들 중 많은 수가 일제에 협력했지만 그러한 오명은 결국 점차로 사라질 것입니다.[*]

미군이 진주하자 한민당은 9월 12일 즈음 조병옥과 윤치영 등을 보내 미군과 접촉을 시도했다. 한민당은 미군의 진주에 대해 환영의 뜻을 전하고, 해방 한국의 정세와 한민당의 상황을 전하며 미군의 긴밀한 협조를 부탁했다. 양자의 만남은 시종일관 화기애애했다. 한국의 정세가 좌익 주도하의 혁명적 분위기에 휩싸여 있다고 판단했던 미군 당국은 한민당이란 존재를

---

[*] 베닝호프(Merrell H. Benninghoff, 하지의 정치고문), 『FRUS』 1945 vol.6, 1945년 9월 15일.

발견하고 크게 안도했다. 한민당은 자신들이 원하는 '미국식 민주주의를 신봉하는 비공산주의자들'이라는 조건에 딱 들어맞는 정치 세력이었기 때문이다. 미군은 그들 대부분이 친일 협력이라는 약점을 가지고 있음을 알았지만 이 문제를 심각하게 고려하지는 않았다. 미군에게 중요한 것은 한국의 민족 문제가 아니라 자신의 이해관계였다. 결국 그들은 한민당을 자신의 주요 동맹 세력으로 선택하고, 한민당을 중심으로 한 우익의 세력 확장에 온 힘을 기울였다.

10월 5일 미군정이 설치한 '군정장관고문회의'는 사실상 한민당과 미군정을 연결하는 첫 번째 공식 기구였다. 이 기구는 송진우·김성수 등의 정치가와 김용무金用茂, 1891~?·강병순姜炳順 등의 법조인, 김동원金東元, 1882~?·전용순全用淳, 1901~1962 등의 경제인 등 11명의 직역별 전문 인력으로 구성되었는데, 구성원 대부분이 한민당과 관련된 인사들이었다. 고문회의에는 여운형도 들어가 있었지만, 그가 포함된 것이 오히려 이상해 보일 정도였다. 그는 고문회의의 편향적 구성에 항의하다 결국 탈퇴하고 말았다.

고문회의는 한민당과 미군정의 연결고리 역할을 톡톡히 해냈다. 특히 주목할 것은 한민당 관련 인사들이 미군정 관리로 임용되는 데 고문회의가 큰 역할을 했다는 점이다. 미군정은 9월 말부터 1946년 1월 초까지 미군정의 부장 및 과장급 인사를 한국인들로 임명하기 시작했는데, 이때 임명된 대부분이 한민당을 중심으로 한 우익 인사들이었다.

한민당은 경무국 경무과장 조병옥(1946년 1월에 경무국장으로 승진), 경기도 경찰부장 장택상, 대법원장 김용무, 대법관 이인 등 미군정의 주요 물리력인 경찰조직과 사법조직을 장악했다. 이와 함께 한민당은 인사과장 대리 정일형鄭一亨, 1904~1982을 통해 미군정의 인사권 행사에 영향력을 발휘해 학무국장 유억겸, 위생국장 이용설李容卨, 1895~1993 등 미군정 주요 기관의 고위 관료직까지 확보했다. 이것이 바로 한민당이 '미군정의 여당'이라고 불린 이유였다. 한민당은 군정 요원의 부족으로 어려움을 겪던 미군정을 실무 능력으로 보완하며 미군정의 정치적 파트너로서 지위를 확고히 했다.

한민당의 부상은 현상유지정책과 우익강화정책을 펼쳤던 미군정의 정책 하에서 당연한 귀결이었다. 미군은 주둔 직후부터 조선총독부를 미군정청 으로 이름만 바꾼 채 일제의 식민통치 체제를 그대로 유지했고, 총독부의 관료들도 가능한 한 모두 유임시켰다. 해방 직후 도망했던 친일 경찰들이 미군 주둔 직후 모두 원대 복귀한 것도 이 때문이었다. 미군정의 초대 경무 국장인 매글린William Maglin은 "그들이 일본인을 위해서 훌륭히 업무를 수행 했다면 우리를 위해서도 그럴 수 있으리라고 생각한다"며 친일 경찰을 노 골적으로 옹호했다. 이로써 '해방'의 감격은 한 달이 채 지나기도 전에 미군 의 점령과 함께 사실상 종말을 맞았다. 미군정은 민족해방을 부정하고 식 민 체제를 고수하며 민족이 염원했던 것과는 정반대 방향으로 나아갔다. 그들은 한국인들의 자치활동을 모두 좌익적인 것으로 판단하여 억압했고, 한민당을 중심으로 한 우익 세력들과 친일 관료, 친일 경찰만을 신뢰한 채 자신의 체제를 공고히 했다.

한민당은 미군정을 등에 업고 해방 정국을 주도하기 시작했다. 그들은 미군정이 제공하는 고급 정보를 적극 활용하면서, 미군정의 정책을 자신들 에게 유리한 방향으로 유도했다. 대표적인 결과물이 바로 10월 10일 아놀 드 군정장관의 '인공 부인 성명'이었다. 아놀드는 이 성명에서 인공을 '사 기꾼에 의한 괴뢰극'이라 비난하며 인공의 존재를 부인했다. 그런데 진주 한 지 한 달밖에 안 된 상황에서 나온 성명서치고는 그 언사가 너무 고약하고 좌익에 대한 반감이 뿌리 깊어, 세간에서는 모두 성명서 뒤에 한민당이 있다고 의심했다. 주요 표현이나 논리가 한민당의 그것과 유사했기 때문이다. 아니나 다를까. 후일 한민당은 이날의 성명을 미군 진주 1개월 만에 자신들이 쟁취한 최초의 개가라고 자랑스럽게 평가했다.

한민당은 좌익 세력과의 대결 구도를 명확히 하면서, 미군정의 지원과 자신들이 확보한 물리력을 총동원해 좌익 세력 약화에 최선을 다했다. 이와 함께 한민당은 수차례에 걸쳐 미군정에게 중경임정의 조기 귀환을 강력히 요청했다. 그들의 노력은 미군정을 통해 미국 본토에 전해졌고, 그것은 결국 중경임정의 귀환에 상당한 영향을 미쳤다.

중경임정을 추대하라

이제 최고요 또 유일인 우리의 임시정부를 봉영함에 있어서 우리 당으로의 태도는 간단하고도 명확합니다. 존엄을 익찬翼贊하고 그 지도에 복응服膺해서 우리의 당면한 자주독립국가의 체제를 급속히 수립해야 하겠다는 것입니다. 이리 하기 위한 전제로 우리는 임시정부의 핵심인 정치 세력을 토대로 하여 국내 정당의 합체를 촉성시키어 강력한 단일 정당의 결성을 추진코자 합니다.*

11월 23일, 중경임정의 주요 지도자들이 귀국했다. 이로써 한민당의 국가 수립 계획도 본궤도에 오르기 시작했다. 한민당은 중경임정의 귀국을

* 한민당의 중경임정 귀국 환영 성명, 《자유신문》, 1945년 11월 26일 자.

환영하는 성명에서 또 하나의 과제를 제시했다. 그것은 바로 우익 진영의 정당통일운동을 통한 강력한 단일 정당의 형성이었다. 한민당은 자신의 국가 수립 계획을 한국독립당(이하 한독당)이나 기타 정당과의 통합을 통해 보다 강력한 기반 위에서 실행하고자 한 것이다. 하지만 한민당은 당분간 시국을 관망해야 했다. 아직 이승만의 독립촉성중앙협의회(이하 독촉중협)가 여론의 지지를 받고 있었던 탓이다.

이승만은 중경임정을 해체해 독촉중협으로 통합할 것을 요구했다. 그러나 송진우는 중경임정 절대 지지를 내세우며 중경임정을 방어했다. 그리고 이승만과 김구의 협상이 결렬되고 중경임정과 독촉중협의 통합이 무산되자, 12월 16일 기다렸다는 듯 '국민대회준비회 중앙집행위원회'를 소집해 국민대회 개최를 결정했다. 국민대회는 1946년 1월 10일 개최될 예정이었다. 국민대회에 참여할 국민 대표는 지역 대표와 정당·사회단체 대표로 구성하기로 했다. 국민대회에서 논의할 사항은 '대한민국임시정부 봉대에 관한 건, 즉시 독립 승인을 연합국에 요구하는 건, 38선 철폐에 관한 건, 민족적 강기숙청綱紀肅淸에 관한 건'으로 결정했다.* 이와 함께 한민당은《동아일보》를 활용해 본격적인 반소·반공운동을 시작했다.

한민당이 즉시 독립 승인과 38선 철폐를 주장한 것은 미국의 대한정책에 대한 일종의 압력 행사였다. 10월 20일 미 국무부 극동국장 빈센트John Carter Vincent의 발언을 통해 미국이 다자간 신탁통치안을 계획하고 있음이 알려진 후, 한민당은 미국의 대한정책을 전적으로 신뢰할 수 없었다. 때문에 한민당은 12월 들어 한국 문제에 관한 미·소 간 협상이 예상되자, 즉시

---

* 윤덕영, 「일제하·해방직후 동아일보 계열의 민족운동과 국가건설노선」, 연세대 박사논문, 2010.

독립 승인과 38선 철폐를 주장하며 미군정을 압박했다. 자신들이 원하는 것은 신탁통치가 아니라 즉시 독립이라는 것을 강력히 주장함으로써 미국의 대한정책을 중경임정을 중심으로 한 국가 건설 방안으로 유도하고자 한 것이다.

그럼 한민당이 이 시기 반소·반공운동을 본격화한 이유는 무엇일까? 이것은 일차적으로 북한에서 발생한 신의주반공학생사건*과 관련이 있다. 하지만 보다 중요한 이유는 소련에 대한 직접적인 공격을 통해 미·소 합의에 입각한 한국 문제 해결이라는 구도를 깨는 데 있었다. 이 구도를 깨트려야 중경임정을 중심으로 한 국가 건설 방안이 가능해진다고 판단했던 것이다. 이것은 극히 위험한 발상이었다. 미·소가 38선을 사이에 두고 분할 점령한 상황에서 반소·반공노선을 명확히 한다는 것은 결국 분단도 불사하겠다는 의미와 다름없었다. 한민당에게 중요한 것은 '민족'이 아니라 자신들의 국가 건설 노선을 관철해 얻을 수 있는 '권력'이었다.

한민당이 민족적 강기숙청, 즉 친일파 처단 문제를 언급한 이유도 국가 건설 방안을 관철하기 위한 현실적인 고려 때문이었다. 중경임정을 중심으로 신국가를 건설하기 위해서는 가능한 한 많은 세력들의 힘을 모아야 했다. 이를 위해선 대부분의 세력들이 당연시하는 친일파 처단 문제에 대해 한민당의 입장도 크게 다르지 않음을 밝혀둘 필요가 있었다. 더구나 미군정이 일제통치기구와 함께 친일 관료, 친일 경찰들을 그대로 중용하면서

---

* 신의주반공학생사건은 1945년 11월 23일 북한에서 있었던 최초의 대규모 반공운동이다. 11월 16일 용암포 제일교회에서 열린 인민위원회 주최의 시민대회에서 한 학생대표가 공산당의 횡포를 비난한 것을 계기로 좌우익 세력이 충돌하여 일부 사상자가 발생했다. 이에 분노한 신의주 시내 중고등학교 학생 3,500여 명이 11월 23일 시내에 집결하여 항의시위를 벌이는 한편, 인민위원회와 보안서 등 관공서를 향해 행진을 벌였다. 이 과정에서 보안서원 등이 시위대를 향해 무차별 총격을 가해 사망자 23명, 부상자 700여 명이 발생했다.

일반 민중들의 여론이 나날이 악화되고 있었던 점도 고려해야만 했다. 이로 인해 한민당은 실제 실천 여부와는 별개로 친일파 처단 문제를 주요하게 언급할 수밖에 없었던 것이다.

한민당은 12월 19일 '임시정부개선환영대회'를 개최하여 중경임정추대운동을 국민운동의 차원으로 승화시키고자 했다. 이와 함께 12월 23일에는 '애국금헌성회'를 발족해 임시정부의 정치자금 모집 역시 국민운동화하고자 했다. 한민당은 이미 두 차례에 걸쳐 약 1,600만 원이라는 거금을 경제인들에게서 모아 중경임정에 제공한 바 있었는데, 애국금헌성회를 통해 중경임정의 정치자금을 보다 안정적이고 장기적으로 모금하려 했다.

이렇듯 한민당이 각 방면에서 중경임정추대운동을 본격화하자, 중경임정 역시 이에 적극 호응해 '특별정치위원회'를 발족하고 각 정치 세력과의 합동을 모색했다. 하지만 한민당의 신국가건설운동은 한국 정국을 총체적으로 뒤흔드는 신탁통치안 파동으로 굴절을 겪었다.

반탁운동의 거센 파도에 휘말리다

소련은 신탁통치 주장, 미국은 즉시 독립 주장, 소련의 구실은 38선 분할 점령

모스크바에서 개최된 3국 외상회의를 계기로 조선독립문제가 표면화하지 않는가 하는 관측이 농후해가고 있다. 즉, 번즈James Byrnes 미 국무장관은 출발 당시에 소련의 신탁통치안에 반대해 즉시 독립을 주장하도록 훈령을 받았다고 하는데 3국 간에 어떠한 협정이 있었는지 없었는지는 불명하나, 미국의 태도는 카이로선언에 의해 조선은 국민투표로써 그 정부의 형태를 결정할 것을 약속한 점에

있는데, 소련은 남북 양 지역을 일괄한 일국 신탁통치를 주장해 38도선에 의한 분할이 계속되는 한 국민투표는 불가능하다고 하고 있다.

— 워싱턴 25일발 합동 지급보至急報*

12월 28일 정오, 모스크바삼상회의가 타결되었다. 한국 시간으로는 28일 오후 6시의 일이었다. 그런데 12월 27일 모스크바삼상회의가 타결되기 하루 전에《동아일보》를 비롯한 거의 모든 국내 신문들이 모스크바삼상회의에서 소련이 신탁통치를 주장하고 미국이 즉시 독립을 주장했다는 내용의 기사를 보도했다. 명백한 오보였다. 본래 다자간 신탁통치안을 준비했던 것은 소련이 아니라 미국이었고, 신탁통치 이전에 임시정부를 수립한다는 중대한 내용이 누락되어 있었기 때문이다.

이 기사는 즉시 독립을 염원했던 대부분의 한국인을 격분시켰다. 신문들은 반탁 관련 기사 도배로 여론에 불을 지폈고, 거의 모든 정치 세력들도 신탁통치에 반대하는 성명을 발표했다. 12월 30일 모스크바 결의안 전문이 보도되었다. 그러나 걷잡을 수 없이 확대된 반탁 여론으로 이미 객관적 인식은 불가능한 지경이었다.

12월 27일, 한민당은 곧바로 중앙집행위원회를 소집해 신탁통치 배격을 결의하고, 각 당파와 제휴해 신탁통치 반대를 위한 국민운동 전개를 선언했다. 송진우는 남녀노소를 막론하고 삼천만이 한 명도 빠짐없이 일대 국민운동을 전개해 피 한 방울도 남김없이 결사적으로 투쟁하자고 주장했다. 12월 28일 오후 중경임정은 각 정당과 종교 단체, 언론 대표가 참여한 비상

• 《동아일보》, 1945년 12월 27일 자.

• 해방 후 3년

《동아일보》의 모스크바삼
상회의 왜곡 보도. 《동아
일보》를 비롯한 대부분의
국내 신문들은 소련이 신
탁통치를 주장하고 미국이
즉시 독립을 주장했다고
왜곡 보도했다. 이는 민중
의 분노와 극심한 좌우 갈
등을 불러일으켰다.

대책회의를 통해 '신탁통치반대국민총동원위원회'를 설치하고 반탁운동을
전개하기로 결정했다. 이날 밤부터 산발적인 시위가 시작되었고, 이내 대
규모 시위로 발전했다.

　한민당과 중경임정은 반탁운동을 통해 중경임정 중심의 국가 수립 방안
을 관철하고자 했다. 이를 위해 12월 하순부터 실행해온 소련에 대한 공격
을 지속했다. 그들의 목표는 단지 신탁통치 반대에 있는 것이 아니라 미·
소 합의의 결과물인 모스크바 결의안 거부 그 자체에 있었다. 남북 좌우 세
력의 합작에 기반해 임시정부를 수립하게 되는 모스크바 결의안이 존재하
는 한, 중경임정 중심의 국가 수립은 요원한 일이었기 때문이다. 그런 점에
서 한민당과 중경임정이 주도한 반탁운동은 신탁통치반대운동이자 반소·
반공운동, 중경임정추대운동이었다.

　그런데 한민당과 중경임정이 반탁운동에서 잊어서는 안 되는 전제가 하
나 있었다. 그것은 반탁운동이 결코 미국을 향해 비수를 드는 결과를 초래

해서는 안 된다는 것이었다. 반탁운동이 미국을 향하게 되는 순간 그들은 자신들의 가장 강력한 지지 기반을 잃게 될 테니 말이다. 그러나 반탁운동의 과도한 성공에 취해 중경임정은 그 선을 뛰어넘으려 했다. 반탁운동을 직접적인 정권장악운동으로 발전시키고자 했던 것이다.

"그러면 고하(송진우)는 찬탁파요?"

"찬탁이 아니라 방법을 신중하게 하자는 것이지요. 반탁으로 국민을 지나치게 흥분시킨다면 뒷수습이 곤란할 것이니 좀 더 냉정하게 생각해서 시국을 원만히 수습해야 하지 않겠소?"

"무슨 소리요? 짚신감발을 하고라도 전국 방방곡곡에 유세를 펴서 찬탁하는 미국을 반대하고 군정을 배척해 당장 독립을 쟁취해야 하오. 반탁 뒤에 오는 모든 사태는 우리가 맡지……."*

반탁운동의 방향을 두고 송진우는 중경임정 인사들과 격론을 벌였다. 송진우는 중경임정 측에게 반탁운동이 미군정과 미국을 반대하는 운동이 되어서는 절대로 안 된다고 주장했다. 하지만 중경임정의 정권 인수 의지는 너무도 확고했다. 그들은 이대로 정국을 돌파할 생각이었다. 12월 30일 새벽, 송진우와 중경임정이 격론을 벌인 직후 송진우가 암살되었다. 반탁운동의 격랑이 송진우를 집어삼키고 만 것이다.

송진우의 죽음으로 한민당은 큰 타격을 입었다. 그들은 최고의 순간에 최고의 지도자를 잃었다. 송진우를 죽인 암살 주범은 한현우韓賢宇라는 극

---

* 송진우와 중경임정 요인의 대화. 고하선생전기편찬위원회 편, 『독립을 향한 집념: 고하송진우전기』, 동아일보사, 1990.

우 청년이었다. 그는 1946년 4월 9일에 체포되었는데, 송진우·여운형·박헌영을 민족 분열을 초래한 파벌적 인물로 지목하고 암살하려 했다고 주장했다.

그런데 사건 직후 세간에는 송진우 암살의 배후에 중경임정이 있다는 소문이 돌았다. 사건 직전 송진우와 중경임정 인사들 간에 의견 대립도 있었기에 소문은 그럴듯하게 포장되어 광범위하게 확산되었다. 진실은 무엇일까? 결론적으로 말하면 중경임정이 송진우의 암살에 관여했을 가능성은 거의 없다. 왜냐하면 당시 중경임정의 가장 강력한 국내 정치 기반은 한민당이었고, 이런 상황에서 한민당의 최고 지도자를 암살한다는 것은 자살행위와 마찬가지였기 때문이다.

실제로 송진우의 죽음으로 가장 큰 손실을 입은 것은 중경임정이었다. 그의 죽음으로 국민대회 개최는 취소되었고, 애국금헌성회의 활동도 사실상 정지되었다. 중경임정을 중심으로 한 국가 수립 방안도 더 이상 강력한 추진력을 얻지 못해 흔들렸고, 한민당과 중경임정의 사이도 급격히 벌어지기 시작했다. 송진우의 죽음과 동시에 중경임정은 한민당이라는 가장 강력한 정치적 후원자를 잃었던 것이다.

송진우 죽음의 최대 수혜자는 이승만이었다. 송진우 사후 한민당은 급속히 이승만을 향해 기울었고, 이승만과 강력한 정치적 연대를 형성했다. 송진우 암살 사건의 배후는 오늘날까지 어느 것도 제대로 밝혀지지 않았다. 단지 동기와 결과에 입각한 추측만이 존재할 뿐. 그러나 변치 않는 사실은 송진우의 죽음으로 한민당의 정치 운동이 중심을 잃고 표류하기 시작했다는 점이다.

표류하는 한민당

중경임정의 정권인수운동이 미군정의 철퇴를 맞아 실패하고 반탁운동의 격랑이 점차 진정될 무렵인 1946년 1월 7일이었다. 조선인민당, 조선공산당, 한민당, 국민당 등 주요 4당이 모여 모스크바삼상회의에 관한 대책을 논의하고, 그 결과로 4당 공동성명을 발표했다. "삼상회의에 대한 정확한 이해하에서 결의안의 조선 원조 정신을 적극 지지하고, 신탁 문제는 향후 수립될 임시정부를 통해 자주독립의 정신으로 해결한다"라는 것이 그 내용이었다.

이로써 주요 정당들은 반탁운동으로 추동된 감정적이고 즉자적인 대처에서 벗어나 보다 합리적이고 현실적인 고려를 통해 한국 문제를 해결하자는 견해를 공유하게 되었다. 이것은 한국 문제 해결에 있어 중대한 진전이었다. 하지만 안타깝게도 한민당은 다음 날 곧바로 4당 합의를 부인하는 성명서를 발표했다. 4당 합의가 반탁 정신에 위배된다는 이유에서였다. 그들은 왜 자신들의 대표인 원세훈과 김병로가 합의한 것을 하루 만에 번복했을까?

송진우 사후 한민당은 내홍의 조짐을 보였다. 공석이 된 대표 자리를 두고 동아일보 계열을 중심으로 한 한민당 주류 세력과 우파 사회주의자들을 중심으로 한 한민당 비주류 세력이 대립한 결과였다. 비주류 세력은 친일 경력이 없는 원세훈이 새로운 수석총무가 되길 바랐고, 그 명분을 바탕으로 원세훈을 임시 수석총무로 내세우는 데 성공했다. 하지만 한민당 주류 세력은 당의 재정을 무기로 김성수를 새로운 수석총무로 내세우는 한편, 4당회담의 '실수'를 명목으로 원세훈을 몰아붙였다. 결국 한민당 주류 세력은 원세훈을 끌어내리고 당내 선거를 통해 김성수를 새로운 수석총무로 선임했다. 한민당의 4당회담 합의 번복은 당내 주류 비주류 세력 간의 주도권 다툼 과정에서 일어난 해프닝이었다.

김성수의 전면적 등장은 당내 비주류 세력들로부터 강력한 반발을 불러일으켰다. 친일 행적 논란 때문이었다. 어쨌든 김성수는 최고 지도자가 되었지만, 문제는 그의 정치적 역량이었다. 한민당은 여러 정치 세력들이 결집해 있는 연합 정당이었던 만큼, 당내 균형을 유지하기 위해서는 최고 지도자의 정치적 리더십이 큰 영향을 미쳤다. 하지만 김성수의 능력은 여러모로 여기에 미치지 못했다. 김성수 체제의 허약성은 한민당의 대표 정책인 국민대회나 애국금헌성회의 불발로 이어졌다. 특히 국민대회는 한민당이 정국을 주도할 최선의 장치였지만, 김성수는 이를 끝내 관철하지 못했다.

1946년 3월 중경임정이 제기한 우익 정당 통합 문제에서도 한민당은 시종일관 수세적 입장에서 끌려다니며 기득권 유지에 급급한 보수 정당의 면모만 보여줬다. 한민당은 중경임정의 통일 공세에 갈팡질팡하다가 결국 정당 통일을 거부하고 말았다. 우익 정당 통합이 본래 한민당이 제기한 정책이었음을 상기한다면 한민당의 태도는 이해할 수 없는 일이었다. 또한 정당 통일이 가져올 정치적 효과를 고려해도 이것은 결코 한민당이 놓쳐서는 안 되는 기회였다. 하지만 한민당은 끝까지 정당 통일을 거부했고 김구와의 사이는 더욱 벌어지고 말았다. 결국 그들은 정당통일운동 속에 포함된 정치적 명분과 실리를 모두 잃고 말았다. 김성수는 송진우의 유지를 받들어 정당 통일에 적극적으로 나섰지만, 나약한 정치력으로 인해 당내 이견을 뛰어넘지 못했다.

한민당은 더 이상 정국을 주도할 만한 정치 세력이 되지 못했다. 그들은

김성수는 친일 행적 논란에도 불구하고 송진우 사후 한민당의 수석총무가 되었다. 하지만 그는 제대로 된 지도력을 발휘하지 못했고, 결국 김성수 체제하의 한민당은 미군정, 이승만, 김구 사이에서 방황하는 기회주의적 정치 세력이 되고 말았다.

송진우 시절의 중경임정 추대, 38선의 철폐, 즉시 독립 승인, 신탁통치 반대 주장을 반복했지만, 그것은 단지 관성적인 태도에 불과했다. 각 주장에 실려 있는 정치적 의도를 관철할 수 있는 정치력이 더 이상 존재하지 않았던 것이다. '중경임정 절대 지지' 구호는 어느 순간부터 미군정과 이승만, 김구의 합작품으로 만들어진 '민주의원(남조선대한국민대표민주의원) 절대 지지' 구호로 교체되었다. 이것은 사실상 한민당의 국가 수립 방안인 중경임정추대운동의 종결을 의미했다. 이로써 한민당은 자신에게 주어졌던 정국 주도권을 모두 잃고 미군정과 이승만, 김구 사이를 오락가락하며 그때그때 정치적 실리를 추구해야 하는 가련한 신세로 전락하고 말았다.

단정운동 세력으로 거듭나다

모스크바 결의안이 발표되면서 해방 정국은 급속히 미·소 양국의 자력 속으로 빠져들었다. 1946년 1월 16일 미소공동위원회(이하 미소공위) 예비회담을 시작으로 3월 20일 미소공위 정식회담이 시작되자 미·소의 영향력은 더욱더 확대되었다.

한민당은 한국의 독립을 전제로 모스크바 결의안을 지지할 수 있지만,

신탁통치는 반대한다는 논리로 미소공위에 대응했다. 결의안과 신탁통치안을 분리해 이해함으로써 미·소가 주도하는 정국에 대처하고자 한 것이다. 그런데 미소공위가 공동성명 5호를 통해 모스크바삼상회의 결정을 수락하는 선언서에 서명한 정당과 사회단체에 한해 미소공위의 협의 대상이 될 수 있다고 결정하면서 한민당을 비롯한 우익 진영은 혼란에 빠졌다. 아무런 조건 없이 모스크바삼상회의 결정을 수락하게 되면 신탁통치안까지 인정하는 결과가 초래되기 때문이다.

결국 한민당과 우익 진영은 선언서에 서명하는 것이 반드시 신탁을 찬성한다는 의미가 아니며, 선언서에 서명하는 정당과 사회단체에는 신탁에 대한 찬반 의견을 표시할 수 있는 특전을 부여한다는 미군정의 보장을 받은 후에야 선언서에 서명했다. 하지만 소련은 이를 인정하지 않았다. 소련은 모스크바삼상회의 결정에 대한 지지 서명은 신탁통치를 포함한 총체적 지지를 의미해야 한다고 생각했다. 결국 미·소 양국은 이 문제를 극복하지 못하고 미소공위의 무기휴회를 선언했다.

미소공위가 무기휴회되자 한민당은 모든 책임이 소련과 탁치를 찬성하는 공산당에게 있다고 격렬히 비난했다. 그리고 5월 17일 한민당은 미소공위의 무기휴회가 지속된다면 자발적으로 정부를 수립해 열강의 승인을 요구하는 것이 당연하다고 주장했다. 이는 사실상 단독정부 수립을 주장하는 발언이었다. 한민당은 그동안 시종일관 우익의 헤게모니가 관철되는 신국가 건설을 주장해왔다. 때문에 남북의 통일이 불가능해진다면 남한에서만이라도 반소·반공에 입각한 우익 헤게모니하의 신국가를 건설하겠다고 주장하는 것은 자연스러운 논리적 귀결이었다. 그들에게는 민족통일국가의 수립보다 반소·반공에 입각한 우익 주도권의 확립이 더욱 중요했기 때문이다.

한민당의 단정 수립 주장에는 한 가지 의미가 더 숨어 있었다. 그것은 바로 그들이 이승만의 단정 수립 노선을 적극 지지하며 이승만의 후원 세력으로 거듭나겠다는 의지를 표명했다는 점이다. 5월 17일의 한민당 주장은 5월 10일에 있었던 이승만의 '자율적 정부 수립' 주장에 대한 적극적인 화답이었다. 6월 3일 이승만의 단정 주장이 정계에 파란을 일으켰을 때, 한민당이 6월 7일 성명을 통해 "무슨 역적질이나 한 것같이 선전하니 그 이유를 알 수 없다"라며 이승만을 적극 옹호하고 나섰던 것도 동일한 맥락이었다. 이제 한민당의 태도는 명확해졌다. 중경임정 추대 노선 폐기 이후 줄곧 중심을 잃고 표류하던 한민당은 이승만을 적극 지지하며 단정 수립 노선을 분명히 하고 나섰던 것이다.

그런데 한민당의 단정 주장은 당분간 잠복할 수밖에 없었다. 1946년 7월 미군정이 좌우합작운동을 공개적으로 지지하고 나섰기 때문이다. 한민당은 좌우합작에는 원칙이 필요하다며 몇 가지 전제 조건을 달아 좌우합작운동을 에둘러 비판했다. 하지만 원세훈은 좌우합작운동의 주요 교섭자로 참여하면서 이를 적극적으로 도왔다. 한민당 주류 세력과는 명백히 다른 태도였다.

좌우합작위원회는 조선공산당과 한민당 등 좌우 세력의 방해에도 불구하고 좌우의 의견을 종합해, 10월 7일 좌우합작 7원칙을 도출하는 데 성공했다. 좌우합작 7원칙은 미군정이 개입하면서 애초부터 한계도 많았고 좌우 양측으로부터 비판받을 소지도 많았지만, 좌우합작에 입각한 임시정부 수립을 계획했다는 점에서 그 의미가 적지 않았다.

하지만 한민당은 터무니없는 논리로 좌우합작 7원칙을 반대하고 나섰다.

좌우합작 7원칙에서 '민주주의 임시정부 수립을 운운하면서 신탁통치 반대를 명시하지 않는 점', '유상으로 매수한 토지를 무상으로 나눠주게 되면 국가의 재정적 파탄을 초래한다는 점'을 들어 반대했던 것이다.

(한민당이) 최근에 발표된 좌우합작 원칙 중에서 조선의 민주독립을 보장한 삼상회의 의결에 의해 민주주의 정부를 수립할 것이라는 명백한 문구에 대해 회의적 태도를 취함은 이해키 곤란하다. 소위 신탁통치 운운의 용어를 가지고 합작 원칙을 비난함은 그 논의와 논리에 합당하다고 할 수 없다. 토지의 체감 매상과 무상분여 안에 대해 국가 재정의 부담이 과중할까 우려함은 애국자적 견지에서 그럴 듯도 하나, 애국자적 지주들이 국가 재정을 위해 토지를 희사하는 분들이 없으리라고 할 수 없고, 유상매상의 무상분여를 국가 재정의 파탄이라고 하는 분들이 국가 재정을 위해 토지의 무상몰수 무상분여를 주장할 용기는 어찌하여 없는가? 조선에서 사유재산제를 채용할 것은 확정적인즉, 모든 소작인에게 응분의 토지를 분여하고 소유권을 허여하고 일반적 세제에 의해 징세한다면 그 무엇이 과중 부담일 것이며 기만될 것인가? 왜정시대의 자작농창정안自作農創定案*과 흡사한 유상분여안이야말로 농민 기만의 수작이라 하겠다.**

한민당의 논리는 반대를 위한 반대라는 인상을 주기에 충분했다. 때문에 한민당 내에서도 논란이 극심했다. 한민당 주류 세력은 비판 세력에 대해

---

* 자작농창정안은 조선총독부가 1932년부터 금융조합을 동원해 시행한 자작농지설정사업을 의미한다. 지주로부터 토지를 수용하여 소작농에게 분배하는 토지개혁의 방식이 아니라, 지주의 소유권은 그대로 유지하면서 지주의 토지 일부를 자작농지로 설정해 소작농에게 유상으로 경작케 하는 방식이었다. 조선총독부는 자작소농체제를 형성하여 소부르주아의식을 가진 견실한 농민의 창출을 도모하겠다고 주장했지만, 실질적인 효과보다는 선전적인 측면이 강한 정책이었다.
** 원세훈, 《자유신문》, 《서울신문》, 1946년 10월 10일 자.

"농민의 환심을 사기 위해 토지를 무상분여한다면 노동자, 기타 소시민에게는 무엇을 무상분여할 것인가?"라며 날을 세웠지만, 이 역시 궤변일 뿐이다. 일찍이 한민당은 '토지개혁을 통한 토지 소유의 제한과 매매·겸병의 금지'를 자신의 토지정책으로 제시하면서 합리적 토지개혁을 약속했지만, '유상몰수 무상분배'를 반대함으로써 그것은 한낱 공염불에 불과했음을 만천하에 드러냈다. 대부분 지주적 기반을 갖고 있었던 한민당 주류 세력에게 토지개혁은 가능한 한 하지 않는 것이 더 좋았던 것이다.

결국 원세훈은 한민당을 탈당했다. 4당회담 때부터 시작된 한민당 주류 세력과의 갈등이 더 이상 봉합할 수 없을 정도로 벌어졌기 때문이다. 원세훈은 기본 이념과 당 운영 방식에서 서로 너무 다르기 때문에 당과의 관계를 단절하지 않을 수 없었다고 밝혔다. 원세훈의 탈당은 시작에 불과했다. 원세훈을 따르는 한민당 비주류 세력과 좌우합작운동을 지지했던 세력들이 그의 뒤를 이어 잇달아 탈당했던 것이다. 원세훈의 탈당 직후 중앙상무위원 송남헌宋南憲, 1914~2001 등 49명이 탈당하고 뒤이어 한민당 중앙위원 16명, 중견당원 270여 명이 탈당했다. 10월 말에는 김병로·김약수 등 중앙위원 12명, 평당원 40여 명이 탈당했고, 11월에는 중앙위원 40여 명, 12월에는 간부 및 당원 130여 명이 탈당했다.

이로써 한민당은 창당 이후 최대 위기에 직면했다. 대규모 탈당 사태로 당세가 대폭 축소되었을 뿐만 아니라, 우파 사회주의 세력이 대부분 빠져나감으로써 연합 정당으로서의 면모를 잃고 극우 정당으로 전락했던 것이다. 한민당이 잃은 가장 큰 것은 민심이었다. 토지개혁에 부정적인 모습을 보이면서 한민당 스스로 지주·자본가의 이익을 대변하는 정당임을 분명히 한 것, 원세훈과 김병로 등 끝까지 일제에 대한 협력을 거부했던 한민당의 대표적인 얼굴들이 대거 빠져나가고 친일 행위로 얼룩진 김성수와 장덕수가 그들을 대체하면서 한민당의 친일적 이미지가 더욱 강화되었던 것이 민심이 등을 돌린 주요한 이유였다.

반전의 계기, 과도입법의원 선거

전일 본당의 성명은 좌우합작을 반대한 것이 아니요 합작 원칙 중 토지개혁 기타에 이의를 가진 것이다. 따라서 입법기관을 반대함도 아니다. 도리어 본당은 토지 문제를 가지고 선거에 임할지며 입법기관에 들어가서도 토지 문제로 당책을 관철하려 한다.[*]

1946년 10월 7일 좌우합작위원회가 '좌우합작 7원칙'을 기반으로 과도입법의원 설치를 제안하자, 미군정은 10월 12일 법령 118호를 통해 남조선과도입법의원(이하 입법의원) 창설을 공포했다. 한민당은 7원칙에 대한 자신의 반대가 입법의원 설치에 대한 반대로 오해될까 두려웠는지 성명까지 발표하며 그 설치를 적극 찬성했다. 10월 16일에는 김성수가 직접 나서서 입법의원 설치를 적극 찬성한다고 밝히기도 했다.

한민당은 미군정이 입법의원 설치를 본격화하자 적극적으로 대응하기 시작했다. 입법의원 선거는 한민당에게 절호의 기회였다. 입법의원에서 다수의 의석을 차지한다면 그동안 실추된 정치적 위상도 충분히 보상받을 수

---

* 《서울신문》, 1946년 10월 12일 자.

있을 터였다. 이승만과 김구처럼 당을 대표할 걸출한 인물이 부재한 상황
에서 그들이 정국을 주도할 방법은 의회를 장악하는 것밖에 없었다. 해방
직후부터 송진우가 의회를 중시했던 것도 모두 이 때문이 아니던가.

10월 14일부터 31일까지 진행된 민선의원 선거는 한민당과 이승만 측 대
한독립촉성국민회(독촉국민회)의 승리로 끝났다. 한민당은 총 4명의 의원을
뽑는 서울에서 김성수, 장덕수, 김도연을 당선시키는 기염을 토하며 총 45
명의 민선의원 가운데 약 3분의 1에 해당하는 14명을 당선시키는 데 성공
했다. 고무적인 성과였다. 이로써 한민당은 정국을 주도할 중대한 발판을
얻게 되었다.

그러나 이것이 한민당에 대한 민심을 정확하게 반영한 결과라고 생각하
면 큰 오산이다. 민선의원 선거는 일정한 금액 이상의 세금을 내는 세대주
를 대상으로 한 차별선거였고, 4단계로 이뤄진 복잡한 간접선거여서 민심
을 제대로 반영하기 어려웠다. 게다가 선거는 전국적으로 부정 시비가 불
거질 정도로 극심한 부정선거 양상을 보였다. 결국 미군정은 서울과 강원
지역의 재선거를 결정했고, 김성수와 장덕수는 재선거에서 중경임정 출신
의 독립운동가 조소앙趙素昻, 1887~1958과 신익희申翼熙, 1894~1956에게 밀려 낙선
하고 말았다.

한민당은 재선거 과정에서 최고 지도자들의 낙선이라는 치욕을 경험했
지만, 12월 12일 개원한 입법의원에서 주도적으로 반탁결의안을 통과시키
면서 정국에 대한 자신감을 회복했다. 한민당은 이승만 세력과의 강력한
연대를 통해 수적 우위를 확보하고 과도입법의원을 기반으로 단정수립운
동을 본격화했다. 한민당의 단정수립운동은 1947년 초 이승만과 김구가 주
도한 반탁운동과 연계되어 더욱 활기를 띠었다.

그러나 이 과정에서 한민당의 약점이 다시 한 번 부각되었다. 그들의 정치 활동이 여전히 이승만과 김구의 영향으로 인해 제한을 받고 있음이 명백하게 드러났던 것이다. 자신들의 한계를 뼈저리게 느낀 한민당은 이승만과 김구의 영향력에서 벗어나 독자적인 정치 세력화를 꿈꿨다. 이를 주도한 것은 대규모 탈당 사태 이후 한민당의 정치부장이 되어 한민당의 정책을 좌지우지했던 장덕수였다.

한민당의 곡예

> 우리 한민당은 민주주의적 방법에 의한 민족 총의의 발현으로써 결성되는 자주적 임시정부의 수립을 통해 미소공동위원회와의 협의에 참가하기로 결정한 것을 성명한다.[*]

한민당은 1947년 3월을 전후해 김구가 재차 주도한 한독당과의 통합 요구를 거부하고, 김구가 주도한 반탁시위와 두 번째 쿠데타 참가 약속까지 어기면서 김구와 명확히 선을 그었다. 그리고 6월 10일 이승만과 김구의 뜻을 어기고 전격적으로 미소공위 참가를 선언하면서 이승만과도 선을 그었다. 한민당의 선택은 김구와 이승만을 격분케 했다.

사실 한민당은 애초 미소공위를 기대하지 않았다. 그런데 1947년 5월 21일 미소공위가 재개된 후 순조롭게 진행되자 그들의 생각은 180도 달라졌

---

[*] 한민당의 미소공위 참가 선언,《동아일보》, 1947년 6월 12일 자.

다. 만약 미소공위가 덜컥 성공이라도 하게 되면 어떻게 될 것인가. 생각만 해도 끔찍한 결과였다. 결국 한민당은 미군정의 권유를 받아들여 전격적으로 미소공위 참가를 선언했다. 한민당에게 미소공위 참여는 김구와 이승만의 입김에서 벗어나 정국을 선도할 수 있는 최고의 기회였다. 김구와 이승만과의 관계는 소원해지겠지만 자신들의 뒤에는 여전히 미군정이 존재하고 있으니 한 번쯤 해볼 만한 시도가 아닌가. 한민당이 미소공위 참가를 선언하자 참가를 망설이고 있던 우익 단체들이 앞다퉈 미소공위 참가를 선언했다. 순식간에 한민당이 정국을 주도하는 형세였다. 한민당의 선택은 최고의 선택인 것처럼 보였다.

그러나 불행히도 미소공위는 7월 중순부터 다시 교착 상태에 빠져들었다. 미소공위 협의 대상을 둘러싸고 미·소 양국의 갈등이 재현되었기 때문이다. 한민당의 선택은 순식간에 최악의 선택으로 전락하고 말았다. 한때나마 정국을 주도했던 한민당은 그 열매의 달콤함을 제대로 맛보기도 전에 훨씬 더 쓰디쓴 현실로 내팽개쳐지고 말았다.

1947년 12월 2일, 미소공위 참가를 주도했던 한민당 정치부장 장덕수가 암살되었다. 한민당은 또다시 배후를 알 수 없는 정치 테러로 지도자를 잃는 참화를 겪어야 했다. 김구와 이승만을 배신한 결과라고 하기엔 너무도 가혹했다. 결국 한민당은 단정수립운동으로 조용히 복귀했다. 그들은 남한만이라도 총선을 실시해 단정을 수립하자고 목소리를 높였다. 한민당의 주장은 이승만의 주장과 묘하게 닮아 있었다. 사실 이것은 이승만에 대한 노골적인 구애나 마찬가지였다. 다행스러운 것은 한민당이 이승만에게 여전히 필요한 존재였다는 점이다.

한민당은 그렇게 정치적 생명을 한 번 더 연장했다. 절체절명의 위기에서 벗어나자 그들은 새로운 꿈을 꾸기 시작했다. 자신들의 주장대로 단정 수립운동이 결실을 맺는다면 총선을 통해 다시 한 번 권력을 향해 도전할 기회가 마련될 것이기 때문이다. 한민당의 도전은 그렇게 다시 시작되고 있었다.

해방 공간에서 민족통일정부를 수립한다는 것은 무엇을 의미하는 가? 그것은 현실적으로 좌우연립정부를 수립한다는 뜻이었다. 하나의 국가를 수립하려면 남북 좌우의 모든 세력이 함께해야 했고, 그것은 필연적으로 남북 좌우 세력이 권력을 나눠 갖는 연립정부여야 했다. 여운형과 김규식의 좌우합작운동은 남북 좌우의 합작을 통해 좌우연립정부의 정치적 기반을 마련하기 위한 운동이었다.

미국과 소련이 미소공위를 통해 수립할 국가의 모습도 결국은 좌우연립정부의 형태를 띨 수밖에 없었다. 미국과 소련이 미소공위에서 갈등을 빚은 이유도 좌우 세력 가운데 누가 더 유리한 형태로 연립정부를 구성할 것인가, 신정부에서 좌우 세력 중 누가 주도권을 장악할 것인가 하는 문제 때문이었다.

조선신민당의 지도자 백남운은 해방 공간의 이러한 특성을 '연합성 민주주의'라는 개념으로 정리했다. 그는 해방 후 한국 사회가 '민족국가 수립'과 '사회혁명 완수'라는 이중적 과제를 동시에 수행해야 할 입장에 처해 있기 때문에 이를 해결하기 위해 좌우가 함께하는 연합성 민주주의가 필요하다고 주장했다. 즉, 민족혁명과 사회혁명의 수행을 위해서는 성격이 다른 두 민주주의의 연합이 필요하며 이를 위해서는 두 민주주의의 담당자인 좌우가 연합해야 한다는 것이었다. 백남운의 연합성 민주주의란 좌우연립정부의 수립을 가능케 하는 이론적 틀이었다.

그러나 이승만이나 한민당은 어떠한 형태의 좌우연립정부도 부정했다. 그들은 좌우연립정부의 수립 그 자체가 결국 우익의 패배로 귀결될 것이라고 주장했다. 새로운 정권에 공산주의자들을 받아들이면 그들의 음흉한 계략으로 결국 공산주의자들의 세상이 되고 말 것이라는 주장이었다.

미군정 지도자들의 인식도 이와 크게 다르지 않았다. 미군정과 우익 세력들은 해방 후 남한의 혁명적 상황에 대해 불안감을 느꼈고, 이러한 불안을 해소하기 위해 우익을 중심으로 공산주의에 대한 방벽을 쌓고자 했다. 자신의 체제에서 되도록 공산주의자들을 배제함으로써 자신들이 확보한 영역에 대해 안전을 도모하고, 이를 바탕으로 북한에까지 우익 중심의 권력을 확대하겠다는 생각이었다.

흥미로운 것은 북한에서도 정반대의 의미로 유사한 논리가 통용되었다는 점이다. 신탁통치 파동을 목격한 소련군 사령부와 공산주의자들은 미군정과 우익들이 북한에 마련한 자신들의 체제를 신탁통치 파동과 같은 모략으로 순식간에 뒤집을 수도 있다는 사실을 깨달았다. 그들은 좌우연립정부가 수립되어 남한의 우익들이 새 정권에 참여하게 된다면 이 같은 일이 반복될 가능성이 높다고 생각했다. 결국 그들은 이러한 가능성을 사전에 차단하고자 했는데, 그것이 바로 반탁 세력 배제 주장이었다.

문제는 민족통일국가 수립이 가지고 있는 대의명분이었다. 미·소와 좌우익의 주장이 아무리 훌륭하더라도 민족통일이라는 민족적 대의를 거스르는 것은 힘들었다. 이로 인해 미군정과 우익 세력, 소련군 사령부와 좌익 세력은 어느 누구도 섣불리 분단을 대놓고 얘기할 수 없었다. 이것이 좌우연립정부의 수립을 도모했던 중도파 정치 세력의 가장 큰 무기였다. 그러나 좌우 세력이 진영 논리에 빠져 대립과 갈등을 지속하는 한 민족통일국가의 수립은 아득히 먼 일이었다.

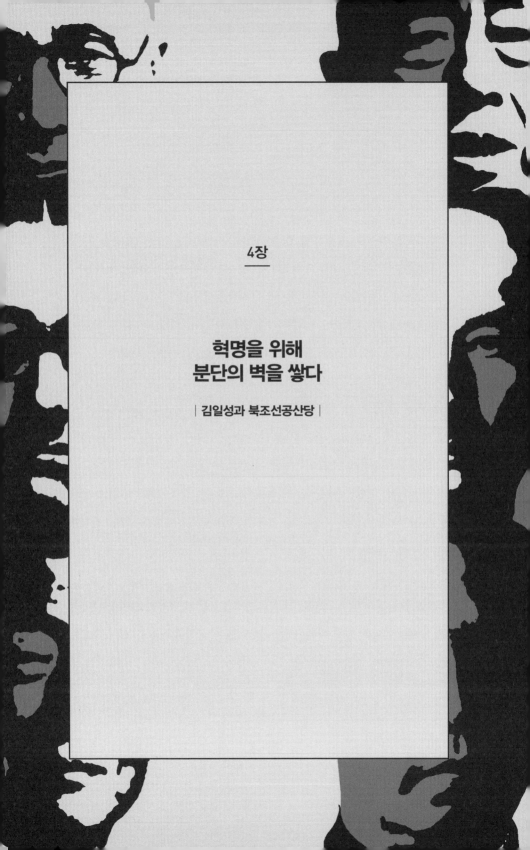

4장

___

혁명을 위해
분단의 벽을 쌓다

| 김일성과 북조선공산당 |

●

우리 조선 민족이 민주주의 새 조선을 건설하기 위해 힘을 합칠 때가 왔습니다. 각계각층 인민들은 누구나 다 애국적 열성을 발휘해 새 조선 건설에 떨쳐나서야 합니다. 힘 있는 사람은 힘으로, 지식 있는 사람은 지식으로, 돈 있는 사람은 돈으로, 건국 사업에 적극 이바지해야 하며 참으로 나라를 사랑하고 민주를 사랑하는 전 민족이 굳게 단결해 민주주의 자주독립국가를 건설해나가야 하겠습니다.*

1945년 10월 14일, 평양공설운동장에서 개최된 '소련군환영대회' 석상에 한 청년이 나타났다. 짧게 치켜 깎은 머리에 삐쩍 마른 얼굴, 누가 보아도 서른 정도로밖에 안 보이는 젊은이였다. 수만의 군중 앞에서 그는 조금의 떨림도 없이 힘찬 목소리로 연설했다. 그는 전 민족이 대동단결해 민주주의 자주독립국가를 건설하자고 호소했다. 나이는 어렸지만 그의 연설에는 군중의 마음을 움직이게 하는 힘이 있었다. 그것은 오랜 시간 타협하지 않고 일제에 맞서 싸운 경험에서 나온 것이었다.

그는 만주의 험난한 지형과 기후 속에서 일본군의 혹독한 토벌을 극복하고 조국의 독립을 위해 싸웠다. 온갖 위기를 극복하고 사선을 넘나드는 동안 그는 어느새 전설이 되었다. 그리고 끝까지 살아남아 자신이 태어난 고

---

* 김일성의 연설, 1945년 10월 14일. 동아일보사 편, 『원자료로 본 북한 1945-1988』, 동아일보사, 1989.

소련군환영대회에 모습을 보인 김일성. 보천보 전투로 민족적 영웅이 되었던 김일성은 생각보다 너무 젊어 가짜 논란을 불러일으키기도 했다.

향 평양으로 돌아왔다. 보천보 전투의 영웅 김일성이었다.

김일성은 이날 처음으로 대중 앞에 모습을 드러냈다. 그의 데뷔는 성공적이었다. 대중들은 보천보 신화의 영웅이자 민족의 대표적인 지도자로서 그를 환영했다. 김일성에게 극적인 데뷔 무대를 마련해준 것은 소련군 사령부였다. 그들은 자신들을 위한 환영대회를 기꺼이 김일성을 위한 환영무대로 제공했다. 후일 사람들이 소련군환영대회를 흔히 '김일성장군환영평양시민대회'로 기억하게 된 이유다. 그런데 막상 무대를 마련한 소련군 사령부는 시민들의 뜨거운 반응에 크게 놀랐다. 김일성의 대중적 인기는 그들이 생각했던 것 이상으로 대단했다.

대중은 김일성에게 압도되었다. 그들은 무엇보다 그의 젊은 나이에 놀랐다. 보천보의 영웅이 불과 34세의 젊은이일 줄은 상상도 못 했던 것이다. 이 때문에 일각에서는 김일성 가짜설이 퍼지기도 했다. 이것은 일제강점기 엄격한 정보 통제하에서 상상과 실제의 괴리가 만들어낸 해프닝이었다.

항일빨치산투쟁의 지도자 김일성은 그렇게 돌아왔다. 귀환과 함께 그는 북한을 대표하는 지도자가 되었다. 그것은 1930년대의 암울한 시기 민족의 긍지를 되새겨준 보천보 신화에 큰 빚을 지고 있었다. 하지만 단지 그것만이 유일한 이유였을까? 김일성이 북한의 유력한 지도자가 될 수 있었던 이유는 무엇이었을까? 해방 후 그의 행적을 따라가 보자.

보천보 영웅의 귀국

나는 조선인 그룹과 마주쳤다. 모두 짙은 회색의 새 사복을 입고 같은 빛깔의 모자를 쓰고 있었다. 그들 전부가 젊어 보였다. 한 호감 가는 젊은이가 미소를 지으며 앞으로 걸어 나왔다. 그의 인상과 걸음걸이에서 직업적인 군인의 풍모를 쉽게 추측해냈다. 그는 나에게 손을 내밀고는 노어로 아주 명료하게 말했다. "안녕하십니까! 마중 나오실 줄 알고 있었습니다." 나중에 내가 업무상 평양을 방문했을 때 그 조선인이 바로 당시 어디서나 이야기되고 있던 김일성이었음을 알게 되었다. 그는 나에게 좋은 인상을 심어줬다.[*]

1945년 9월 19일 원산항에 소련 군함 한 척이 도착했다. 블라디보스토크에서 출항한 수송함 푸가초프 함이었다. 배가 항구에 닿자 이내 하선이 시작되었다. 배에서 내리는 소련군들 사이에 얼핏얼핏 한국인들의 모습이 보였다. 회색 양복 차림의 그들은 조금 피곤해 보이긴 했지만, 얼굴에는 하나같이 미소가 만연해 있었다. 그들은 소련군 88독립보병여단 소속 조선공작단 일행이었다. 부두에 마중 나와 있던 원산시 경무사령관 쿠추모프v. Kuchumov 대좌는 한국인 일행을 반갑게 맞이했다. 특히 그는 군인다운 풍모

---

[*] 쿠추모프의 증언. 기광서, 「1940년대 전반 소련군 88독립보병여단 내 김일성 그룹의 동향」, 『역사와 현실』 28, 1998에서 재인용.

를 지녔던 일행의 지도자를 인상적으로 기억했다. 김일성이었다.

김일성의 귀국은 어떠한 환영 인파도 없이 조용히 이뤄졌다. 마중 나왔던 소련군 장교조차 그의 존재를 제대로 알지 못했다. 그에게 김일성은 단지 소련군 소속의 한국인 장교일 뿐이었다. 하지만 김일성은 단순한 소련군 장교가 아니었다. 그는 십수 년간 만주의 항일빨치산투쟁을 지도했던 한국인 최고의 지도자이자, 당시 남북의 여러 정치 세력 가운데 다섯 손가락 안에 꼽혔던 유력한 지도자였다.

만주와 소련 땅을 전전하던 김일성에게 귀국이 얼마나 감격스러운 일이었을지는 상상하기 어렵지 않다. 사실 만주의 항일빨치산들에게는 생존 그 자체가 대단한 행운이었다. 그만큼 일제의 토벌은 극심했고, 그들의 항일투쟁은 힘겨웠다. 한때 만주를 호령했던 수많은 빨치산 지도자들 가운데 죽거나 변절해 항일전선에서 이탈한 경우는 부지기수였다. 결국 해방 무렵 생존한 항일빨치산 지도자들 가운데 김일성보다 경력이 앞서는 사람은 최용건崔庸健, 1900~1976과 김책金策, 1903~1951 정도밖에 없었다.

김일성은 끝까지 살아남았고, 자신의 부대를 잘 보존했다. 그리고 1940년 동북항일연군이 소련 영내로 철수한 후에도 소련이라는 새로운 환경에서 뛰어난 적응력을 보였다. 그는 소련군의 단기 간부 교육을 거쳐 소련군 장교로 거듭났고, 소련이 창설한 소련군 88독립보병여단의 주요 지휘관 중 한 명이 되었다. 88독립보병여단은 동북항일연군의 조·중 빨치산을 중심으로 만들어진 다국적 부대로, 소련과 만주 국경의 정찰과 후방 교란을 목적으로 하는 특수부대였다. 김일성은 여기서 주로 한국인으로 구성된 제1대대의 대대장이 되었다.

소련 체류 시절 김일성을 성공으로 이끈 최대 무기는 항일연군 시절부터 이어져온 부대원들과의 끈끈한 유대 관계였다. 이와 함께 언제나 근면 성실했던 성격이 주변으로부터 긍정적인 평가를 이끌어내는 주요 요인이었다. 일례로 그는 조·중 빨치산 가운데 가장 빨리 러시아어를 습득한 대원으로 손꼽혔다. 마침내 김일성은 소련군 지도부로부터 지도력, 품성, 혁명성 등 모든 부분에서 최고의 평가를 받았다. 이것이 바로 그가 최용건과 김책 등 쟁쟁한 선배들을 제치고 앞서 나갈 수 있었던 이유다.

어느 시점부터인가 소련군 지도부는 김일성을 대한반도 정책의 주요 파트너 중 한 명으로 고려하기 시작했다. 이즈음 김일성이 소련 고위 관료들과 접촉했던 사실은 흥미로운 일이다. 제1극동전선군 군사회의 위원 스티코프Terentii Shtykov, 1907~1964 상장과의 만남이 대표적이었다. 이 외에도 김일성은 88독립보병여단 지휘부의 일원으로 두어 차례 모스크바를 방문해 즈다노프Andrei Zhdanov 등 소련공산당의 지도자를 접견했던 것으로 알려져 있다. 이는 소련이 김일성을 전후 한국의 유력한 지도자 중 한 명으로 고려하고 있었음을 의미한다.

소련이 대일전에 참가하게 되면서 88독립보병여단은 두 개의 조직으로 분리되었다. 만주 지역을 담당하는 신동북위원회와 한국 지역을 담당하는 조선공작단이 그것이었다. 김일성은 최용건, 김책과 함께 조선공작단의 주요 지도자가 되었다. 애초에 88독립보병여단은 대일전 참전을 예상하고 군사훈련을 받아왔다. 하지만 8월 9일 대일전이 시작된 이후 예상 외로 만주와 한국의 일본군이 급속히 붕괴하면서 88독립보병여단은 참전의 기회를 얻지 못했다. 결국 조선공작단에게는 소련군의 북한점령정책을 보조하는 역할이 주어졌다. 이것이 9월 19일 원산으로 들어온 김일성 일행의 첫 번째 임무였다.

9월 22일 평양에 도착한 김일성 일행은 곧바로 소련군의 북한점령정책을 돕기 위해 각자의 연고지로 흩어졌다. 감격스러운 귀국이었지만 감상에 빠져 있을 시간은 그리 길지 않았다. 김일성은 자신의 고향 평양에서 평양시 경무사령부 부사령관이라는 직함으로 고국에서의 첫 임무를 시작했다. 하지만 이것이 다는 아니었다. 소련군은 그에게 훨씬 더 많은 것을 원하고 있었다. 항일투쟁에 나선 이후부터 그에게는 언제나 자신의 나이로 감당하기 힘든 막중한 책임이 지워졌다. 한국의 독립을 완성하고 한국의 혁명을 완수할 책임이었다. 물론 그것은 자신의 내부와 외부 모두에서 제기한 목표였다.

북조선분국을 조직하다

우리 조선은 소·미 양군이 지역적으로 진주함에 따라 국제적으로나 정치적으로나 특수성을 띠고 있다. 따라서 남·북부 조선에도 양측의 지역적 특수성이 있다. 그러므로 조선에 있어서 지리상 또는 정치적으로 중심지인 경성에 당 중앙이 있어 남부 조선의 사업에 치중함은 정치적 의의에 있어서 정당하다고 인정한다. 우리는 북부 조선의 특수성을 따라 모든 행정, 기타 당의 정책을 실현시킴에 있어 더욱 당 중앙과의 밀접한 지도와 연락이 요구되는 동시에, 5도의 행정상 통제를 필요로 함에 따라 북부 조선에 당 북부 분국 설치의 필요로서 당 중앙에 직속된 분국을 설치할 것이다. 그 분국은 중앙에 직속되어 직영될 것이며 어떠한 때든지 중앙에서 필요를 인정치 않을 때에는 또 개혁 등 개선을 필요로 인정할 때에는 어느 때든지 중앙에서 처리할 권리가 있고 분국에서는 복종할 의무가 있다.*

　한국의 독립과 혁명을 위해 김일성이 가장 먼저 해결해야 할 문제는 북한 내 공산당 조직의 지도권을 확립하는 것이었다. 소련군 사령부 역시 이 문제를 가장 시급한 과제로 여겼다. 미·소의 분할 점령으로 남북이 처한 정세는 극히 달랐고, 자신들의 주둔으로 북한이 남한보다 한국혁명을 수행하는 데 있어 유리한 조건을 가지고 있었기 때문에 내심 공산당의 중앙이 북한에 위치하기를 바랐다. 하지만 현실은 그렇지 않았다. 9월 11일 박헌영의 조선공산당이 이미 서울에 당 중앙을 조직했고, 북한에도 이들의 지도에 따라 지방당 조직들이 꾸려져 있었던 것이다. 문제는 남북의 정세 차이로 서울의 중앙이 북한의 지방당 조직을 제대로 지도하지 못한다는 점이었다. 이러한 문제를 해결하기 위해서는 중앙을 평양으로 옮기든지, 아니면 북한에 새로운 중앙을 창설하든지 둘 중 하나를 선택해야 했다.

　9월 말 김일성은 북한의 각 도당 위원회 책임자들과 만나 북한에 독자적인 공산당 지도조직을 창설할 것을 제안했다. 물론 이것은 소련군 사령부와의 긴밀한 교감하에서 제기된 것이다. 하지만 김일성의 제안은 국내파 공산주의자들의 극심한 반발에 부딪쳤다. 서울에 중앙이 있는 상태에서 평양에 독자적인 지도조직을 창설한다는 것은 1국 1당 원칙에 위배된다는 이유에서였다. 북한 지역 도당 책임자와 열성자들이 모인 공식 회의에서 이 문제를 논의하자는 제안도 거부되었다. 서울 중앙의 승인이 없는 한 회의의 소집도 불가능하다는 의견이 대다수였다.

---

* 김일성의 제안. 『옳은 노선』, 민중신문사출판부, 1946. 조선산업노동조사소 편, 『옳은 노선을 위하야』(우리문화사, 1945)를 민중신문사출판부에서 재출간한 것임.

10월 초 국내파 공산주의자들의 반발을 의식해 김일성은 좀 더 구체적인 제안을 내놓았다. 서울 중앙의 권위를 인정하는 가운데 그 산하에 북한의 5도 도당을 지도하는 북조선분국을 설치하자는 제안이었다. 이 역시 소련군 사령부와 긴밀한 협의를 통해 나온 제안임은 두말할 나위 없다. 그러나 국내파 공산주의자들의 반발은 수그러들지 않았다. 형식상 서울 중앙의 산하에 북조선분국을 설치한다고 해도 내용상으로는 두 개의 중앙을 인정하는 것이었기 때문이다. 더구나 분국이라는 조직은 세계 어느 나라의 공산주의운동에서도 전례를 찾을 수 없는 해괴망측한 것이었다. 일제강점기 시기 코민테른에 의해 강제되어 한국인 공산주의자들을 끊임없이 괴롭혔던 1국 1당 원칙이 아니던가. 이 원칙을 지키기 위해 한국의 공산주의자들은 자신의 목숨을 바치는 것도 서슴지 않았다. 그런데 그러한 원칙이 김일성과 소련군 사령부의 편의주의적 발상에 의해 깨지고 있었다. 유별나게 완고한 원칙주의자가 아니더라도 이것은 받아들이기 힘든 문제였다.

국내파 공산주의자들의 반발이 계속되자 결국 김일성은 박헌영과 직접 담판에 나섰다. 두 사람은 10월 8일 개성 북방의 소련군 경비사령부 관사에서 만났다. 남과 북을 대표하는 공산당 지도자들의 첫 번째 만남이었다. 논의의 초점은 두 가지였다. 공산당의 중앙을 평양으로 옮길 것이냐, 아니면 북한에 분국을 설치할 것이냐. 박헌영은 부정적일 수밖에 없었다. 어느 것이나 자신의 정치적 입지를 근본적으로 흔들기 때문이다. 하지만 결국 그는 북조선분국의 창설을 선택했다. 북조선분국이 서울 중앙의 정치노선인 '8월 테제'에 기반한 정치노선을 선택한다는 조건에서였다. 박헌영은 서울 중앙의 권위와 정치노선을 인정받는 선에서 현실과 타협했던 것이다.

이 결정을 두고 박헌영의 측근이던 권오직權五稷, 1906~?은 박헌영이 김일성과의 첫 만남에서 사실상 공산주의운동의 실질적 주도권을 넘겨준 것이나 다름없었다고 회고했다. 그만큼 북조선분국의 창설을 용인하는 것은 정치적으로 박헌영에게 큰 상처였다. 이런 선택을 할 수밖에 없었던 이유는 무엇일까? 그것은 당시 공산주의자들이 결코 쉽사리 넘을 수 없었던 벽, 소련이라는 존재를 빼놓고는 생각할 수 없다. 소련군 사령부는 김일성과 박헌영의 만남에 민정사령관 로마넨코를 합석시켰다. 그 앞에서 박헌영이 자신의 뜻을 고집한다는 것은 거의 불가능했다.

소련군 사령부는 공산주의자들의 반발이 심한 만큼 일단 서울의 공산당 중앙을 인정하고 힘을 실어주기로 결정했다. 북한에서의 혁명만큼이나 남한에서의 혁명 역시 중요한 과제였기 때문이다. 그 대신 공산주의자들에게 북한의 특수성을 이해시켜 북한의 혁명을 지도할 북조선분국을 설치하는 선에서 타협했다. 서울을 중앙으로 하되 남북의 현실에 맞춰 서울의 중앙과 북조선분국이 각각 남한혁명과 북한혁명을 책임지는 식으로 역할을 분담하자는 것이었다.

10월 10일부터 13일까지 '북부 5도당 책임자 및 열성자 대회'가 개최되었고, 이 대회를 통해 조선공산당 북조선분국의 창설이 결정되었다. 이로써 김일성과 소련군 사령부는 북한에 혁명의 지도기관을 설립하는 데 성공했다. 오늘날 북한은 10월 10일을 당창건기념일로 제정하고 국가기념일로 삼고 있다. 그런데 이 대회의 진행 과정은 생각만큼 순탄치 않았던 것 같다. 국가기념일이 될 정도로 중요한 대회였건만 북한은 이 대회의 공식 회의록을 오늘날까지 공개하지 않고 있다. 그 이유는 김일성이 국내파 공산주의자들과의 논의 과정에서 자신의 정치노선을 거의 관철시키지 못했기 때문이다. 결국 대회가 결정한 정치노선은 박헌영의 8월 테제를 그대로 베껴놓는 수준에 머무르고 말았다. 하지만 북조선분국의 탄생으로 김일성이 박헌영과의 경쟁에서 유리한 고지를 선점했음은 분명하다. 둘 중 누가 우위에 있는지는 박헌영이 장안파를 처리하는 과정에서 명확해졌다. 박헌영은 북조선분국과 소련의 권위를 이용한 후에야 겨우 장안파를 제압할 수 있었다.

10월 20일, 북조선분국 중앙집행위원회가 설립되었다. 책임비서는 김용범金容範, 1902~1947, 제2비서는 오기섭吳琪燮, 1903~?이 선출되었다. 둘 다 국내파 공산주의자였지만 김용범은 처음부터 김일성과 뜻을 함께했던 공산주의자였고, 오기섭은 박헌영을 신봉하는 공산주의자였다. 이처럼 북조선분국은 김일성파의 우위가 인정되는 가운데 박헌영파가 적지 않은 영향력을 분점하는 형태로 설립되었다. 그런데 왜 김일성은 사실상 북조선분국의 설립을 주도하고도 당의 전면에 나서지 않았던 것일까? 여기에는 두 가지 이유가 있다. 하나는 그가 전면에 나설 만큼 당을 충분히 장악하지 못한 사정 때문이었고, 다른 하나는 당보다 한국의 독립을 완성하는 문제, 즉 정부 수립 문제에 집중해야 할 필요성 때문이었다. 그럼 김일성이 수립하려던 국가에 대해 살펴보자.

부르주아민주주의에 입각한 민족통일전선 정부를 수립하라

우리가 할 역할은 전 힘을 다해 민족통일정권을 수립해야 한다는 것이다. 이곳에는 자본가도 참가한다. 민족적 독립과 인민의 생활을 높일 정부를 내세워야 한다. 첫째의 임무를 마치고 우리는 둘째의 임무에 들어가야 한다. 그 역량을 첫 임무에서 구비해야 한다. 우리 당도 전 인민의 총역량을 집중해 그중에서 기본적인 노동자의 역량을 모아가지고 두 번째의 임무에 들어가야 한다. 이 정권에는 노동자나 자본가나 모두가 들어가야 하고 강령도 거기에 적합한 것이어야 한다. 행동 강령은 내일이라도 한 달 후에도 정할 수 있는 것이다. 외적 조건과 내적 조건의 성숙에 따라 다음 강령이 나오는 것이다. 현 단계에 있어서는 자본민주주의정권을 세워야 한다.*

김일성이 꿈꿨던 미래 한국의 모습은, 공산주의자 김일성에게는 당연한 것이겠지만 사회주의혁명에 의해 건설되는 사회주의 국가였다. 하지만 이 것은 궁극적인 목표였다. 봉건적, 식민지적 잔재가 공존하는 한국의 낙후된 현실에서 곧바로 사회주의혁명을 수행하는 것은 불가능했기 때문이다. 김일성은 박헌영과 여타의 공산주의자들이 그러했듯이 부르주아민주주의 혁명과 사회주의혁명으로 구성되는 2단계 혁명에 입각한 사회주의 실현을 꿈꿨다.

김일성이 생각하는 현 단계 한국의 혁명은 부르주아민주주의혁명이었다. 이는 역사적으로 부르주아지가 수행했던 근대적 개혁을 수행하는 혁명을 의미한다.** 하지만 부르주아계급이 혁명의 주체가 되는 것은 아니었다. 공산주의자들은 부르주아계급이 제국주의 시대를 경과해오면서 이미 고유의 혁명성을 상실한 것으로 인식했기 때문이다. 그들의 혁명에서 부르주아계급을 대신해 혁명을 담당할 주체는 노동자와 농민이었다.

---

* 김일성의 북부 5도당 책임자 및 열성자 대회에서의 보고. 『옳은 노선』, 민중신문사출판부, 1946.
** 김성보, 『북한의 역사』 1, 역사비평사, 2011.

현 단계에 있어서 북조선공산당의 전반 정치 및 실지 활동은 모든 민주주의당들과 정치적 단체들의 넓은 연합의 기초 위에 부르주아민주주의정권을 수립함에 방조를 주어야 될 것이다. 북조선에 정치 및 경제생활을 속히 정돈할 과업 실행에로 도시와 농촌 대중의 실지사업을 돌리면서 반일민주주의당과 단체들과의 통일전선을 만방으로 강화시켜야 될 것이다.*

한국에 새롭게 건설될 국가에는 노동자와 농민만 참여하는 것이 아니었다. 한국의 신정부에는 노동자와 농민의 헤게모니를 기반으로 친일파·민족반역자를 제외한 자본가, 지주 등 모든 계급과 계층이 참여해야 했다. 김일성은 그래야만 민족이 계급과 계층에 따라 분열하지 않고 하나의 정부를 구성할 수 있다고 생각했다. 김일성이 말하는 부르주아민주주의 정부란 노동자와 농민의 헤게모니하에 친일파·민족반역자를 제외한 모든 계급과 계층이 참여하는 민족통일전선 정부였다.

김일성의 부르주아민주주의 국가론, 민족통일전선 정부에 대한 인식은 항일투쟁 시기 조국광복회**의 경험에서 비롯한 것이다. 하지만 김일성의 부르주아민주주의 국가론은 박헌영의 인민정부론과 본질적으로 다르지 않았다. 양자가 모두 코민테른 제7차대회의 '반파시즘 인민전선론'이라는 동일한 기반에서 시작된 것이기 때문이다.

김일성과 박헌영의 국가론은 당시 소련 공산주의자들의 인식과도 대동소이했다. 북한에 주둔한 소련군 사령부 역시 주둔 초기부터 부르주아민

---

* 김일성, 조선공산당 북조선분국 중앙 제3차 확대집행위원회에서의 보고, 국사편찬위원회 편, 『북한관계사료집』 1, 국사편찬위원회, 1982.
** 조국광복회는 1936년 5월 만주의 한국인 공산주의자들이 만든 반일민족통일전선체다. 김일성은 동북항일연군 제1로군 6사를 지휘하면서 조국광복회의 국내 조직을 건설하는 데 주도적인 역할을 했다.

주주의에 입각한 민족통일전선의 결성을 정책적 목표로 삼고 있었다. 이는 9월 20일 스탈린이 북한 주둔 소련군 사령부에 내린 훈령을 통해서도 확인된다. 이에 따르면 스탈린은 북한에 소비에트적 질서를 도입하지 말 것을 지시하면서, 모든 반일민주정당 및 조직들의 광범위한 연합에 기반한 부르주아민주주의 권력을 수립할 수 있도록 도울 것을 지시했다.

소련군 사령부는 즉각적으로 사회주의 정권의 수립을 요구하는 좌편향적 경향과 민족통일전선을 방해하는 우편향적 경향에 대해 제재를 가하는 한편, 부르주아민주주의에 입각한 민족통일전선의 결성을 장려했다. 소련의 가장 중요한 정치적 목표는 한반도가 다시는 소련 침략의 근거지로 활용되지 않도록 하는 데 있었다. 이를 위해 한반도에는 소련에 우호적인 정부가 들어서야 했다. 이를 보장할 정부의 형태가 바로 부르주아민주주의에 입각한 민족통일전선 정부였다.

결과적으로 김일성과 박헌영, 소련군 사령부는 처음부터 동일한 목표를 지향했다. 목표를 실현하기 위한 각론에는 차이가 있었지만, 그들은 서로 간 이견을 조정하며 공동으로 보조를 맞춰나갔다. 소련군 사령부에게 그것은 자신의 이해를 가장 충실히 이행할 동료를 찾아가는 작업이었고, 김일성과 박헌영에게 그것은 혁명을 실현하기 위해 소련의 원조를 구하는 과정이었다.

김일성은 부르주아민주주의에 입각한 민족통일전선 정부의 실현을 위해 입국 초기부터 활발한 활동을 펼쳤다. 북한 현지의 다양한 민족 지도자들과의 만남도 이 때문이었다. 그럼 그가 민족통일전선을 결성하기 위해 가장 중시했던 협상 대상은 누구였을까? 바로 평양 기독교 세력의 대부 조만식이었다.

민·공 연립노선과 조만식

조만식은 어떤 인물인가? 그는 수양동우회 계열의 대표 지도자이자 기독교 장로회에 기반한 평양 기독교 세력의 중심인물이었다. 일제강점기 그는 물산장려운동*과 신간회** 활동으로 명성을 크게 높였다. 그는 일제강점기 말 수양동우회 인사들이 대부분 친일의 구렁텅이에 빠져들었을 때에도 끝까지 일제와 타협하지 않음으로써 해방 후까지 명성을 이어나갔다. 그 결과 그는 이승만, 김구와 함께 민족주의 3대 거목으로 손꼽혔다.

1945년 8월 17일, 조만식은 평안남도 건국준비위원회(이하 평남 건준) 결성을 주도하면서 자타 공인 북한 정치의 중심이 되었다. 해방 직후 평소 친분이 깊던 여운형이 그에게 남쪽으로 내려와 함께 활동하자고 권유했을 때 할 일이 많아 갈 수 없다고 말한 이유도 여기에 있었다. 일찌감치 북한 민족주의자들의 버팀목으로 자리매김하면서 그는 남하하고 싶어도 그럴 수 없는 입장이었다.

평남 건준은 소련군 사령부가 인정했듯이 조만식 계열에 의해 지배되었던 민족주의자들의 조직이었다. 평남 건준에서 공산주의자들의 영향력은 극히 미미했다. 이러한 현실을 타개하기 위해 소련군 사령부는 평남 건준을 '평안남도 인민정치위원회'로 개편하면서 좌우 동수의 조직으로 재편하도록 유도했다. 당시 소련군은 북한 각지에서 만들어진 한국인 자치조직에 대해 자치권을 인정해주면서, 공산주의자와 민족주의자 동수로 구성되도

---

* 물산장려운동은 조만식이 주도한 평양의 토산품애용운동에서 시작된 경제적 민족운동이다. 조선 물산을 장려해 조선인의 산업 진흥 및 경제적 자립을 목표로 했다.
** 신간회는 국외에서 시작된 민족유일당운동의 영향으로 국내에서 만들어진 좌우 합동의 민족운동단체다. 조선 민족의 정치적·경제적 해방을 목표로 했다.

평안남도 인민정치위원회 위원장을 역임한 조만식. 소련군 사령부는 조만식을 민·공 연립노선의 지도자로서 중시했다. 그러나 신탁통치 파동으로 소련군 사령부와 조만식의 관계는 파국을 맞아 결국 조만식은 북한의 정치무대에서 퇴장하고 만다.

록 조정했다. 이를 통해 소련군 사령부는 좌익이 강한 자치조직에서는 극좌적 모험주의가 나타나지 않도록 제어하고, 우익이 강한 자치조직에서는 좌익의 영향력을 강화했다.

평남 건준은 후자의 경우에 속했다. 조만식은 기꺼이 소련군 사령부의 정책에 협조했다. 북한에서 소련군 사령부에 협조하지 않고서는 원활한 정치 활동이 불가능한 데다가, 그 역시 해방 후 민족통일국가의 수립을 위해서는 좌우 세력이 힘을 합쳐야 한다고 생각했기 때문이다. 이와 함께 조만식은 남쪽의 민족주의자들과도 긴밀한 연락 관계를 수립했다. 그는 남한의 민족주의자들과 보조를 맞춰 민족통일국가의 수립에 앞장설 생각이었다.

소련군 사령부는 조만식을 자신들이 주도하는 민족통일전선에 끌어들이기 위해 최선을 다했다. 9월 말 김일성이 소련군 사령부의 주선으로 조만식을 만난 것도 이러한 노력의 일환이었다. 김일성은 시종일관 예의 바른 태도로 조만식을 대했다. 조만식은 김일성의 젊은 나이에 놀라기는 했지만, 곧 그에게 호감을 가졌던 것으로 보인다. 여기에는 김일성의 외가가 같은 기독교 교파의 집안이라는 배경도 작용했다.

11월 3일, 조만식은 김일성과 소련군 사령부의 적극적인 후원으로 북한 내 민족주의자들을 결집해 조선민주당을 결성했다. 조만식은 김일성에게 조선민주당 입당을 권유했다. 당의 원활한 활동을 위해 그의 지원이 절실했기 때문이다. 하지만 김일성은 조만식의 권유를 정중히 거절하고, 그 대신 항일빨치산의 두 선배 최용건과 김책으로 하여금 조선민주당을 돕도록 했다. 조만식은 최용건을 부당수로 선출하며 김일성을 배려했다.

조선민주당은 결성과 동시에 급격히 당세가 확장되었다. 공산당의 독주를 우려하던 민족자본가, 자산가, 지주, 기독교인 등 광범위한 세력이 조선민주당의 깃발 아래 결집했기 때문이다. 이로 인해 조선민주당은 상당히 보수적이고 반공적인 색채를 가진 정당이 되었다. 강령을 비교해보면 남한의 한민당보다 보수적일 정도였다. 결성 초기 조선민주당은 소련군 사령부 및 공산주의자들과 원활한 관계를 유지했다. 소련군 사령부와 공산주의자들에게 조선민주당은 민족통일전선의 주요 대상으로 중대한 의미를 갖고 있었고, 조선민주당 역시 이들과의 협조는 자신의 활동을 보장하는 필수불가결한 것이었기 때문이다.

하지만 양자의 관계는 시간이 흐를수록 악화되어갔다. 그 이유는 조선민주당의 보수적이고 반공적인 색채에 있었다. 남한의 민족주의자들과 연락관계를 맺고 공공연히 중경임정을 지지했던 점이나, 소련군의 범죄행위와 약탈행위에 대한 지속적인 문제 제기, 소작료 문제와 신의주반공학생사건에 대한 문제 제기도 양자 갈등을 증폭시킨 이유였다. 소련군 사령부가 조만식의 협조를 진심으로 받아들이지 못하고 끊임없이 의심의 눈초리로 바라본 데는 이러한 요인들이 결정적인 역할을 했다. 하지만 무엇보다 양자의 갈등을 악화시킨 이유는 정국을 바라보는 입장이 근본적으로 달랐기 때문이다.

조만식과 소련군 사령부 사이의 갈등도 여기서 비롯되었다. 10월 중순 소련군 사령부는 북조선임시민간자치위원회의 창설을 추진했다. 이 위원회의 목적은 행정상의 난맥상을 해소하고 상향식 권력 구조를 갖는 중앙 정권기관을 창출하는 것이었다. 소련군 사령부는 미·소 협상 이전 북한에 어느 정도 중앙행정과 자치를 담당할 기초적인 정권기관을 설립할 생각이었다. 소련군 사령부는 이 위원회의 위원장으로 조만식을 추대했다. 하지만 조만식은 소련군의 제안을 거부했다. 북한만의 중앙기관 창출은 향후 통일정부의 수립에 방해가 될 것이라 판단했기 때문이다. 그는 남북을 아우르는 전국적인 중앙정부의 창출이 우선되어야 한다고 생각했다. 결국 조만식의 거부로 소련군 사령부의 계획은 무산되었다. 이를 대신한 것은 행정10국이라는 기형적인 형태의 중앙행정기관이었다. 조만식 없이 중앙 정권기관 설립을 고집하는 것은 아무래도 무리였기 때문이다.

　문제는 그를 대체할 만한 위상을 가진 민족주의자가 북한 내에 존재하지 않았다는 점이다. 소련군 사령부가 끊임없이 조만식을 의심하면서도 한편으로 그를 소중히 생각했던 이유는 바로 여기에 있었다. 그러나 조만식이 자신의 정치적 지위를 유지하기 위해서는 반드시 지켜야 하는 조건이 있었다. 그가 최소한 반소적 행동을 해서는 안 된다는 것이고, 소련군 사령부의 주요 정책에는 결코 반대하지 말아야 한다는 점이었다. 하지만 소련군 사령부와 조만식의 관계는 결국 파국을 맞았다. 양자의 관계를 끝장낸 것은 바로 신탁통치 파동이었다.

신탁통치반대운동의 파동

1946년 북한은 반탁운동으로 시끄럽던 남한 사회와 달리 조용히 새해 아침을 맞았다. 미군정이 사실상 반탁운동을 종용하는 방향으로 언론을 검열했다면, 소련군 사령부는 그 반대 방향으로 강력히 언론을 통제했기 때문이다. 하지만 북한에서 반탁운동이 전혀 없었던 것은 아니었다. 소련군 당국의 강력한 대처로 각지에서 벌어진 반탁시위가 대규모 시위로 발전하지 않았을 뿐이다.

1946년 1월 2일, 북한의 주요 정치 세력들은 모스크바삼상회의 결의안에 대한 지지 성명을 공식적으로 발표했다. 임시정부 수립을 결의안의 핵심으로 파악하고, 5년 이내의 후견(신탁통치)을 한국의 정치·경제·사회적 진보를 위한 '원조'로 이해한 것이다. 지지 성명 발표까지 6일이라는 시간이 걸렸을 만큼 북한에서도 결의안의 내용을 이해하고 납득하는 일은 쉽지 않았다. 공산주의자들 사이에서도 논란이 벌어질 정도였다. 하지만 공식 지지 성명이 나오면서 내부 논란은 모두 종결되었다. 지지 성명은 북한의 각 정당과 사회단체의 대표 이름으로 발표되었다. 그런데 중요한 한 사람의 이름이 빠져 있었다. 조선민주당의 당수 조만식이었다.

조만식은 모스크바 결의안의 신탁통치 조항을 들어 지지 표명을 유보했다. 소련군 사령부와 김일성은 조만식의 지지를 얻기 위해 총력을 다해 설득했다. 그들은 조만식이 결의안을 지지해주면 향후 그를 임시정부의 대통령으로 추대하겠다고 제안하기도 했다. 하지만 조만식은 요지부동이었다. 이미 그는 남한의 반탁운동 소식을 들었고, 남한의 반탁운동 진영과 뜻을 함께하기로 결심을 굳힌 상태였다. 모스크바 결의안에 대한 지지 성명을 비준하기 위해 1월 3일부터 5일까지 개최된 5도행정국회의와 평안남도 인민정치위원회에서 조만식과 조선민주당의 민족주의 지도자들은 결의안 지지를 끝까지 반대했다. 만장일치를 원했던 김일성과 소련군 사령부는 결국 다수결로 결의안 지지 성명을 비준해야 했다.

김일성과 소련군 사령부가 조만식의 설득에 실패하자 북한의 공산주의자들은 조만식을 반민주주의자, 반소·반공분자로 비난하기 시작했다. 조만식과 그를 따르는 민족주의자들을 친일파, 민족반역자와 맞먹는 민족의 반동으로 몰아붙이기 시작한 것이다. 그들은 해방 후 조만식의 업적을 모두 부정했고, 일제강점기 말《매일신보》에 실린 단 한 편의 글을 인용해 그를 친일파로 매도하기도 했다. 이 글은 여운형이 그러했듯이 일제에 의해 명의가 도용되거나 협박에 의해 강제로 게재되었을 가능성이 농후했다. 하지만 그런 개연성은 모두 무시되었고, 조만식은 일순간에 친일파, 반민주주의자, 반소·반공분자로 낙인찍혔다. 반탁운동에 참여한 이승만, 김구 등 남한의 우익 세력에 대해서도 마찬가지였다.

1월 중순 조만식은 평양 고려호텔에 연금되었다. 그리고 다시는 북한의 정치무대에 서지 못했다. 2월에 들어서면서 조선민주당도 개편되었다. 당 지도부는 조만식 계열의 우익 인사들이 모두 탈락하고 공산당의 정책에 협조적인 '용공' 인사들로 교체되었다. 당권을 지키려고 마지막까지 저항했던 조만식의 측근들은 결국 남한행을 선택할 수밖에 없었다.

조만식의 연금은 소련군 사령부가 민·공 연립에 입각한 민족통일전선을 포기했음을 의미하는 것이었다. 향후 북한 공산주의자들의 통일전선 스펙트럼은 상당히 협소해질 수밖에 없었다. 미국과의 협상을 앞둔 상태에서 북한 내 최대 우익 세력인 조만식과 조선민주당을 포기한다는 것은 그들에게 상당한 손실이었다. 그들이 이러한 손실을 감수하고도 조만식의 퇴장을 강제했다는 것은 무엇을 의미하는가? 이것은 북한 정계의 중대한 변화를 상징했다. 소련군 사령부와 북한의 공산주의자들은 급격히 유연성을 잃고,

조급하게 서두르고 있었다. 그들의 목표는 어떠한 영향에도 흔들리지 않도록 공산주의자들의 입지를 확고히 하는 것이었다. 사실 변화의 바람은 좌우 갈등이 나타나던 1945년 12월부터 이미 시작되었다. 하지만 여러 가능성을 닫고 변화의 방향을 확정한 것은 모스크바 결의안을 둘러싸고 벌어진 정치 파동이었다.

민주기지를 건설하라

1. 반일 민주주의 정당 단체의 광범한 블록에 기반을 둔 북한의 부르주아민주주의 개조는 극히 지연되고 있다.
2. 현재 북한에서 우리는 조선에서 우리 군대가 철수할 때 우리의 국가 이익을 보장해줄 수 있는 항구적인 경제적·정치적 지위를 아직 획득하지 못했다. (중략)
3. 북한 경제를 급속히 재건하고 민족 간부들을 양성하는 과제를 위해서는 북한 영역에서 권력을 집중한 다음 이를 민주적인 조선인 활동가들의 손에 넘겨줄 필요가 있다.
4. 대지주의 토지 지배가 현존하고 있음은 인민민주주의 투쟁의 발전에 장애가 된다. 가까운 시일에 농업개혁이 실현되어야 할 필연성을 신중히 제기한다.[*]

1945년 12월 25일, 극동 최고사령부 군사 소비에트 위원 요시프 슈킨 Joseph Shikin은 소련 외무인민위원부 부장 몰로토프Vyacheslav Molotov에게 보내

* 요시프 슈킨의 보고서. 김성보, 「소련의 대한정책과 북한에서의 분단 질서 형성 1945~1946」, 『분단 50년과 통일시대의 과제』, 역사비평사, 1995에서 재인용.

는 보고서에서 북한의 부르주아민주주의 개조 작업이 지연되고 있음을 지적하고, 북한에서의 권력 집중과 토지개혁의 필요성을 제기했다. 북한에서의 권력 집중이란 중앙정권기관의 창출을 의미하는데, 이는 소련군 사령부가 조만식의 거부로 실현되지 못했던 북조선임시민간자치위원회와 같은 중앙정권기관의 설립에 강한 미련을 가지고 있었음을 의미한다.

소련군 사령부가 중앙정권기관의 설립을 통해 얻고자 한 것은 미·소 협상 이전에 소련의 국가 이익을 보장할 확고한 기반을 마련하는 것이었다. 중앙정권기관을 설립해 북한 공산주의자들에게 정권을 이양하고, 이를 통해 북한의 부르주아민주주의 개조를 앞당겨 소련의 국가 이익을 보장받겠다는 복안이었다. 그러기 위해 소련군 사령부는 부르주아민주주의 개조에 도움이 될 토지개혁의 필요성을 제기했다.

그러나 북한에 중앙정권기관을 설립하려는 계획은 북한에 단독정부를 수립하려는 의도로 보일 수 있었다. 아직 소련이 미국과의 협상을 통한 한국 문제 해결을 전제로 하고 있는 시점이었지만, 그렇다 하더라도 북한에 중앙정권기관이 설립되는 순간 최초의 의도는 소련군 사령부와 북한 공산주의자들의 복잡한 이해관계 속에서 왜곡될 가능성이 높았기 때문이다. 이는 미군정의 과도정부 수립 구상이 남한만의 단독정부 수립 구상으로 읽힐 수 있었던 것과 같은 이치다.

북한의 공산주의자들 사이에서도 북한을 공산주의운동의 지탱점이자 혁명의 근거지로 삼아야 한다는 생각이 점차 퍼져 나가고 있었다. 사실 북한의 특수성을 강조하며 북한혁명을 담당할 주체로 북조선분국을 설치할 때부터 이러한 생각은 잠재해 있었다. 그것이 북조선분국의 설치 이후 독자적 활동의 경험에 의해 점차 표면화되고, 소련군 사령부의 중앙정권기관 설립 노력과 만나 상호 작용하면서 구체화되었던 것이다. 미·소의 분할 점령이라는 조건하에서 북한 지역에 먼저 혁명의 근거지를 마련하고 이를 바탕으로 한반도 전체에서 혁명을 실현하겠다는 것, 소위 '민주기지론'이 그것이었다.

민주기지론은 통일정부 수립을 목표로 하지만 일단 북한 지역에 권력기구의 설치를 우선하기 때문에 곧바로 분단정부의 수립 논리로 전환될 수 있었다. 복잡한 통일보다는 손쉬운 분단에 이끌릴 가능성이 높았던 사고방식이었다. 민주기지론은 좌우 갈등이 표면화되고 신탁통치 파동이 벌어지면서 북한 정계의 전면에 떠올랐다. 여기에는 남한의 '반동'적 상황이 북한의 체제 전반을 위협할 수도 있다는 불안감이 내재해 있었다. 이 불안은 소련군 사령부와 북한 공산주의자들 대부분이 공유하고 있었고, 미군정과 남한의 정치가들이 북한에 더 이상 영향을 미치기 전에 북한의 토대를 공고히 해야 한다는 생각으로 이어졌다. 이러한 생각이 구체화된 것이 바로 중앙정권기관인 '북조선임시인민위원회'였다.

중앙을 장악하라, 북조선임시인민위원회

김두봉 선생의 개회 선포로 막은 열리어 임시집행부로 김일성, 김두봉, 강량욱, 현창형, 강진건, 방수영, 박정애 등을 선거한 후 우리의 지도자 김일성 동지의 '목전 북부 조선 정치 형세와 북부조선인민위원회의 조직 문제에 관한 보고'가 있었다. 보고는 장차 세워질 민주주의조선임시정부 건설을 촉성하기 위해 북조선임시인민위원회 수립의 필요성을 전 지도자에게 역설했다. 계속하여 김일성 동지의 보고에 대한 열렬한 토론이 있은 후 만장일치로 북조선임시인민위원회를 수립할 것을 절대 지지 결의했다.*

1946년 2월 8일, 북조선임시인민위원회가 수립되었다. 북한 최초의 중앙정권기관으로 행정권, 입법권, 사법권을 총괄하는 국가최고기관이었다. 하지만 그 권력은 완전하지 않았다. 정식 선거를 통해 조직된 인민대표기관이 아닌 데다가 소련군 사령부의 역할도 배려해야 했기 때문이다. 이것이 북조선임시인민위원회에 '임시'라는 글자가 붙은 이유였다. 북조선임시인민위원회는 소련군 사령부에 제출할 법령과 결정의 초안을 작성할 권한과 소련군 사령부가 발포한 모든 법령과 결정을 실시할 책임을 가지고 있었다. 즉, 북조선임시인민위원회는 소련군 사령부의 관리감독권을 인정한 가운데 소련군 사령부와 권력을 분점하는 형태로 만들어진 '임시' 중앙정권기관이었다.

북조선임시인민위원회가 만들어질 때 북한 내부에서도 논란이 있었다. 국내파 공산주의자들이 임시인민위원회의 창설에 반대했던 것이다. 그들은 미소공동위원회(이하 미소공위)를 통해 임시정부 수립 논의가 예정되어 있는 시점에 굳이 정권기관을 미리 창설할 이유가 있는지 따졌다. 38선을 중심으로 공산당까지 분리된 마당에 정권기관까지 독자적으로 만드는 것은 자칫 나라를 분열시키려는 행동으로 보일 수 있다는 지적이었다.

조금 뒤의 일이지만 1946년 4월 북한을 방문했던 여운형도 이 문제를 거론했다. 그는 북한이 북조선임시인민위원회를 만들자 미군정이 이를 소비

---

* 『정로』, 1946년 2월 10일. 『정로』는 조선공산당 북조선분국의 기관지였다.

에트정권 수립 움직임으로 파악하고 이에 대응해 남조선대한국민대표민주의원(이하 민주의원)을 창설했다고 말했다. 그는 이것이 결과적으로 남북의 단독정권을 상정한 것이어서 통일적 임시정부 수립을 가로막는 결과를 낳았다고 지적했다. 하지만 김일성은 민주기지론에 입각한 논리로 반대파의 의견을 일축하고 북조선임시인민위원회의 창설을 관철시켰다. 물론 여기에는 소련군 사령부의 적극적 지지가 작용했다.

2월 9일, 김일성은 북조선임시인민위원회의 위원장으로 선출되었다. 이미 1945년 12월 중순 조선공산당 북조선분국의 책임비서로 선출되어 당권을 장악했던 김일성은 임시인민위원회의 위원장까지 맡게 되면서 당과 중앙정권을 아우르는 명실상부한 북한의 최고 지도자가 되었다. 이날 북조선임시인민위원회는 김일성이 제출한 보고서를 바탕으로 '11개조 당면 과업'을 결정했고, 3월 23일에는 11개조 당면 과업을 보강해 '20개조 정강'을 발표했다. 이는 미소공위를 전후로 북한에서 우선적으로 시행되어야 할 과제들을 제시하는 동시에, 미소공위에 제시할 북한 공산주의자들의 국가 건설 노선을 천명하는 것이었다.

이로써 미소공위에 대비한 김일성과 소련군 사령부의 정책 방향은 명확해졌다. 무상몰수 무상분배를 기반으로 한 토지개혁과 주요 산업의 국유화, 인민의 자유와 평등, 기타 여러 권리를 보장하는 부르주아민주주의적 개혁을 시행해 우선적으로 북한을 부르주아민주주의 사회로 개조하고, 혁명의 근거지로 삼겠다는 것이었다. 다시 말하면 우선 북한의 체제를 확고히 한 후, 이를 바탕으로 북한의 정권 형태를 미소공위를 통해 수립될 임시정부에도 확대 적용하겠다는 뜻이었다.

이와 함께 김일성과 소련군 사령부는 국내의 반동분자와 반민주주의적 분자들에 대해 무자비한 투쟁을 전개하고, 파쇼 및 반민주주의적 정당·단체·개인들의 활동을 절대 금지할 것이라고 밝혔다. 여기서 반동분자와 반민주주의자란 모스크바 결의안에 반대하는 남북의 우익 세력들을 총칭하는 것이었다. 그들은 '민주주의'적 정당과 단체에게 자유롭게 활동할 조건을 보장한다고 했지만, 이는 자신들의 정책을 따르는 정당과 단체에만 해당하는 말이었다. 결국 그들은 자신들이 구상했던 민족통일전선 정부를 사실상 폐기한 셈이나 마찬가지였다.

북조선임시인민위원회는 3월부터 8월까지 북한 사회를 부르주아민주주의 사회로 개조하기 위한 사회개혁에 본격적으로 착수했다. 토지개혁, 노동법령 실시, 남녀평등법 실시, 주요 산업 국유화 등이 그것으로, 이른바 '민주개혁'이었다. 특히 3월 5일 전격적으로 시행된 토지개혁은 북한 사회를 전반적으로 바꿔놓은 중대한 개혁이었다. 토지개혁의 시행으로 5정보町步* 이상의 지주 소유지, 전부 소작을 주는 토지, 계속 소작을 주는 토지는 모두 무상몰수되었다. 몰수된 토지는 토지가 없거나 적은 농민에게 가족노동력을 기준으로 무상분배되었다. 토지가 몰수된 지주는 저항을 막기 위해 타 지역으로 강제 이주되었다.

토지 몰수와 강제 이주에 반대해 곳곳에서 지주들의 저항이 벌어졌지만, 북한 당국은 무력을 총동원해 지주들의 저항을 분쇄했다. 사실 저항의 규모는 크지 않았다. 지주들 대부분이 저항을 포기하거나 남한행을 선택했기 때문이다. 여기에는 애초부터 남한처럼 대지주가 많지 않았다는 사정도 작용했다. 북한 당국은 한 달이 채 되지 않는 짧은 기간에 토지개혁을 완수했

---

* 정보는 땅 넓이의 단위로, 1정보는 3,000평에 해당한다.

다. 이로써 북조선임시인민위원회는 대중적 지지 기반을 크게 확대할 수 있었고, 북한에서 지주 계급은 더 이상 존재하지 않게 되었다.

김일성과 소련군 사령부는 미소공위가 개최되기 전에 북조선임시인민위원회를 창설하고 토지개혁을 실시함으로써 자신들의 지향점을 명확히 시사했다. 미군정 역시 민주의원을 탄생시키며 미소공위에 대비했다. 이렇듯 미·소 양국은 남북에 각각 자신들의 정치적 기반을 어느 정도 확고히 한 가운데 한국 문제 해결을 위한 협상에 돌입했다.

좌우의 날갯짓은 다르다

공동위원회는 조선 인민들이 국내의 부흥과 민족민주주의화 실천사업을 능히 실행할 그런 민주주의적 조선임시정부를 창건함에 방조傍助할 것입니다. 미래 민주주의적 조선임시정부는 모스크바삼상회의의 결정을 지지하는 각 민주주의적 정당과 사회단체를 망라한 대중 단결의 토대 위에서 창설되어야 할 것입니다. 다만 이러한 정부라야만 조선의 경제, 정치 각 부문에 잠복된 과거 일본 통치 잔재 요소를 영영 숙청할 능력을 가질 것이며, 국내 반동분자들과 반민주주의적 악당들과 경쟁적 투쟁을 할 수 있을 것이며, 인민 경제 회복과 조선 인민들에게 정치적 자유와 극동의 평화 건설을 위한 투쟁에서 적절한 대책을 취할 수 있게 될 것입니다. 소련은 조선이 진실한 민주주의적 독립국가가 되기를 기대합니다. 그리하여 조선이 미래에 소련을 침범함에 필요한 요새지와 근거지가 되지 않을 것을 기대합니다.*

1946년 3월 20일, 미소공위가 개막했다. 소련 측 대표 스티코프는 개회사를 통해 미소공위의 목적이 일차적으로 조선임시정부의 창설에 있음을 분명히 했다. 그는 남한에서의 반탁운동을 의식한 듯 후견제後見制**는 한국의 민족적 부흥과 독립을 보장하는 한에서 시행될 것임을 강조했다. 그리고 그는 한국이 다시는 소련 침략의 근거지가 되지 않기를 바란다고 말했다. 수십 년간 극동에서 일본의 위협과 침략을 경험한 소련의 입장에서 그것은 당연한 언급이었다. 하지만 이는 자신들의 궁극적 목적이 한국에 친소적 정부를 수립하는 데 있음을 의미하는 것이었다. 스티코프는 소련의 의도를 결코 숨기지 않았다.

소련 당국은 임시정부의 수립을 최우선 과제로 생각했다. 후견제(신탁통치)는 그 후에 논의할 문제였다. 소련 당국은 민주정당 및 사회단체의 대표자들 가운데 정당과 단체의 추천 인사를 남북 동수로 하여 내각을 구성하고자 했다. 임시정부는 입법권 및 행정권을 행사하며, 지방 행정권은 선거에 의해 선출된 인민위원회를 통해 정부가 행사하는 방식을 원했다. 지방 인민위원회 선거 후에는 북조선임시인민위원회와 민주의원을 폐지할 생각이었다.

당연한 말이지만 소련의 방안은 전적으로 그들에게 유리한 계획이었다. 남북 동수의 내각 구성은 사실상 좌익 세력에게 유리했다. 북한에는 우익 세력이 전무한 반면, 남한에는 조선공산당이 상당한 세력을 형성하고 있었

- 스티코프의 미소공위 개회사, 《서울신문》, 1946년 3월 21일 자.
- ** 소련은 신탁통치에 대한 조선인들의 반감을 고려해 신탁통치안을 후견제로 번역해 사용했다.

기 때문이다. 소련은 북한의 경우 좌익이 전체를 차지하고 남한에서는 절반을 차지해야 한다고 생각했다. 좌익이 전체 내각의 4분의 3을 차지한다는 계산법이었다. 지방의 통치 역시 북한에서 시행되고 있는 인민위원회 형태를 기반으로 함으로써 소련은 북한의 체제를 임시정부의 모델로 삼고 있음을 분명히 했다.

미소공위는 본 회의에 들어간 이후 모스크바 결의안에 반대하는 정당과 사회단체의 참여 문제로 첨예한 갈등을 빚었다. 공동성명 제5호로 잠시 돌파구가 마련되는가 싶었지만 미·소 양측은 이견을 좁히지 못했다. 결국 5월 9일 미소공위는 무기휴회를 선언했다.

사실 미소공위는 처음부터 미·소 양측의 견해 차이로 합의에 이르기가 쉽지 않았다. 미국은 모스크바 결의안을 자신들이 유리한 방향으로 변형시키길 원한 반면, 소련은 모스크바 결의안을 어떠한 변형도 없이 정확하게 이행해야 한다고 생각했다. 이것이 바로 당시 공산주의자들이 사용했던 '절대 지지'의 함의였다. 소련이 임시정부 논의에서 반탁을 주장하는 우익 세력 대부분의 배제를 주장하는 근거도 여기에 있었다. 하지만 소련이 우익을 배제하려고 하는 한 미소공위는 실패할 수밖에 없었다. 미국은 우익 세력들을 중심으로 임시정부를 구성하고자 했고, 미소공위는 그러한 미국과의 협상을 전제로 한 것이었기 때문이다.

한국의 독립 완성과 신국가 수립의 문제는 누가 옳고 그른지를 따지는 것으로는 절대 해결될 수 없었다. 소련이 그렇게 고수하고자 했던 모스크바 결의안이라는 원칙도 연합국 간 타협의 산물이었다. 미·소 양국 중 어느 한쪽이 타협을 거부하는 순간 한국은 나락으로 빠져들 수밖에 없었다. 하지만 소련은 원칙을 고수하며 더 이상 타협하기를 거부했고, 한반도의 정국에서 수세적인 입장에 처한 미국을 계속 압박하기만 했다. 상황을 타개하기 위해서는 전향적인 사고가 필요했지만 미·소 어느 쪽도 이러한 생각을 하지 못했다. 좌우로 나뉜 한국인 정치 지도자들도 마찬가지였다. 이것이 바로 미소공위가 무기휴회에 빠질 수밖에 없었던 근본적인 이유다.

체제를 공고히 하라

우리 조선 인민 앞에는 두 가지 길이 있을 뿐입니다. 즉, 부활이냐 멸망이냐? 진보냐 퇴보냐? 완전한 독립국가로 되느냐 그렇지 않으면 또다시 식민지로 되느냐? 민주주의냐 반민주주의냐? 번영이냐 쇠퇴냐? 이 두 가지 길은 우리 민족 앞에 지금 엄숙하게 가로놓여 있습니다. 어느 길로 가겠는가? (중략) 전체 애국적 조선 인민은 민주주의적 통일전선의 기치를 높이 들고 인민위원회의 지도하에서 모스크바 삼국 외상회의의 결정을 절대 지지하며 조선에 민주주의임시정부 수립을 하루속히 촉진시키기 위해 한사람같이 궐기해야 하겠습니다.[*]

1946년 5월 19일, 북한 전역에서 미소공위 재개를 요구하는 군중시위가 벌어졌다. 북한의 공식 기록에 의하면 평양에서만 50여만 명, 북한 전역에서 450여만 명이 참여한 대규모 집회였다. 미소공위 휴회 이후부터 이듬해 봄까지 북한에서는 대규모 군중을 동원하는 미소공위재개운동이 전국적으로 일어났다. 북한의 공산주의자들은 모스크바 결의안의 절대 지지에 입각

---

[*] 김일성의 평양시 군중시위대회 연설, 1946년 5월 19일. 김준엽 편, 『북한연구자료집』 1, 고려대학교 아세아문제연구소, 1969.

한 조선임시정부의 수립을 주장했다. 그들이 주장하는 임시정부는 인민위원회와 20개조 정강 등 북한 체제에 기반을 둔 것이었다.

북한의 공산주의자들은 미소공위재개운동을 통해 미군정과 우익의 지도자들을 미소공위 휴회의 원흉으로 지목하고 비난 공세를 강화했다. 그들은 좌우의 대결을 민주주의 대 반민주주의의 대결이라는 이분법적 구도로 가르면서 선악의 대결로 몰아갔다. 이는 북한 체제의 도덕성, 우월성을 선전하는 논리로 널리 활용되었다. 이러한 선전이 효과를 발휘하는 데 도움을 준 것은 친일파와 일제통치기구에 기반한 미군정 통치, 반탁운동이 내포하고 있던 분단 지향적 성격 등 남한 정계가 가지고 있던 약점들이었다. 북한의 공산주의자들은 미소공위재개운동을 통해 대외적으로 남한 정계를 압박하면서, 내적으로는 체제 우월성에 대한 선전을 바탕으로 내부 세력을 단속하고 체제를 강화하는 수단으로 삼았다.

이와 함께 김일성과 소련군 사령부는 모스크바 결의안에 입각한 임시정부 수립 방안 외의 임시정부 수립과 관련된 다른 모든 논의는 차단하고자 했다. 여운형이 주도했던 좌우합작운동을 반대한 이유도 여기에 있었다. 김일성과 소련군 사령부는 여운형이 우익과의 합작을 전제로 하는 좌우합작운동을 전개하자 여운형을 평양으로 불러 좌우합작을 중단할 것을 종용했다. 그들은 미소공위의 휴회를 제안한 것은 미국이며, 임시정부 수립이 지체되는 이유는 모스크바 결의안을 반대하는 반동분자들 때문이라고 주장했다. 덧붙여 자신들이 제안한 조건만 충족된다면 언제라도 미소공위를 재개할 것이라고 말했다. 그들 주장대로라면 더 이상 모스크바 결의안에 반대하는 우익과는 합작할 필요가 없으며, 모스크바 결의안에 입각한 임정 수립 방안 외에는 논의할 필요도 없으니 좌우합작운동을 포기하라는 것이었다.

김일성과 소련군 사령부는 미소공위재개운동과 함께 '민주개혁'에도 박차를 가했다. 공산주의자들의 기반을 강화해 북한을 어떤 외부의 압박에도 흔들리지 않는 안정적인 체제로 공고히 하려는 의도였다. 이를 위해 북한 지도부는 먼저 좌익 세력의 통합으로 그 역량을 강화하고자 했다. 정당과 사회단체를 묶어 하나의 통일전선 조직을 결성하고, 조선신민당과 공산당을 통합해 대중정당으로 발전시키는 것이다. 김일성과 소련군 사령부는 이를 바탕으로 임시중앙정권기관인 북조선임시인민위원회까지 강화할 생각이었다.

1946년 7월 22일, 김일성은 공산당 등 4개 정당 대표와 북조선직업총동맹 등 13개 사회단체 대표들이 참석한 가운데 북조선민주주의민족통일전선(이하 북조선민전)을 결성했다. 북조선민전은 북조선임시인민위원회의 강화를 통해 향후 수립될 통일정부 수립의 촉진을 표방하며 조직된 북한의 통일전선체였다. 사실 북한에서 민주주의민족통일전선을 결성하자는 주장은 1945년 12월부터 있었다. 남한에서 하층통일전선*이 제기된 것과 크게 다르지 않은 시점이었다. 그런데 북조선민전이 남한의 민전과 달리 1946년 7월에야 결성된 이유는 무엇일까? 그것은 공산당의 영향력이 각 정당과 사회단체까지 미치는 데 시간이 필요했기 때문이다. 김일성은 남한의 민전이 우익과의 경쟁에 빠져 조급히 결성된 것을 잘못이라고 판

---

* 통일전선이란 공산당이 일정한 혁명의 단계에서 동조 세력을 확보해 잠정적인 동맹 관계를 형성하는 것을 의미한다. 일반적으로 통일전선의 구성은 노동자·농민·학생·지식인 등 사회 기층을 이루는 대중을 대상으로 통일전선을 구축하고 이를 기반으로 점차 정당·사회단체 등으로 통일전선을 확대해나가게 된다. 이때 대중을 대상으로 한 통일전선이 하층통일전선이고, 정당·사회단체 등을 대상으로 한 통일전선이 상층통일전선이다. 본래 통일전선은 하층통일전선과 상층통일전선을 유기적으로 결합시키는 것이 원칙인데, 1946년 남북의 공산주의자들은 상층통일전선을 포기한 채 하층통일전선만을 구축함으로써 사실상 통일전선이 아니라 좌익 블록을 형성하는 데 그쳤다.

단했다. 그는 공산당이 각 정당을 우당화하고 사회단체를 외곽단체화해 확실한 영향력을 갖춰나갈 때까지 통일전선체의 결성을 보류했던 것이다. 따라서 북조선민전의 탄생은 공산당이 각 정당과 사회단체에 대한 주도권을 확보했음을 증명하는 것이었다. 북조선민전은 북한 임시중앙정권기관의 강화와 제반 민주개혁의 성공을 위한 가교적 역할을 성실히 수행했다.

이와 함께 공산당과 조선신민당의 합당 절차도 시작되었다. 1946년 4월 서울 중앙의 영향에서 벗어나 '분국'이라는 딱지를 떼어내고 '북조선공산당'으로 거듭났던 공산당은 7월부터 조선신민당과 본격적인 통합 작업에 나섰다. 북조선공산당과 조선신민당과의 통합은 스탈린이 국제적 공산주의운동의 일환으로 제기한 좌익 정당 통합 노선에 부응하는 것이었다. 양당의 합당은 남한의 3당 합당과 달리 큰 갈등 없이 신속하게 마무리되었다. 양당의 이해관계가 분리보다는 통합으로 얻어지는 게 더 많았기 때문이다. 이로써 8월 28일 사회주의 대중정당 북조선노동당(이하 북로당)이 출범했다. 북조선민전과 북로당이 출범하자 김일성과 소련군 사령부는 북조선임시인민위원회를 강화하기 위한 활동에 나섰다. 선거를 통해 인민위원회의 정통성을 확보하고, 이를 기반으로 최고권력기구를 창설해 임시중앙정권기관을 강화하는 것이 목표였다.

1946년 9월 5일, 북조선임시인민위원회는 인민위원회 인민위원 선거 규정을 발표하고 본격적으로 선거 준비에 들어갔다. 인민위원 선거는 민주주의적 원칙에 입각해 보통·직접·평등·비밀선거를 표방했다. 그러나 인민위원 후보는 북조선민전에서 유일 후보를 추천해 공동명의로 입후보시키기로 결정하고, 선거 방식은 찬반에 따라 흑색과 백색의 투표함에 구분해넣는 '흑백함 투표' 방식을 택하면서 유권자의 후보 선택권과 의사 표시는 크게 제한되었다. 선거는 11월 3일 시행되었다. 일부 기독교인들이 일요일 선거에 불만을 품고 선거를 방해하는 사례가 있었지만, 선거는 전체적으로 원활하게 진행되었다. 총 유권자 중 99.6퍼센트가 선거에 참여했고, 선거자의 96퍼센트가 북조선민전이 추천한 유일한 후보에 찬성표를 던졌다. 선거 방식에는 여러모로 문제가 많았지만, 김일성과 소련군 사령부가 권력의 정당성 확보를 선전하는 데는 큰 문제가 없었다.

이듬해인 1947년 2월 17일부터 20일까지 '북조선 각 도·시·군 인민위원회대회'가 소집되었다. 이 대회에서 인민위원 다섯 명당 한 명의 비율로 대의원을 뽑아 북한의 최고주권기관을 구성했는데, '북조선인민회의'가 그것이었다. 대의원을 뽑는 선거는 비밀투표로 이뤄졌다. 한 번 걸러진 인민위원들을 대상으로 또다시 의사 표현을 제한하는 흑백함 투표를 할 필요는 없었던 것이다. 2월 21일 북조선인민회의는 북조선임시인민위원회로부터 주권을 넘겨받고, '미소공위의 통일적 임시정부 수립까지'라는 전제하에서 최고집행기관인 북조선인민위원회의 구성을 승인했다. 다음 날 김일성을 위원장으로 하는 북조선인민위원회가 조직되었다.

이제 북조선임시인민위원회는 '임시'라는 글자를 떼고 북조선인민위원회로 발전했다. 선거라는 합법적 절차에 따라 인민으로부터 주어진 정당성을 획득하고 명실상부한 중앙정권기관으로 자리매김한 것이다. 이로써 김일성과 소련군 사령부는 북한 체제를 공고히 하기 위해 미소공위의 무기휴회 이후 제기되었던 과제들을 모두 완수했다. 이제 북한은 사실상 하나의 독립국가라 보아도 어색하지 않을 만큼 정치, 경제, 사회, 문화 모든 측면에서 완성형에 가까운 정치체제를 갖추게 되었다. 그리고 그즈음 미소공위가 재개되었다.

분단으로 가는 길

1947년 5월 21일, 미소공위가 재개되었다. 하지만 소련은 기존의 원칙에서 한 걸음도 양보하지 않았다. 모스크바 결의안의 정확한 준수, 모스크바 결의안에 반대하는 우익 세력의 배제가 그것이었다. 소련은 내부 훈령으로 남북의 정당·사회단체를 5 대 5 동수로 선정하여 협의할 것과 임시정부 내각의 좌우 비율을 3 대 1로 구성한다는 원칙을 정해놓고 있었다. 남한의 좌파 세력을 고려할 때, 협상 단계부터 임시정부 구성까지 좌익의 헤게모니가 확실히 보장되는 방안이었다. 애초에 도입을 반대했던 신탁통치안은 모스크바 결의안의 일부이므로 반드시 지켜야 한다고 주장했다. 도입을 주장한 것은 미국이었지만, 끝까지 지켜야 한다는 입장을 고수한 것은 소련이었다. 자신이 만든 '모스크바 결의안의 준수'라는 원칙에 스스로 얽매인 결과였다.

미소공위는 재개 초기 순조로워 보였다. 하지만 7월 초 협의 대상 선정 문제를 논의하는 단계에 이르자 미·소 양측은 또다시 첨예하게 대립하기 시작했다. 소련은 협의를 신청한 남측 425개 단체 중 다수의 유령단체와 반탁투쟁위원회 가입 단체의 협의 배제를 요구했다. 유령단체의 협의 배제 요구는 타당한 면이 없지 않았지만, 반탁투쟁위원회 가입 단체의 배제는 사실상 우익 세력 대부분을 제외하라는 것과 같았다. 미국은 소련의 요구를 거부했고, 공전을 거듭하던 미소공위는 10월 18일 최종적으로 결렬되고 말았다. 이후 남북 양측에서 독자적인 단독정부 수립 움직임이 가속화되면서 한반도의 분단은 점차 기정사실로 굳어져갔다.

소련군 사령부 정치고문 니콜라이 레베데프(Nikolai G. Lebedev, 1901~1992)와 김일성. 보천보 전투의 젊은 영웅 김일성. 그러나 해방 후 그는 언제나 소련군 사령부의 이념에 기초한 '공산주의 혁명'을 우선했다. 그의 이런 행동은 '민족통일국가'로의 길을 더욱 요원하게 만들고 말았다.

주민들과 열성분자들은 정부 수립을 원조할 미소공동위원회 사업이 언제 재개될 것인지 빈번히 묻고 있다. 당신들에게 필요한 것은 무엇이며 당신들은 무엇을 책임질 수 있는가?*

1947년 초 김일성은 소련군 사령부의 최고 실력자 스티코프에게 언제쯤 미소공위 재개가 가능할지에 대해 물은 적이 있다. 그가 이러한 질문을 한 것은 아마도 민족통일국가의 수립을 열망하는 대중들의 압박 때문이었으리라. 하지만 정작 김일성은 박헌영이 그러했듯이 소련 측이 제시한 모스크바 결의안의 준수와 이에 입각한 임시정부 수립이라는 원칙에서 한 번도 벗어나려 하지 않았다. 반탁을 주장하는 우익을 배제하고 좌익의 헤게모

---

* '스티코프 일기' 1947년 1월 3일 자에 나오는 김일성의 질문. 국사편찬위원회 편, 『쉬띄꼬프일기』, 국사편찬위원회, 2004.

니하에서 임시정부를 수립하겠다는 원칙에서 한 번도 벗어나지 않은 것이다. 이러한 원칙의 고수가 한반도에 영원한 분단을 가져올 수 있으며, 이것이 양측을 전쟁이라는 극단적인 상황으로 몰아갈 수도 있음을 알면서도 그는 이러한 원칙을 자신의 신념과 동일시했다. 자신이 세운 원칙에 갇혀 섣불리 남한의 지도자 대부분을 반동으로 몰아붙이고, 민족의 통일을 위해 어떠한 대화도 노력도 시도하지 않았다. 그에게는 민족보다 혁명이 중요했다. 설사 그것이 민족의 이해를 저해하더라도 말이다. 보천보 전투로 민족의 영웅이 되었던 그가 해방 후 반쪽의 영웅으로 전락한 이유는 여기에 있었다.

민족통일국가의 수립이 가능했던 시점은 언제일까?

해방 후 3년에서 민족통일국가를 수립하는 데 있어 가장 중요한 때를 꼽아본다면 독촉중협의 정당통일운동, 인공과 중경임정의 정부통합운동, 4당 공동성명 합의, 1차 미소공위, 좌우합작운동, 2차 미소공위 등을 들 수 있다. 이 가운데 민족통일국가의 수립 가능성이 가장 높았던 시점은 언제일까?

바로 신탁통치 파동이 일어나기 전, 정당통일운동과 정부통합운동이 벌어지던 해방 후 4개월여의 기간이었을 것이다. 이때만 해도 좌우 갈등이 그리 심하지 않았고, 민족이 하나로 뭉쳐 민족통일국가를 수립해야 한다는 인식이 높았기 때문이다. 그것은 미·소 당국의 경우에도 마찬가지였다.

하지만 이 시기 민족통일국가수립운동은 제대로 이뤄지지 않았다. 이승만은 독선적인 태도로 정당통일운동의 성과를 순식간에 날려버렸고, 중경임정과 인공은 정략적인 태도로 정부통합운동을 무산시키고 말았다. 우리 민족은 통일국가 수립의 가능성이 제일 높았던 시기에 하나로 뭉치는 데 실패했고, 시간이 갈수록 힘겨운 상황에 놓이게 되었다.

신탁통치 파동 이후이긴 하지만 최초로 이뤄진 4당 합의도 민족통일국가의 수립 가능성을 높이는 좋은 계기였다. 좌우의 주요 정당이 모두 참여했고 처음으로 통일국가를 수립하는 데 필요한 기초적 합의를 이끌어냈기 때문이다. 한민당을 비롯한 우익 정당들이 도중에 합의를 깨지 않고, 좌우가 함께하는 분위기를 이어갔다면 역사는 상당히 달라졌을 것이다.

좌우합작운동도 민족통일국가 수립에 좋은 기회였다. 물론 이 운동이 일어났을 때 성공 가능성은 이미 극히 희박한 상태였다. 남북 좌우와 미·소의 갈등이 최고조에 달해 있었기 때문이다. 하지만 좌익 세력이 전향적인 태도를 보였다면, 박헌영이 좌우합작운동에 적극적으로 나서 소련을 압박했다면 분위기는 매우 달라졌을 것이다.

문제는 미·소 양국이었다. 그들은 애초부터 한국 문제를 해결할 유일한 국제적 합의안인 모스크바 결의안을 너무 늦게 합의함으로써 분란을 자초했다. 결의안이 나왔을 때에는 이미 미·소 점령 당국이 어느 정도 남북에 각자의 체제를 공고히 한 후였기 때문이다. 미·소 양국은 자신이 세운 과도적 체제를 바탕으로 임시정부를 수립하고자 했다. 정치체제가 명확히 다른 양국이 각자의 체제에 기반을 둔 하나의 국가를 수립한다는 것은 어려운 일이었다.

미·소 양국은 미소공위에서 자신의 입장을 고집한 채 상대방의 양보만을 요구했다. 소련은 모스크바 결의안을 고수하려고만 했고, 미국은 결의안을 자신에게 유리한 방향으로 수정하려고만 했다. 문제는 모스크바 결의안이 소련이 원하듯 아무런 수정도 없이 고수할 정도로 한반도 현실에 적합한 것도 아니었고, 미국이 원하듯 전면적으로 수정할 만큼 수정이 쉬운 상황도 아니었다는 점이다.

미소공위가 공전을 거듭할 때 미·소를 압박할 수 있는 유일한 존재는 한국인들이었다. 우리 민족이 하나로 뭉쳐 미·소의 합의를 종용했다면 미·소가 이처럼 자신들의 의견을 고집할 수 없었을 것이다. 그런 점에서 이승만과 김구, 한민당의 태도에도 아쉬운 점이 많지만, 김일성과 박헌영 등 좌익들의 태도에도 안타까운 부분이 많다. 그들이 민족통일국가 수립에 적극적이었다면 소련도 상당한 영향을 받았을 것이다. 하지만 김일성과 박헌영은 자신들의 혁명 완수에만 몰두했을 뿐 민족통일국가의 수립에는 그다지 관심을 기울이지 않았다. 그들이 민족 좌우를 아우르는 민족 지도자가 될 수 없었던 이유는 바로 여기에 있었다.

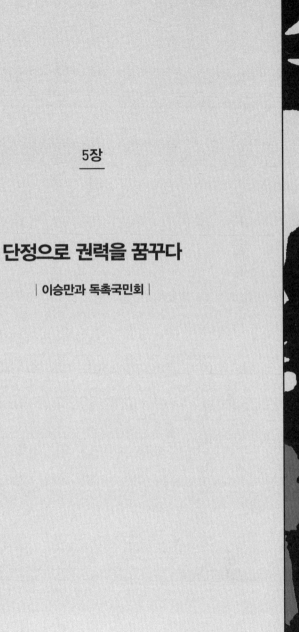

5장

단정으로 권력을 꿈꾸다

| 이승만과 독촉국민회 |

●

서울의 거리는 잔칫날을 맞이했다. 120만 시민이 우리 연합군을 찬양하는 대환영식장, 군정청 앞 광장은 아침부터 각 정회政會, 단체, 학교, 기타 군중들로 겹겹이 메워져 글자 그대로 인산인해를 이룬 가운데 개회 시작을 기다린다. 식장 정면인 군정청 현관에는 태극기를 중심으로 연합국의 각 국기가 드리워 있고 두 개의 화환이 환영을 아로새겨 고이 높여 있다. (중략) 시간이 박두하자 여덟 사람의 손에 의해 펼쳐 든 태극기와 연합국 각 국기가 식장 앞에 들어서고 이어서 소년군이 군악에 맞춰 입장한다. 군정청 울 밖에 홍수를 이룬 군중과 각 단체의 깃발이 무지개처럼 가을바람에 나부끼고 그 사이를 경적을 울리며 하지 중장, 아놀드 소장과 그리고 우리들의 지도자 이승만의 자동차가 미끄러져 들어 닿는다.*

1945년 10월 20일, 군정청 앞 광장(현 광화문광장)에서 5만 여의 군중이 밀집한 가운데 '연합군환영대회'가 열렸다. 서울 시민의 이름으로 조국을 해방시킨 연합군을 공식 환영하는 자리였다. 이날 중앙 맨 앞자리에 초대된 한국인은 모두 세 명이었다. 그중 두 명은 3·1운동 당시 33인의 민족대표였던 원로 독립운동가 권동진權東鎭, 1861~1947과 오세창吳世昌, 1864~1953이었다. 그리고 나머지 한 명, 미군정 사령관 하지 옆, 무대의 한가운데에 자리한 노

---

* 《매일신보》, 1945년 10월 20일 자.

정객이 있었다.

나는 여러분의 환영에 진심으로 감사한다. 나는 조선의 자주독립이 하루속히 이뤄지도록 염원한다. 또 우리도 전심전력을 기울여 노력하겠다. 이 위대한 사업을 달성하려면 조선의 남녀노소가 한마음 한뜻이 되어 서로 협력하지 않으면 안 된다. 조선은 자유다. 자유란 위대한 것이다. 나는 조선이 영구히 자유로운 나라가 되기를 희망한다. 그런데 이 자유와 해방을 위해 일생을 바쳐 해외에서 싸운 분이 계시다. 그분이 지금 우리 앞에 계시다. 이 성대한 환영회도 위대한 조선의 지도자를 맞이하기에는 부족하다. 그분은 압박자에게 쫓기어 조국을 떠났었지만 그분의 세력은 크다. 그분은 개인의 야심이라고는 전혀 없다. 그분이 살아서 여기 와 계시다.*

미군정 사령관 하지는 군중의 성대한 환영에 답하며 인사말을 전했다. 그는 한국의 자주독립을 위해 최선을 다하겠다고 약속하면서, 이를 위해 한국인 전체가 함께 뜻을 모으자고 역설했다. 그리고 '평생을 자유와 해방을 위해 싸운 조선인'이라며 단상에 앉아 있는 한국인 한 명을 소개했다. 하지는 그를 '위대한 조선의 지도자'라 명명했다. 이보다 더한 찬사는 없었다. 하지의 찬사를 받으며 무대에 오른 이는 바로 이승만이었다.

이번에 내가 미국에서 온 것은 한 시민으로 한 평민으로 온 것이며 나는 한 평민이 되기를 좋아합니다. 그러므로 정부의 책임자가 되기를 원치 않으며 높은 지위

---

* 하지의 인사말, 《매일신보》, 1945년 10월 20일 자.

와 권세 있는 자리보다는 자유를 나는 더 사랑합니다. 나는 항상 우리 민족의 자유를 얻고자 애써왔으며 어떻게 하면 자유롭게 여러 나라 사람들과 함께 살아갈 수 있을까를 생각하고 오늘까지 싸워온 것입니다. 우리는 이 자유를 사랑하는 세계 각국 사람과 동진 병행해야 할 줄 압니다. 그러므로 우리는 이 자유를 얻기 위해 정당의 분열과 40년간 일본 제국주의의 탄압으로 찌들어온 당파적 정신을 털어버리고 우리의 주의·주장을 버리고 오직 통일되어야만 하겠습니다. (중략) 나는 앞잡이로 나설 터이니 여러분도 다 같이 나와 함께 나아가십시다.*

　이승만이 돌아왔다. 105인 사건**의 검거 열풍을 피해 1912년 미국으로 망명한 지 30여 년만의 컴백이었다. 과거 한때 대한민국임시정부(이하 상해임정)의 대통령이었고 해방 후 조선인민공화국(이하 인공)의 주석으로 추대된 명망가, 평생을 민족의 독립을 위해 싸웠다고 하지만 실상은 인생의 대부분을 가장 안전한 후방 미국에서 보낸 독립운동가, 평생을 미국에 대한 외교와 실력양성론으로 일관했던 친미적 보수주의자, 평생 권력을 꿈꾸며 가는 곳마다 분란을 일으켰던 문제적 인물, 이승만의 화려한 컴백이었다.

　사실 이승만은 한국에서 철저히 잊힌 인물이었다. 국내를 떠난 지 너무 오래된 데다, 상해임정 시절 재정 문제로 대통령 자리에서 쫓겨난 이후 독립운동가로서 그의 활동은 특별히 내세울 만한 것이 없을 만큼 지지부진했다. 그의 명성은 동지회***의 국내 지부 흥업구락부 출신의 몇몇 지식인들 사

---

* 　이승만의 연설,《자유신문》, 1945년 10월 21일 자.
** 　105인 사건은 1911년 일제가 비밀결사 신민회의 관련 인사와 서북 지방 기독교인들을 탄압하기 위해 벌인 대규모 검거 사건이다. 총독암살미수사건으로 조작해 600~700여 명의 지식인, 학생, 기독교인들을 체포 구금하고 고문했다. 이 사건으로 기독교인들의 검거가 계속되자 이승만은 감리교 선교부의 도움을 받아 미국으로 망명했다.
*** 　동지회는 1921년 7월 이승만이 미국 하와이에 설립한 단체다. 재미 한인사회에서 자신의 지지 세력을 규합하고 안정적인 정치자금을 확보하기 위해 만들었다. 동지회는 이승만을 종신 총재로 추대하고 총재에 대한 절대복종을 신조로 삼았다.

　　　　　　　　　　　　　　　　　　　　　　· 해방 후 3년

연합군환영대회에서 연설하는 이승만. 미군정의 하지는 이승만을 '위대한 조선의 지도자'로 치켜세우면서 연합군환영대회를 이승만의 화려한 정계 귀환 현장으로 만들었다. 이는 이승만을 우익 세력 규합의 지도자로 만들기 위한 미군정의 연출이었다.

이에서만 이따금 이어져오는 상황이었다.

그런데 일제강점기 말 국내 좌우익 지식인들 일부가 미국에서 이승만이 했던 몇 차례의 단파방송을 들으면서 상황이 바뀌었다. 그들 사이에 "이승만이 각국의 지원과 승인을 받아 조선임시정부의 대통령으로 독립운동을 펼치고 있다"라는 정보가 돌면서 그의 명성이 재고되기 시작한 것이다.* 하지만 그것은 과장된 정보였다. 일제 말기 극심한 정보 통제 속에서 민족의 독립을 꿈꾸던 지식인들이 상상과 허구로 만들어낸 신화였을 뿐이다.

어처구니없게도 '이승만 신화'는 해방 후 좌익이 주도한 인공의 내각 발표를 통해 현실화되었다. 상해임정에서 쫓겨났던 대통령은 그렇게 다시 사람들의 머릿속에 한국의 최고 지도자로 각인되었다. 그리고 미군정의 치밀한 기획하에 연출된 연합군환영대회는 이승만 신화를 확고부동한 진리로

---

* 정병준, 『우남 이승만 연구』, 역사비평사, 2005.

고착화했다. '위대한 조선의 지도자'로 명명된 이승만은 민족의 기대를 한 몸에 받으며 영광스러운 삶을 시작했다.

해방의 땅 한국에 그는 어떤 나라를 세우고자 했을까? 한국의 완전한 독립과 신국가 건설을 위해 그가 한 일은 무엇이었을지 귀국 후 그의 발자취를 따라가 보자.

특별한 환대

이승만이 서울에 도착한 것은 10월 16일이었다. 그의 귀국은 해외에 있던 어떤 독립운동가보다 빨랐다. 중경임시정부(이하 중경임정)의 김구보다 한 달 이상 빠를 정도였다. 하루하루 급박하게 돌아가던 해방 정국에서 한 달이라는 시간은 그 자체로 유리한 조건을 제공했다.

후일 역사가들은 이승만의 조기 귀국 문제에 특별한 관심을 기울였다. 해방 정국에서 이승만이 어떤 정치가보다 앞서 나갈 수 있었던 이유가 조기 귀국에 있다고 여겼기 때문이다. 이승만의 귀국이 그 누구보다 빨랐던 이유는 무엇일까? 그것은 맥아더Douglas MacArthur, 1880~1964와 하지의 특별한 배려와 미 국무부의 정책이 복잡하게 작용한 결과였다.

하지는 진주 직후 좌익 세력이 강하던 남한의 정국을 우익 중심으로 재편할 것을 계획하고, 우익 인사들의 권유를 받아들여 이승만과 중경임정을 정계 재편의 구심점으로 삼고자 했다. 이에 따라 하지는 본국 정부에 이승만과 중경임정의 조속한 귀환을 요청했다. 그런데 양자의 귀환 처리 과정에서 문제가 발생했다. 미 국무부가 중경임정을 임시정부로 인정하지 않기로 하면서 임정 요인들의 귀환을 철저히 개인 자격의 귀국으로 제한했기 때문이다.

해방 당시 이승만은 명목상 중경임정 소속원 중 한 명이었지만 오랫동안 독자적인 기반 속에서 활동했기에 중경임정의 요인들과는 거리가 있었다. 미국도 양자의 차이를 잘 알고 있어 그들을 동일한 정치 세력으로 여기지 않았다. 때문에 미 국무부는 이승만이 중경임정 혹은 한국의 외교대표 직책으로 귀환을 신청했을 때는 거부했지만, 모든 직책을 지우고 개인 자격으로 필요한 서류를 완비해 재신청하자 곧바로 귀환을 승인해줬다.

하지만 중경임정의 경우는 훨씬 문제가 복잡했다. 미 국무부는 중경임정이 정부를 자임하고 있다는 사실, 중국의 국민당과 관련이 깊다는 사실, 민족주의적 성향이 강하다는 사실 때문에 중경임정의 귀환 결정을 망설였다. 결국 미 국무부는 중경임정 요인들에게 '개인 자격의 귀국임을 숙지하고 미군정에 절대 협조한다'는 약속을 받은 후에야 귀환을 승인했다.

이승만과 김구 사이에 벌어진 한 달이라는 귀국 시차는 여기서 비롯되었다. 애초에 하지는 이승만과 중경임정 모두의 조기 귀환을 원했지만, 미 국무부의 양자에 대한 정책 차이로 한 달이라는 시차가 발생했던 것이다. 이것은 이승만과 김구의 운명을 가르는 중대한 요인이 되었다.

본국에 조기 귀환을 요청한 것이 하지였다면, 이승만이 국내에 들어오기까지 편의를 봐준 것은 맥아더 사령부였다. 특히 맥아더는 자신의 전용기를 빌려줄 정도로 이승만을 특별히 대우했다. 그는 이승만이 도쿄에 도착하자 서울에 있는 하지까지 직접 불러 이승만을 접견했다. 극히 이례적인 환대였다.

맥아더의 행동은 후일 여러 가지 말을 낳았다. 중경임정 소속원으로 일

개 망명객에 지나지 않았던 이승만에게 그의 대우는 상식적인 수준을 넘어선 것이었기 때문이다. 미국의 역사가 브루스 커밍스Bruce Cumings, 1943~는 이날의 3자 회동이 미 국무부의 대한정책에 대항할 모종의 음모를 꾸미기 위한 것이었다고 추측했다. 하지만 이를 증명할 확실한 증거는 아직 발견되지 않았다. 단지 정황상의 증거를 통한 추측만이 가능할 뿐.

도쿄 3자 회동의 이유를 확증할 수는 없지만, 맥아더와 하지가 이승만에게 특별 대우를 했다는 사실은 변치 않는 진실이다. 그들은 이승만이 조기 귀국을 하는 데 도움을 줬을 뿐 아니라, 귀국 직전 미리 도쿄에서 만나 이승만과 회동했다. 그리고 이승만을 5일 동안 일본에 체류하게 하면서 귀국 시점을 적절히 조절했고, 10월 20일 성대한 환영식을 열어 이승만을 민족의 영웅이자 최고 지도자로 부각시켰다.

맥아더와 하지의 행동은 명백히 미국 정부의 방침을 위반하는 것이었다. 당시 미국 정부는 어떤 정치 세력에게도 특별한 대우를 하지 않는 것을 원칙으로 삼았다. 11월의 어느 날 하지가 자신의 부하들에게 "10월 16일 이승만이 서울에 나타나서 깜짝 놀랐다"라고 거짓말을 한 이유도 여기에 연유한다. 그는 도쿄에서 이승만과 미리 만났던 일이 본국의 정책에 어긋난 행동임을 잘 알고 있었으므로 부하들에게 숨기려고 했다. 재미있는 것은 하지의 거짓말이 단지 상황 모면을 위한 임기응변으로 보였다는 점이다. 왜냐하면 정작 이승만은 귀국 직후 가진 첫 번째 기자회견에서 하지를 만난 사실을 자랑스럽게 공표했기 때문이다.

하지가 본국 정부의 방침을 어기면서까지 이승만을 특별 대우했던 이유는 무엇일까? 그것은 하지가 준비하고 있던 군정의 정책과 관계가 있다. 주둔 한 달여 만에 하지가 꺼내놓은 한국 문제의 해결 방안은 무엇이었을까?

미국의 두 얼굴, 신탁통치안과 과도정부 수립 방안

종전을 전후해 미국이 마련한 대한정책의 핵심은 미·영·중·소 4대국에 의한 신탁통치였다. 신탁통치란 전후 추축국으로부터 분리된 구식민지에서 기존의 식민통치를 대체하기 위해 마련한 다자간 통치 방식으로, 미국의 주도하에 만들어진 새로운 통치 방안이었다. 미국은 이를 통해 구식민 모국의 이해관계를 조정하고, 식민지의 독립에 대한 열망을 흡수해, 안보와 경제 모두에서 미국의 이해관계를 보장받고자 했다.

미국이 한반도를 신탁통치 지역으로 산정한 이유는 한반도가 지정학적으로 대륙과 해양을 잇는 전략 지역인 데다가, 주변국들의 이해관계가 복잡하게 얽혀 있다는 점 때문이었다. 미국은 한반도를 신탁통치로 묶음으로써 이 지역에 대한 어느 한 국가의 독점을 막고, 자국의 주도권을 관철하고자 했다.*

그러나 한반도의 상황은 그리 녹록지 않았다. 한반도는 건준과 인공으로 대표되듯 즉시 독립의 열망으로 가득 차 있었고 혁명적인 열기로 뜨겁게 달아올라 있었다. 이러한 상황에서 독립을 먼 미래의 일로 돌리는 신탁통치안을 관철한다면 한국인 대부분을 적으로 돌리는 것과 같았다.

이로 인해 남한 현지의 미군정은 기존의 신탁통치안을 대체할 여러 가지 방안을 마련해 10월부터 11월까지 수차례 본국에 제안했다. 대표적인 것이 하지의 정치고문 랭던William Langdon이 작성한 '정무위원회안'이었다. 이 안의 핵심은 김구를 중심으로 정무위원회를 조직하고, 이를 군정과 통

---

* 정용욱, 『해방 전후 미국의 대한정책』, 서울대학교출판부, 2003.

합해 과도정부로 삼는다는 것이었다. 랭던은 과도정부가 수립되는 단계에서 소련 측과 협의해 정무위원회의 권한을 북한으로 확대하고, 선거를 통해 국가수반을 선출한 후 정식 정부를 구성할 것을 계획했다. 그는 소련과 협의가 이뤄지지 않으면 남한에서만이라도 이 계획을 수행해야 한다고 주장했다.

미군정의 여러 계획안이 함의하는 바는 세 가지였다. 첫째는 미군정이 기존의 신탁통치안을 과도정부 수립 방안으로 대체하고자 했다는 점이다. 둘째는 미군정이 이승만과 중경임정 등 우익 세력을 중심으로 남한 정계를 재편하고, 이를 바탕으로 과도정부를 수립하고자 했다는 점이다. 셋째는 미군정이 남한에 수립될 우익 중심의 과도정부를 북한까지 확대하고, 여의치 않을 경우 남한만이라도 우익 중심의 과도정부 수립을 관철하고자 했다는 점이다.

미군정의 과도정부 수립 방안은 소련과의 협상보다는 대결에 우선을 둔 공세적인 정책이었다. 우익을 중심으로 남한 정계를 개편하고, 정부 형태로 남한에 자신의 정치적 기반을 확고히 구축하며, 향후 북한에도 자신의 체제를 확대한다는 복안이었기 때문이다. 이로 인해 과도정부 수립 방안은 통일정부의 수립을 위한 방법이 아니라 남한만의 단독정부 수립을 위한 방법으로 읽힐 가능성이 훨씬 높았다(앞의 김일성 편에서 살펴보듯이 이는 소련의 중앙정권기관 수립 방안이 가지고 있던 속성과 유사했다). 많은 역사가들이 일찌감치 미군정의 과도정부 수립 방안을 주목하고 그 단정적 속성을 지적한 이유도 여기에 있었다.

그러나 미군정의 과도정부안을 남한 단정 수립안 그 자체로 이해해서는 곤란하다. 아직 미국은 소련과의 협상을 기반으로 통일정부를 수립하는 것을 기본 정책으로 삼고 있었기 때문이다. 미 국무부가 미군정의 과도정부 수립 방안을 거부한 이유도 미군정의 방안이 앞으로 있을 미·소 간 협상에 방해가 될 것을 우려한 때문이었다. 그런데 미 국무부는 소련으로부터 한국의 통일과 독립에 대한 적절하고도 특별한 확약을 받아낼 수 있다면 신탁통치안을 폐기할 수도 있다고 미군정에 알려왔다. 이는 확고부동하게만 보였던 미국 당국의 태도에 변화의 가능성이 있음을 암시하는 것이었다.

미 국무부의 답변에 고무된 미군정은 11월 말부터 이승만과 김구, 여운형과 박헌영 등을 접촉하며 과도정부안을 실현하기 위한 본격적인 준비 작업에 들어갔다. 그것은 우익을 중심으로 한 남한 정계 개편 작업의 시작이었다.

하나의 깃발 아래 뭉쳐라

> 무엇이든지 하나로 만들자! 한 덩어리로 애국정신을 뭉쳐 우리의 원하는 바를 세계에 보여야 한다. 그 기관을 만들자. 이 모임은 실로 조선 독립을 위해 우리의 역사에 길이 남을 것이다. 그러나 나는 여러분에게 억지로 뭉치라고 강요하지도 않고 또 뭉쳐 만들려 하지도 않는다. 당신들이 뭉쳐서 조선 사람에게 실감하게 하라!*

10월 23일, 이승만을 중심으로 독립촉성중앙협의회(이하 독촉중협)가 결

• 이승만, 《매일신보》, 1945년 10월 25일 자.

성되었다. 귀국 직후부터 모든 정당과 당파의 대동단결을 주장하며 각계의
인사들과 접촉했던 이승만은 귀국 후 얼마 지나지 않아 좌우를 망라한 통
일기관의 결성에 성공했다. 이는 좌우를 통틀어 이승만에 가졌던 높은 기
대를 반영한 결과였다.

독촉중협은 정당통일운동의 결과로 만들어진 '각정당행동통일위원회'를
기반으로 탄생한 민족통일기관이었다. 이승만의 등장으로 순식간에 정당
통일운동의 모든 성과가 그의 깃발 아래 수렴되었던 것이다. 이승만은 독
촉중협의 회장으로 추대되어 회의 소집 등 일체의 권한을 일임받고 남한
정국을 주도하기 시작했다. 세간의 관심은 모두 이승만에게 집중되었다.

그런데 이승만의 독촉중협은 단순히 민족통일기관이었을까? 이승만의
입장에서는 그것만은 아니었던 것 같다. 이승만의 진술을 들어보자.

> 군정에서 독촉중협에 바라는 것은 대내외 관계에서 이 기관을 경유하게 하여 이
> 기관을 권위 있게 만들려는 것이다. (중략) 임시정부가 승인될 때까지 과도기관으
> 로 독촉중협을 설립해 민의를 대표하도록 하는 것이 군정의 갈망이다.*

이승만은 12월 15일 독촉중협 중앙집행위원회에서 미군정은 독촉중협이
민의를 대표하는 과도기관이자 국내외를 대표하는 중심 기관이 되길 갈망
하고 있다고 주장했다. 독촉중협은 단순히 민족통일기관이 아니라 정부 수
립 전까지 대내외적으로 민의를 대표하는 과도기관이라는 주장이었다. 이
승만은 자신이 그동안 미군정과의 긴밀한 협의하에 독촉중협을 조직해왔

---

* 이승만의 발언, 「독촉중협 중앙집행위원회 제1회 회의록」, 1945년 12월 15일. 우남이승만문서편찬위원회, 『우남이승만
문서』 동문편 13, 중앙일보사 현대한국학연구소, 1998.

음을 은근히 과시했다.

이승만의 주장대로라면 독촉중협은 미군정이 준비하고 있던 과도정부 수립안 중에서 정무위원회와 유사했다. 그의 주장처럼 미군정은 독촉중협을 정무위원회로 상정하고 과도정부 수립안을 실현할 생각이었을까? 미군정이 독촉중협에 기대한 것은 어느 정도 사실이겠지만, 독촉중협을 정무위원회 그 자체로 생각했던 것 같지는 않다.

미군정은 본국으로부터 과도정부 수립안을 실행하지 말라고 지시받았기에 대놓고 이를 실행할 수는 없었다. 때문에 미군정의 행동은 본국 정부에 앞으로 있을 모스크바삼상회의에서 신탁통치안을 폐기하고 자신의 과도정부 수립안에 대해 논의해달라는 요청 수준에 머물러 있었다. 그러다가 본국으로부터 향후 신탁통치안이 폐기될 수도 있다는 언질을 받자 미군정은 11월 말부터 남한의 각계 지도자들과 접촉하면서 활발한 움직임을 보였다. 본국과의 입장 때문에 자신이 직접 표면에 나설 수는 없었지만, 과도정부 수립안의 실현을 위해 남한 정계의 주요 지도자들을 대상으로 사전 정지整地 작업을 할 필요가 있었던 것이다. 미군정은 이승만, 중경임정, 한국민주당(이하 한민당) 등에 과도정부 수립안에 대한 정보를 제공하고 그들의 행동을 자신의 의도대로 유도하고자 했다. 제공 내용에는 차이가 있었겠지만 조선인민당과 조선공산당에 대해서도 마찬가지였다.

미군정의 입장에서 과도정부 수립안을 실현하기 위해서는 정무위원회와 같은 역할을 담당할 기관이 반드시 필요했다. 하지만 그것이 꼭 이승만의 독촉중협일 필요는 없었다. 미군정에 필요한 것은 우익 세력이 중심이 되는 정계통합기관이었다. 이승만이 주도하는 기관이든 김구가 주도하는 기관이든 만들어지기만 한다면 문제가 되지 않았다. 그들은 남한에서 자발적

왼쪽부터 이승만, 김구, 하지. 미군정의 하지는 남한 정계를 이승만과 김구를 중심으로 한 우익 세력으로 재편하고자 했다.

으로 정계통합기관이 만들어지면 이를 바탕으로 과도정부 수립안이 채택될 수 있도록 본국 정부를 압박할 생각이었다.

독촉중협이 반드시 미군정의 정무위원회 같은 역할을 해야 한다고 생각한 사람은 오히려 이승만이었다. 그는 독촉중협을 끊임없이 미군정의 의도와 연관시키며 여타 정치 세력을 압박했다. 미군정의 권위를 이용해 독촉중협을 정계통합기관으로 관철하고자 했던 것이다.

이는 결코 쉽지 않은 작업이었다. 가장 먼저 문제가 된 것은 좌익 세력이었다. 이승만은 오래전부터 철저한 반공주의자로 살았으면서도, 자신은 '공산당에 대해 호감을 가지고 있는 사람'이라고 성명까지 발표하며 좌익 세력을 끌어들이려고 애썼다. 그러나 실제로 독촉중협 내에서 좌익에 대한 배려는 거의 없었다. 좌익은 독촉중협의 회의에 입장하는 것조차 거부되거나, 발언 기회도 제대로 갖지 못했다. 좌익 측의 불만은 우파의 일방적 우위로 끝난 중앙집행위원 선정 과정에서 폭발했다. 결국 여운형 세력과 조선공산당은 독촉중협에서 이탈하고 말았다.

다음으로 문제가 된 것은 중경임정 세력이었다. 독촉중협이 중경임정을 포섭하는 문제는 좌익 문제와는 차원이 달랐다. 미군정의 의도대로라면 독촉중협은 우익 중심의 정계통합기관이어야 했으므로 중경임정 없이는 성립조차 불가능했던 것이다. 하지만 이승만과 중경임정의 생각에는 큰 차이가 있었다. 이승만은 독촉중협을 중심으로 우익을 통합하고자 했기 때문에 겉으로는 임정추대론을 옹호하면서도 중경임정은 인공과 함께 해체되어야 한다고 생각했다. 그러나 중경임정은 귀국 직후부터 임정추대론을 바탕으로 그들 중심의 독자적인 계획을 추진했기 때문에 독촉중협에 소극적일 수밖에 없었다. 두 개의 다른 생각이 허공을 맴도는 형상이었다.

이승만과 중경임정 사이의 간극은 모스크바삼상회의가 시작된 12월 16일까지도 좁혀지지 않았다. 오히려 중경임정은 '특별정치위원회'를 구성해 독자적인 민족통일전선 결성에 나섬으로써 독촉중협과 명백히 선을 그었다. 이승만은 중앙집행위원 39명을 발표하면서 독촉중협의 중앙 조직을 완성하는 데 만족해야 했다. 결국 독촉중협은 중경임정을 포괄하지도 못하고 좌파도 참여시키지 못한 채, 이승만 지지 세력의 규합에 머무르고 말았다. 이로써 독촉중협을 통해 남한 정계를 통합하고 정국을 주도하고자 했던 이승만의 첫 번째 시도는 실패로 돌아갔다. 그리고 이승만과 김구가 화합하지 못하면서, 모스크바삼상회의 전까지 우파 중심의 정계통합기관의 수립을 기도했던 미군정의 의도도 끝내 무산되고 말았다.

어떻게 하면 집권할 수 있을까

---

1. 우리 독립국의 건설은 민중의 빈부귀천을 막론하고 국법상에는 다 평등 대우를 주장할 터이다.

2. 이 주의 내에서 최속한도 내에 정부를 조직하되 남녀를 막론하고 18세 된 시민권 가진 자는 다 투표권과 또는 피선거권을 가지게 할 것이다.

3. 민주헌법을 기초해 언론과 집회와 종교와 출판과 정치 운동의 자유를 보호할 터인데, 이 헌장은 다수 민의를 따라서 결정하고 공포 실행할 것이다.

4. 지난 40년 동안에 왜적의 제국주의가 우리 법률과 사회와 교육 등 모든 기관에 다 섞여 있으니, 이 독해毒害를 제어制禦하기 위해 청결할 방책을 행할 것이다.

5. 일인이나 반역자들에게 속한 재산은 공사를 막론하고 전부 몰수해 국유로 할 것이다.*

이승만이 꿈꾸던 국가는 민주주의에 입각한 입헌공화국이었다. 그런데 그가 말하는 민주주의의 구체적인 내용을 밝히는 것은 쉬운 일이 아니다. 이 문제와 관련해 언급한 적이 거의 없기 때문이다. 이승만은 1946년 2월 말 방송 연설을 통해 자신의 건국 구상을 밝힌 바 있다. 충분하지는 않지만 우리는 이 연설을 통해 이승만이 꿈꿨던 국가의 단편을 가늠해볼 수 있다.

방송 연설에 의하면 그는 모든 민중이 자유와 평등을 누리는 민주공화국을 꿈꿨던 것으로 보인다. 그는 언론·집회·종교·출판·정치 운동의 자유가 헌법에 의해 보장되고, 18세 이상 시민권을 가진 자는 모두 선거권과 피

---

* 이승만의 방송 연설. 《대동신문》, 1946년 3월 4~9일 자.

선거권을 갖는다고 했다. 또한 법정의 구인장 없이는 구금할 수 없도록 하는 등 국가가 민중의 자유와 평등을 최대한 보장하고, 8시간 노동제·최저임금제·공평한 납세제도·고리대금업 금지 등으로 노동자의 노동권과 생활을 최대한 보장한다고 했다. 이렇듯 그의 연설에는 민주주의 국가에서 일반적으로 보장되는 개인의 권리와 의무가 대부분 포괄되어 있었다.

흥미로운 것은 경제 부문이다. 한민당이 그러했듯이 이승만도 사회주의적 통제경제 제도를 채택하고 있었기 때문이다. 그는 주요 산업과 은행, 철도, 통신 등 공익사업을 국유로 할 것이라고 밝혔다. 또한 모든 상업과 공업을 정부 검열하고 소비자와 생산자, 무역자에게 공평한 이익이 돌아가도록 하겠다고 했다. 그 역시 당시 전 세계가 공감하고 있던 독점자본주의의 폐해와 경제민주주의의 필요성을 충분히 인식하고 있었던 것으로 보인다.

이와 함께 이승만은 친일 문제와 토지개혁 문제도 언급했다. 그는 친일 잔재를 제거하고, 일본인과 친일 반역자들의 재산은 모두 몰수해 국유화한다고 했다. 이렇게 몰수한 토지는 농민에게 나눠주고 그 보수를 거둔다고 했다. 또한 큰 농장은 재지在地 농민에게 나눠주고 토지 금액을 매년 일정액씩 지주에게 갚도록 하겠다고 했다. 유상몰수 유상분배 방식의 토지개혁이었다.

이렇듯 이승만은 민주공화국을 정체로 한 신국가 건설을 통해 당시 한국 사회가 가지고 있던 문제점들을 광범위하게 해결할 것을 약속했다. "군주정치나 독재정권하에서 구속을 받고 지내는 습관을 타파하고, 민주정체 밑에서 자유 활동하며 전 세계의 해방된 민족들과 같이 동등한 복리를 누리자"라는 것이 그의 주장이었다.

그러나 문제는 그의 건국 구상이 얼마만큼 진실성을 가지고 있었는가 하는 점이다. 이승만은 자신의 말 하나하나를 대부분 검증할 수 있는 몇 안 되는 정치가 중 한 명이다. 왜냐하면 그는 집권에 성공해 무려 13년이란 긴 시간 동안 대통령으로 재임한 정치가이기 때문이다. 이승만의 건국 구상에서 우리가 느끼는 괴리감은 여기에 비롯한다. 우리는 이미 그가 어떠한 대통령이었는지 너무도 잘 알고 있다. 그는 시민들에게 '독재정권하에서 구속받고 지내는 습관을 버리라'고 당당히 요구했지만, 정작 시민들에게 이러한 생활 태도를 강요한 것은 재임 기간 내내 시민의 정치적 자유와 권리를 유린하며 독재정치를 수행했던 자기 자신이었다. 그는 친일 잔재 청산을 이야기했지만 끝내 친일파 청산을 무산시켰고, 18세 이상 남녀의 선거권과 피선거권을 약속했지만 1년여 만에 그 말을 뒤집고 25세 선거권, 30세 피선거권을 주장한 정치인이었다.

모든 문제는 권력에 대한 집착에서 기인했다. 이승만에게 중요한 것은 '어떤 나라를 만들 것인가'가 아니라 '어떻게 하면 집권할 수 있을 것인가' 였기 때문이다. 그에게 집권은 세상의 어떤 가치보다도 앞서는 최고의 가치이자 최고의 목표였다. 그리고 그가 집권이라는 목표를 실현하기 위해 선택한 최고의 방법은 바로 반소·반공주의였다. 그는 반소·반공주의를 활용해 자신의 존재를 부각시켜갔다. 미국 외교가에 자신의 존재를 알리는 데에도, 자신과 여타 세력을 구별 짓고 배제하는 데에도 반소·반공주의는 언제나 유용한 도구이자 최고의 무기였다. 그는 좌익뿐만 아니라 자신의 집권을 방해하는 모든 세력에게 반소·반공주의를 들이댔다. 그가 집권했던 시기를 특징짓는 극우반공주의의 시초는 아주 일찍부터 존재했던 셈이다.

측근 로버트 올리버Robert T. Oliver가 얘기했듯 이승만은 성격적으로 타협이 불가능한 사람이었다. 그는 언제나 타협보다 배제에 더 능했다. 자신을 추종하지 않는 사람은 잘 믿지 않았고, 상황상 함께하더라도 임시적인 동거에 불과했다. 이승만의 주변에서 언제나 불협화음이 끊이지 않았던 것은 이 때문이었다. 그의 독선적인 행동은 끊임없이 적들을 만들어냈다. 그럼에도 불구하고 이승만이 언제나 유력한 정치 지도자의 지위를 유지할 수 있었던 이유는 적들의 존재로 인해 양산되는 추종자들을 잘 조직했기 때문이다.

독촉중협을 통한 정계통합운동이 실패하자 이승만은 모든 책임을 공산주의자들에게 돌렸다. 통합운동이 실패한 데는 중경임정 세력과의 통합 실패가 더 크게 작용했지만 그는 의도적으로 이를 무시했다. 좌익들과의 대립을 명확히 하면서 우익 세력들의 지지를 강화하고자 했던 것이다. 이로써 이승만과 좌익 세력의 관계는 파국을 맞았지만, 우익 최고의 지도자로서 이승만의 지위는 더욱 공고해졌다.

과도정부안의 실현체, 민주의원의 탄생

우리 힘으로 규합할 수 있는 각 정당과 단체 및 유명 인사와 공산주의자까지라도 망라해 국회 같은 국민조직을 완성하고, 회장에 내가 되고 부회장에 김구 주석을 추대해 그 조직을 임시군정청 고문부와 같은 형식으로 해 나아간다면, 하지 중장과 러치 군정장관은 여기에 절대 찬의를 표할 것이며, 또한 국내외에 선포하면 미 국무성과 중국, 프랑스, 기타 영국까지라도 엄연한 이 사실을 승인하게 될 것인즉, 소련이 아무리 야심이 있다고 하더라도 별수 없이 양보하게 될 것이다. 이

안에 관해는 이미 김구 주석과 김규식 부주석, 조완구 재무부장은 전폭적 찬의를 표명했다.[*]

독촉중협을 중심으로 한 정계통합운동의 실패로 이승만은 정치적 한계를 드러내며 위기를 맞았다. 그러나 1945년 12월 말 반탁운동이 시작되면서 그는 다시 한 번 비상할 기회를 잡았다. 반탁운동 과정에서 중경임정이 심각한 실수를 저질렀기 때문이다. 중경임정은 민중의 즉시 독립 열망을 끌어안고 반탁운동을 주도하며 대중적 역량을 크게 확대했다. 그러나 미군정에 대한 '쿠데타', 정권인수운동을 벌였다가 실패하면서 오히려 수세에 몰리게 되었다. 중경임정은 '비상정치회의'를 소집해 중경임정 중심의 공세적인 정권수립운동으로 실수를 만회하고자 했다. 그러나 그들의 정권수립운동은 미군정, 이승만, 한민당, 좌익 세력 등 그 어느 누구의 지지도 얻어내지 못한 채 지지부진한 상황에 빠져들었다.

중경임정이 수세에 몰리자 한동안 정세를 관망하던 이승만이 서서히 움직이기 시작했다. 그의 활동 재개에는 미국의 대한정책 변경이라는 중대한 배경이 자리하고 있었다. 점령 초기 미국의 대한정책은 미 국무부의 신탁통치안과 미군정의 과도정부 수립안으로 나뉘어 지극히 혼란스러웠다. 하지만 신탁통치 파동을 거치면서 미국의 정책은 비로소 하나의 방향으로 수렴되었다. 그것은 신탁통치안을 뒤로 미루고 과도정부 수립안을 전면화하는 것이었다.

미국의 새로운 대한정책은 미소공위 대책과 밀접하게 연결되어 있었다.

---

[*] 이승만의 발언,「독촉중협 중앙집행위원회 제5회 회의록」, 1946년 1월 18일. 우남이승만문서편찬위원회, 『우남이승만문서』 동문편 13, 중앙일보사 현대한국학연구소, 1998.

미국은 남한에 자문기구를 구성해 미소공위의 협의대표기구로 내세울 생각이었다. 남한의 대표기구가 북한의 대표기구와 협의해 남북 간 통합자문기구를 구성하고, 이를 중심으로 임시정부를 구성한 후 총선거를 통해 정식 정부를 수립한다는 계획이었다. 새로운 대한정책에서 제시된 남한의 자문기구란 결국 미군정이 구상했던 정무위원회와 유사한 것이었다. 양 기관의 성격뿐 아니라, 남측의 기구를 북한까지 통합 확대하려 했다는 점, 선거를 통해 정식 정부를 수립한다는 점까지 비슷했다.

새로운 정책이 마련되자 미군정은 지금까지 한국인들에게 맡겨놓았던 정계통합운동을 직접 관장하기 시작했다. 정계통합운동의 책임자는 하지의 정치고문 프레스턴 굿펠로Preston Goodfellow, 1892~1973였다. 그는 이승만의 로비스트로 활약하다가, 이승만의 추천으로 미군정에 들어온 인물이었다. 모든 행운은 이승만을 향하고 있었다. 이승만은 굿펠로를 통해 미군정이 주도하는 정계통합운동에서 누구보다 유리한 고지를 차지했고, 자신의 의지를 관철해나갔다. 그는 독촉중협을 중심으로 중경임정의 비상정치회의를 흡수하고, 좌익 세력을 망라해 과도정부를 수립할 생각이었다.

1946년 2월 1일, 이승만의 독촉중협과 김구의 비상정치회의가 통합된 '비상국민회의'가 정식 발족했다. 수세에 몰렸던 김구 측이 어쩔 수 없이 이승만의 의도가 개입된 미군정의 정계통합운동에 동의한 결과였다. 비상국민회의는 과도정부 수립을 위해 최고정무위원회를 설치하기로 하고, 2월 13일 최고정무위원 28명의 명단을 발표했다. 그런데 최고정무위원회는 다음 날 갑자기 남조선대한국민대표민주의원(이하 민주의원)이란 이름으로 바뀌었다. 미군정이 자신이 의도한 대로 명칭을 바꿔버린 것이다. 미군정은 민주의원을 미군정의 자문기관이자 국회와 행정부의 기능이 복합된 과도정부적 기구로 구상했다. 그들은 민주의원을 남한의 대표 기관이자 민간정부의 기능을 담당할 기관으로 간주했다.

　문제는 민주의원이 이승만과 김구를 중심으로 한 우익 반탁 세력의 연합체에 그쳤다는 점이다. 민주의원은 애초에 구상했던 대로 좌우를 망라하지 못했다. 독촉중협과 비상정치회의 통합 과정에서 중경임정 내 좌파 세력이 이에 반발해 대거 이탈한 데다가, 민주의원에 참여한다고 했던 중도좌파 여운형 세력 역시 뒤늦게 민주의원의 본질을 파악하고 합류를 거부했던 것이다. 사실 여운형의 이탈은 예정된 수순이었다. 굿펠로가 과도정부를 지향하는 민주의원의 성격을 제대로 알려주지 않은 채 공작적 차원에서 좌익 세력들을 끌어들이고자 했기 때문이다.

　오늘 나는 남조선대한국민대표민주의원 성립을 발표함에 제해 깊이 영광을 느끼는 바입니다. 고문 자격으로서 하지 중장에게 협의하려는 이 의원은 한국의 독립 및 한국을 급속히 독립국가로 만들려는 여러 정당 수뇌들과 오랫동안 협의해 신중히 고려한 나머지 성립된 것입니다. (중략) 금후 의원에서는 금일 우리가 직면하고 있는 여러 가지 긴급한 문제에 대해 하지 중장과 군정부와 협의하는 데 있어서 한국 국민을 대표할 것입니다. 우리의 갈 길은 명확합니다. 우리는 40년간의 피정복으로 인해 우리의 강토에 거부되어왔던 세계 열국과 동등한 지위에 우리나라를 복구시켜야 되겠습니다.*

　민주의원의 성립은 남한 정계에 다양한 반응을 불러일으켰다. 비상국민

---

* 이승만의 민주의원 의장 취임사. 《조선일보》, 1946년 2월 15일 자.

남조선대한국민대표민주의원의 개원식 광경. 이승만은 민주의원의 의장이 되었으나 광산 스캔들로 인해 한 달여 만에 사임해야 했다.

회의 최고정무위원회를 통해 중경임정 중심의 과도정부 수립을 꿈꿨던 김구는 최고정무위원회가 하루아침에 미군정의 자문기구로 추락하자 쉽사리 분노를 감추지 못했다. 좌익들의 반응은 더욱더 날이 서 있었다. 그들은 우익 블록인 민주의원에 맞서 좌익 블록 민주주의민족전선(이하 민전)을 결성하는 것으로 맞대응했다. 좌우 갈등은 날이 갈수록 심화되었다. 미군정의 심사도 그리 편하지만은 않았다. 민주의원의 성립으로 과도정부 수립안에 한 발 다가섰지만, 민주의원이 사실상 우익 블록화되면서 애초에 의도했던 대로 미소공위의 협의대표기구이자 과도정부적 기능을 제대로 수행할지 걱정되었던 것이다.

이러한 남한 정계의 반응들에도 불구하고 승리의 기쁨에 도취된 사람이 한 명 있었으니, 이승만이었다. 민주의원의 탄생 과정에서 이승만은 자신의 의도를 성공적으로 관철시켰다. 민주의원의 성립은 이승만의 승리를 의미했다. 2월 14일 이승만의 연설은 그의 기쁨이 어느 정도였는지를 잘 반영하고 있다. 이날 그는 민주의원의 의장이 되었고, 다시 한 번 남한 정국의 중심에 서게 되었다.

　그러나 역사는 그리 호락호락하지 않았다. 이승만의 발목을 잡은 것은 아이러니하게도 자기 자신이었다. 한국의 자원에 대한 흥정과 계약, 이른바 '광산 스캔들'이 그것이었다. 광산 스캔들은 이승만이 한 미국인에게 한국의 광산 채굴권을 팔았다는 소식이 나라 안팎 언론을 통해 보도되면서 확산되었다. 이승만은 이러한 사실을 즉각 부인했지만, 불행히도 언론의 보도 내용은 대부분 사실이었다. 3월 18일, 이승만은 건강상의 이유를 들어 민주의원 의장직을 전격 사임했다. 광산 스캔들에 연루된 굿펠로도 하지의 정치고문직을 사임하고 한국을 떠나야 했다. 해방 후 이승만에게 불어닥친 최초의 시련이었다.

좌익을 공격하고 지방을 조직하다

　이승만 박사는 38선 이남 각지를 시찰코자 16일 오전 중에 서울을 출발해 먼저 천안 방면으로 순회의 길을 떠날 터인데, 특히 금번 순회는 완전히 정치성을 떠난 개인 자격으로 지방 인사들의 요청에 응하게 된 것이라 한다.*

　1946년 4월 16일, 이승만의 이른바 '남선순행'이 시작되었다. 남선순행은 하지의 권유에서 비롯되었다. 하지는 광산 스캔들의 확산을 막기 위해 이승만에게 잠시 중앙 정치에서 떨어져 있을 것을 권유했다. 여기에는 남

---

* 《조선일보》, 1946년 4월 16일 자.

한 반탁 세력의 대표자였던 이승만을 민주의원에서 분리함으로써 미소공위의 협의대표기관으로서 민주의원의 역할을 강화하기 위한 꼼수도 숨어 있었다.

미국 당국은 미소공위를 준비하면서 두 가지 협상 원칙을 내세웠다. 하나는 임시정부 수립 이전에 소련군 사령부와 협상하여 38선을 철폐하고 남북의 행정과 경제를 통합할 것(군정 통합)을 주장한 것이었고, 다른 하나는 앞서 계획한 대로 남북의 협의대표기구를 중심으로 통합자문기구를 구성해 임시정부를 수립할 것을 주장한다는 것이었다. 미국 당국은 모스크바 결의안을 문구 그대로 이행할 생각이 거의 없었다. 좌익 세력의 강세를 고려할 때 모스크바 결의안을 따르는 것은 미국에게 지극히 불리할 것으로 판단되었기 때문이다. 미국은 통합자문기구를 구성할 때 인구비례원칙을 적용해 우익 세력의 수적 우세를 확보하고 우익 중심의 임시정부 구성을 관철하고자 했다.

그러나 미국이 제시한 두 가지 주장은 소련에 의해 모두 거부되었다. 소련은 모스크바 결의안을 충실하게 이행하는 것을 원칙으로 삼았고, 이에 관해서 어떠한 양보도 하지 않았다. 모스크바 결의안의 충실한 이행만으로도 임시정부에서 좌익 세력의 수적 우위를 확보할 가능성이 높았기 때문이다. 소련은 미국의 주장을 받아들여야 할 이유가 전혀 없었다.

미국이 내세운 협의대표기구 수립안은 한국인 정당과 사회단체 간의 직접 협의를 통한 임시정부 구성이라는 모스크바의 합의를 뒤집는 것이어서 정당성을 가지기가 쉽지 않았다. 더구나 미국이 남한 측 협의대표기구로 내세운 민주의원은 남한의 대표기구가 되기에는 결격 사유가 너무 많았다. 미국은 이러한 약점 때문에 미소공위 내내 수세적인 입장에 처했고 소련이 자신의 제안을 거부하자 더 이상 아무것도 할 수 없었다. 결국 미·소 양국은 서로의 입장 차이를 줄이지 못했고, 미소공위는 무기휴회되고 말았다.

이승만은 1946년 4월부터 6월까지 충청도, 경상도, 전라도 지역을 차례로 순회하며 반소·반공을 주요 내용으로 하는 대규모 연설회를 개최했다. 연설이 끝난 후에는 지역 우익 인사들과의 만남이 이뤄졌다. 남선순행은 미군정과 경찰, 지역 관리와 우익 청년단체의 집중적인 지원과 보호하에 진행되었다. 이승만의 지역 순회는 연일 대규모의 청중을 동원하면서 성공적으로 치러졌다. 그의 언변은 정확한 의미를 파악하려면 특별한 해석 능력이 필요할 정도였지만, 그의 대중적 선동 능력은 젊은 시절부터 탁월한 것으로 유명했다. 하지만 지역 순회의 열렬한 분위기가 꼭 자발적인 것만은 아니었다.

> 5월 5일 이승만이 순천에 도착하기 전 4, 5일을 앞서서 순천 경찰은 인근 경찰의 응원을 얻어 박만춘(조공)·정영한(조공)·정홍모(농민조합) (중략) 제씨를 비롯한 민주 진영의 애국적 투사 170여 명을 예비 검속했다. (중략) 반소·반공·반민주 환영식이 끝나자 반동분자들 수백 명이 떼를 지어서 시가를 횡횡하면서 인민위원회·공산당·민전·부녀총동맹 등 사무소를 습격해 간판을 모조리 떼어 가고 인민위원회 부위원장을 구타하는 등 실로 갖은 만행을 다했다.[*]

미군정의 헌병과 경찰은 이승만의 순행 전부터 좌익 세력에 대한 대대적인 예비 검속을 실시했고, 치안 유지를 위해 삼엄한 경계와 수색을 펼쳤다.

---

[*] 《청년해방일보》, 1946년 5월 30일 자. 《독립》, 1946년 7월 3일 자에 실려 있음.

공포스러운 분위기 속에 우익 세력들은 학생과 시민을 대규모로 동원하고 기부금을 모았다. 그리고 행사가 끝나고 나면 지역의 우익 세력들이 인민위원회, 조선공산당 등의 좌익 단체를 습격하고 그 자리에 우익 단체의 지역 조직을 세웠다.

이승만이 지역 인사들을 접견할 때는 한 사람 한 사람 엄격한 신체 검색도 실시되었다. 흥미로운 것은 신체 검색까지 감수하면서 많은 사람들이 길게 줄을 늘어서서 이승만을 접견했다는 점이다. 그들은 어떤 사람들이었을까? 대부분은 친일파였다. 그들은 친일 경력 때문에 공공연한 활동을 하지 못하다가 이승만의 방문을 계기로 이승만 지지를 천명하면서 순식간에 애국자를 자처했고, 지역 우익 단체를 결성해 지역의 유력한 지도자로 변신했다. 그들에게 이승만은 마이더스의 손 그 자체였던 셈이다.

대부분의 경찰들도 동일한 이유로 이승만을 열렬히 추종했다. 당시 이승만에 대한 경찰들의 충성도는 미군정이 우려할 만큼 대단했다. 경찰들은 이승만이 마치 대통령이나 된 것처럼 경찰서에 그의 사진을 걸어놓고 그에게 충성을 다했다. 이승만이 후일 반민족행위특별조사위원회(반민특위)*가 일반 친일파들을 구속할 때는 가만히 있다가, 친일 경찰들을 구속할 때는 그토록 반발한 이유가 여기에 있다.

남선순행은 이승만과 미군정이 함께 한 성공적인 정치 운동이었다. 이승만은 이를 통해 자연스럽게 자신의 정치적 기반을 지역까지 확대할 수 있었고, 미군정은 공공연히 지역의 좌익을 공격해 세력을 약화시키고 우익 세력을 확대할 수 있었다. 이승만은 1946년 2월에 중경임정의 대중조직 신

---

* 반민족행위특별조사위원회는 1948년 10월 일제강점기 친일파의 반민족행위를 조사·처벌하기 위해 설치한 기구다. 이승만의 노골적인 방해와 친일파들의 조직적인 반발로 설치 1년 만에 해체되었다.

탁통치반대국민총동원위원회(반탁총동원위원회)와 독촉중협의 지역 지부를 합쳐 만들었던 대중조직 대한독립촉성국민회(이하 독촉국민회)를 6월부터 실제적으로 장악하게 되었다. 여기에는 중경임정에서 이승만 지지로 돌아선 신익희의 역할이 컸지만, 남선순행의 결과도 적지 않은 영향을 미쳤다.

단정 선언으로 세상을 뒤흔들다

이제 우리는 무기휴회된 공위가 재개될 기색도 보이지 않으며 통일정부를 고대하나 여의케 되지 않으니, 우리는 남방만이라도 임시정부 혹은 위원회 같은 것을 조직해 38 이북에서 소련이 철퇴하도록 세계 공론에 호소해야 될 것이니, 여러분도 결심해야 될 것이다.*

1946년 6월 3일, 이승만은 남선순행 도중 정읍에서 놀라운 주장을 하고 나섰다. 미소공위가 무기휴회되고 통일정부의 수립 가능성도 희박해졌으니 남한만이라도 정부를 수립해 소련을 물러나게 하자는 주장이었다. 이른바 남한 단독정부, 즉 단정 수립 발언이었다. 미소공위가 휴회된 지 한 달이채 지나기도 전에 단정 수립을 주장한 것이다. 나는 이미 결심했으니 이제 국민이 결심할 차례란다. 미·소의 분할 점령 속에 민족의 영구 분단이라는 잠복된 두려움이 이승만의 발언을 통해 가시화되는 순간이었다.

사실 이승만의 단정 발언은 충분히 예견 가능한 것이었다. 그는 일찌감

---

* 이승만의 정읍 단정 발언, 《서울신문》, 1946년 6월 4일 자.

치 반소·반공노선을 자신의 최고 노선으로 삼았기 때문이다. 그는 반소·반공노선을 통해 공산주의와의 대결 의식을 분명히 했고, 공산주의와의 협상은 곧 자멸을 의미한다고 생각했다. 그의 사전에 공산주의와의 협상은 물론, 협상에 입각한 연립정부 수립의 가능성도 존재하지 않았다. 38선을 두고 미·소가 대치하는 상황에서 협상에 입각한 정부의 수립을 반대한다면 단정밖에 다른 대안은 없었다. 그에게 단정 수립이라는 구상은 지극히 자연스러운 결론이었다.

미소공위가 지지부진해지던 4월 무렵부터 남한 정계에는 여기저기에서 남한 단정설이 피어올랐다. 미군정이 본국에 남한 단정 수립을 제안했다는 신문 기사가 논란의 시작이었다. 미군정은 곧 부인했지만 논란은 계속되었다. 그리고 논란이 사그라질 무렵 이승만은 스스로 단정 발언을 하면서 논란의 중심에 섰다.

이승만은 공세적인 단정 발언을 통해 여론의 동정을 살피면서 동시에 미군정의 반응도 관찰했다. 미소공위 결렬로 이승만은 정세가 좀 더 자신에게 유리해졌다고 판단했고, 이를 기회로 자신의 정치적 기반을 확고히 해야 한다고 조바심을 내고 있었다. 그는 단정 발언으로 여론의 관심을 환기시키고, 향후 미군정의 정책이 자신에게 유리하게 전개되도록 압박할 생각이었다.

그러나 이승만의 단정 주장은 민족의 정서와는 전혀 맞지 않았다. 이승만의 사설정보기관이 벌인 여론조사에서도 단정은 그다지 인기가 없었다. 한반도가 38선으로 나뉘어 있었지만 일반 민중들은 1천여 년을 이어온 단일국가가 분단될 수도 있다는 사실을 좀처럼 믿으려 하지 않았다. 미국 역시 내부적으로는 단정의 가능성을 고려했지만 아직은 공개적으로 선언할

생각이 없었다. 그것은 분단의 책임을 고스란히 미국이 뒤집어쓴다는 의미
였기 때문이다.

우리가 당신(올리버)을 한국에 들어오도록 한 단 한 가지 이유가 있습니다. 우리는
당신이 이 박사(이승만)에게 어떤 통제를 가할 수 있기를 바라고 있습니다. 당신이
그렇게 하지 않으면 그의 생애는 이미 끝난 것이고, 통일을 위해 소련과의 합의
에 도달해야 할 어떠한 기회도 망쳐버리게 될 것입니다. 이 박사는 한국 정치가
들 중에서 너무나 위대한 인물이며 나는 그가 유일한 인물이라고 말하기까지 합
니다. 그러나 그가 공산주의에 대한 공격을 멈추지 않는 한 그는 한국 정부 내에
서 어떠한 자리도 차지하지 못할 것입니다.*

6월 4일, 하지는 이승만의 측근 올리버를 불러 반소 · 반공선전에 열을 올
리는 이승만의 행동을 제어해달라고 요구했다. 이승만의 기대와 달리 미군
정의 정책은 이승만에게 점점 불리한 방향으로 흘러갔다.

이승만, 하지와 충돌하다

미소공위가 무기휴회되자 미군정은 새로운 정책을 추진하기 시작했다. 중
도좌우파를 활용해 민주의원을 과도입법기구로 대체하고, 이를 기반으로
과도정부를 수립한 후, 소련과의 협상을 통해 북한 지역까지 과도정부를

---

* 하지가 이승만의 로비스트 올리버에게 한 충고. 로버트 올리버, 『대한민국 건국의 비화』, 계명사, 1990.

확대한다는 계획이었다. 이승만과 김구 등 우익 반탁 세력을 일선에서 물러나게 하고 중도좌우파를 전진 배치해 소련에 대한 협상력을 높이겠다는 복안이었다.

하지는 이승만에게 2선으로 퇴진할 것과 좌우합작을 지지할 것을 종용했다. 이승만은 하지의 요구를 쉽게 받아들이지 못했다. 정국이 점점 자신에게 유리하게 바뀌고 있으며, 우익 세력 일반에 대해서도 주도적인 영향력을 행사할 수 있게 되었다고 판단하던 상황에서 2선으로 물러나라고 하니 수용하기가 쉽지 않았던 것이다. 하지만 결국 이승만은 눈물을 머금고 미군정의 요구를 받아들여야 했다. 이제 이승만과 하지의 관계는 예전과 같지 않았다. 이승만과 미군정의 대립은 그렇게 시작되었다.

내가 병중에 있을 동안에 몇몇 정객들이 경향에 출몰해 모략적 수단으로 몇몇 단체를 만들어 분열 상태를 초래한 고로, 이것을 조정하려면 분규를 야기할까 봐 간섭지 아니하고 침묵을 지키고 있던 중, 이번 남도 방문 시에 이러한 내정을 상세히 알게 되었으며, 따라서 그들이 보통 요구하는 것이 이 문제를 해결하라는 것이었다. 나는 그 시기가 온 것을 각오하고 그 방법을 연구하던 중 독립촉성국민대표대회에서 나를 총재의 명의로 지도하는 책임을 부담해달라는 고로, 민족통일총본부를 설치하자고 하여 일치한 결의가 되어 이를 조직 공포함이니, 여기에는 국민회뿐 아니라 좌우익 단체를 막론하고 자원해 다 참가할 것이다.*

이승만은 6월 29일 민족통일총본부(이하 민통) 설치를 선언하고 이 기관

• 이승만의 민족통일총본부 설치 선언. 《서울신문》, 1946년 6월 30일 자.

을 통해 좌우익 단체를 망라한 통일운동을 벌이겠다고 발표했다. 이는 자신을 중심으로 한 민족통일전선 기관의 창설을 통해 미군정의 좌우합작 추진에 공개적으로 맞서겠다는 것이었다. 그러자 하지는 다음 날 바로 김규식과 여운형의 좌우합작을 지지한다는 공개성명을 발표했다. 이승만과 하지의 첨예한 갈등이 비로소 세상에 모습을 드러내는 순간이었다.

사실 이승만이 민족통일전선 기관을 조직한다고 해도 여기에 동조할 좌익 세력은 없었다. 더구나 이승만은 김구의 동의도 받지 못한 상황이었다. 그럼에도 이승만이 민통을 설치한 저의는 무엇일까? 그것은 바로 미군정의 좌우합작 추진으로 흔들릴지도 모르는 우익 세력에 대한 집안 단속의 의미가 강했다. 우파의 결집을 통해 중도파 중심의 좌우합작 추진을 방해할 생각이었던 것이다.

김규식과 여운형을 중심으로 한 좌우합작운동은 미군정의 적극적 지원을 받으면서 정국을 주도했다. 그러나 좌우합작운동은 김규식과 여운형이 원하던 대로 남북 좌우가 함께하는 진정한 민족통일전선의 결성으로는 나아가지 못했다. 조선공산당과 이승만의 노골적 방해, 미군정의 기만적 태도 때문이었다. 결국 좌우합작운동은 미군정이 의도했던 대로 좌우합작 7원칙을 통해 남조선과도입법의원(이하 입법의원)의 설치로 귀결되고 말았다.

입법의원 선거가 결정되자 이승만과 한민당 등 우익 세력들은 선거에 적극적으로 대응했다. 그 결과 입법의원 선거는 이승만과 한민당의 일방적인 승리로 끝났다. 이승만은 올리버에게 보낸 편지에서 "선출된 입법의원들은 누구든 상관없이 우리가 통제하게 될 것"이라며 승리를 만끽했다.

입법의원 선거는 애초부터 불공정한 게임이었다. 4단계의 간접선거로 민중의 의사를 제대로 반영할 수 없었을 뿐만 아니라, 대의원의 자격 요건을 납세 실적으로 제한하면서 부유층의 이해관계가 과도하게 대변되었기 때문이다. 여기에 중도파의 입지를 확보하기 위해 설치된 관선의원 45명도 하지가 용납할 수 있는 보수 인사들로 채워지면서, 입법의원의 주도권은 김규식을 중심으로 한 중도파가 아니라 이승만을 중심으로 한 우익 세력에게 돌아갔다. 이는 중도파를 앞세우면서도 그들에게 실질적인 힘을 실어줄 개혁에는 미온적이었던 미군정의 기만적 정책의 결과였다. 그런데 우익 세력들은 입법의원이 개원되자마자 반탁 결의를 통과시켜 하지의 뒤통수를 쳤다. 이를 자초한 것은 미군정이었다.

방미 외교에 나서다

우리 문제를 연합국이 결정하기 전에는 한국에 주재한 미·소 사령부에서 자의로 해결할 수 없는 형편인데, 지금 유엔총회에 (한국의 독립을 촉구하는 진정서가) 제출된 이때에 사실을 밝혀 설명할 필요가 있는 고로, 내가 즉시 도미할 준비를 차리는 중이니, 그동안에 모든 동포는 나의 정책대로 굳게 지켜서 파괴 분자의 모략이나 선동에 흔들리지 말고, 민주 진영이 싸우며 지켜오던 주의와 정신을 잃지 말며, 통일적 조직적으로 동일한 보조를 취하기를 간절히 부탁한다.[*]

1946년 11월 22일, 이승만은 방미 계획을 발표했다. 유엔총회에 한국 문제의 해결을 직접 호소하기 위해 미국으로 건너가 외교 활동을 펼치겠다는

---

[*] 미국행을 발표하는 이승만, 《동아일보》, 1946년 11월 23일 자.

것이었다. 12월 4일, 이승만은 미군정이 마련해준 군용기에 몸을 실었다. '이승만 외교 신화'의 기원이 되는 이승만 방미 외교의 시작이었다.

입법의원 선거에서 승리한 이승만은 입법의원을 중심으로 자신의 단정 수립 방안을 실현하고자 힘썼다. 그는 "입법기관을 통해 전국 투표 방식을 정해 남한만이라도 자치정부를 완성하자"라고 주장했다. 그러나 그의 활동에는 한계가 있었다. 미군정이 여전히 그를 2선에 머물도록 강요했기 때문이다.

이승만과 하지는 관선의원 문제로 극심한 갈등을 겪었다. 관선의원의 설치 목적이 중도파 지원에 있었기 때문에 경우에 따라서는 입법의원의 전체 세력 판도가 뒤집힐 가능성이 있었던 것이다. 물론 하지가 보수적인 우익 인사들을 관선의원으로 임명하면서 이러한 우려는 현실화되지 않았다. 하지만 이승만은 이 과정에서 미군정의 중도파 지원 정책을 극복하지 못하면 미래가 없다는 것을 절실히 깨달았다. 그에게는 미군정의 정책을 넘어설 새로운 돌파구가 필요했다. 그것이 바로 방미 외교였다.

흥미로운 것은 이승만에게 맨 처음 미국 방문을 권유한 사람이 하지였다는 점이다. 하지는 이승만과 한민당 등 우익들이 입법의원을 장악하는 것을 용인했다. 소련과의 협상 가능성 때문에 중도파를 지원하고는 있지만 그래도 중도파보다는 우익이 자신의 정책에 더 협조할 것이라 생각했기 때문이다. 하지만 입법의원 선거 이후 이승만의 움직임은 아무래도 불안했다. 그를 2선에 묶어두고는 있지만 그가 언제 돌발 행동을 할지 알 수 없었던 것이다. 하지에게는 당분간 이승만을 중앙 정치에서 떨어져 있게 할 보다 확실한 방법이 필요했다. 이승만의 방미가 그것이었다.

미 국무성 내 일부 분자는 조선에 독립을 수여한다는 미국 측 언약의 실천을 방해하고 있다는 것 같다. 미국의 대조선정책 실천을 방해하고 있는 미 국무성 내의 일부 관리가 누구인지는 지적하고 싶지 않으나 이들은 공산주의에 기울어지고 있는 것 같다. (중략) 현재 미 국무성이 고지하고 있는 대조선정책은 맥아더 장군이 요구하는 바와는 상반하는 것이다. (중략) 나는 맥 장군이 남조선 우익 측에 대해 좌익 측보다도 많은 호의를 가지고 있다고 생각한다. 한편 남조선 주둔 미군 사령관 하지 중장은 좌익에 호의를 가지고 있으며 남조선 미군정 당국은 조선의 공산당 건설과 이에 대한 원조 노력을 계속하고 있다. 조선의 우익 진영은 조선 탁치를 수락지 않을 것이다. 그리고 나의 우익 진영은 미군정 당국 및 기타 미측의 공산당 조장책에 관해 미군정 당국과 견해의 상이를 보고 있다. 남조선 미군정 당국이 공산당에 대해 활발한 격려를 주고 있음에도 불구하고 남조선에는 극소수의 공산주의자가 있을 뿐이다.*

이승만의 방미 활동의 목표는 두 가지였다. 첫째는 미국 외교 담당자들에게 자신의 단정안을 선전해 논의의 중심에 올려놓는 것이고, 둘째는 자신의 활동을 제약하는 하지와 미군정의 대한정책을 공격해 자신의 활동 반경을 넓히는 것이었다. 이승만은 미국 내 자신의 로비스트들을 총동원해 자신의 단정안을 선전했다. 이를 통해 미국의 대한정책 방향이 자신의 단정안으로 향하도록 최선을 다했다. 한편 그는 하지와 미군정, 미 국무부의 일부 인사들을 친좌익으로 매도하면서 미군정과 미국 정부를 압박했다. 자신을 옥죄는 중도파 중심의 대한정책을 깨뜨리기 위한 공세적 전술

---

* 미국에서 이승만의 언명.《동아일보》, 1947년 1월 26일 자.

이었다. 그러나 이승만의 외교 활동은 미국 내에서 아무런 효과도 발휘하지 못했다. 미국 정계가 그의 활동을 철저히 무시했기 때문이다. 그의 말에 귀 기울인 것은 미국 내 일부 극우 반공 언론뿐이었다. 하지만 그의 활동이 전혀 성과가 없었던 것은 아니다. 미국 내의 성과는 미미했지만 국내에서는 커다란 효과를 발휘했다.

이승만은 방미 활동을 통해 끊임없이 뉴스를 생산해냈고, 그것은 국내 우익 신문들을 통해 이승만의 외교적 성과로 과대포장되었다. 이 과정에서 이승만은 자신의 구상이 항상 미국의 대한정책과 긴밀히 연결된 것처럼 보이도록 꾸몄고, 미국의 대한정책에 자신의 주장을 교묘히 섞어 미국의 정책이 마치 자신의 외교적 노력으로 이뤄진 양 선전했다. 압권은 1947년 3월 12일 발표된 트루먼독트린Truman Doctrine*에 대한 선전이었다. 이승만은 미국의 대소봉쇄정책으로의 전환이 자신의 외교 활동의 성과라고 주장했던 것이다. 후일 이승만의 추종자들은 '이승만 외교 신화'를 창조해내면서 트루먼독트린을 이승만의 예견이 적중한 사례로 치장했다.

트루먼독트린은 분명 이승만에게 반가운 징조였다. 미·소 협조를 원칙으로 했던 미국의 대한정책이 중대한 변화에 봉착했음이 분명했기 때문이다. 미국은 미소공위를 재개하기 위해 소련과 긴밀히 접촉했지만, 다른 한편에서는 대한정책을 전면적으로 재검토하고 있었다. 미·소 협조에 국한된 것만이 아니라 단정 수립 등 모든 가능성을 염두에 둔 재검토였다. 이승만의 방미 외교와 상관없이 미국은 대한정책의 변화를 모색했던 것이다.

---

* 트루먼독트린은 1947년 3월 12일 미국 트루먼(Harry S. Truman, 1884~1972) 대통령이 발표한 미국의 새로운 대외 정책이다. 트루먼 대통령은 공산주의 세력의 확대를 방지하기 위해 그리스, 터키 등 공산주의의 위협을 받는 지역에 경제적·군사적 원조를 제공하겠다고 선언했다. 사실상 대소봉쇄정책을 선언한 것으로, 미·소 냉전이 시작되는 계기가 되었다.

미국의 변화는 이승만에게 보다 유리한 조건을 가져다줄 것이 분명했다. 이승만은 한껏 고무되기 시작했다.

최대의 위기, 2차 미소공동위원회

남조선에 있어서 총선거가 지연되고 미군정이 실패한 것은 하지 중장이 공산파와의 합작을 고집했던 때문이다. 나는 좌우합작의 성공을 믿지 않았다. 그러나 현재는 미국 정책이 공산주의와 합작을 단념했으므로 캄캄하던 우리의 길은 열리었다. 우리 동포는 한데 뭉치어 임시입법의원으로 하여금 총선거법 안을 급속히 제정케 하여 남북통일을 위한 남조선 과도정권을 수립해야 한다. 그리고 이를 유엔에 참가시킴으로써 우리는 자유로운 입장에서 소련과 절충해 남북통일을 꾀하지 않으면 안 된다.[*]

1947년 4월 21일, 이승만이 귀국했다. 방미 활동에 대한 과장된 선전으로 인해 그의 정치적 입지는 출국 전보다 훨씬 강고해져 있었다. 이승만은 자신감으로 충만했다. 4월 27일 귀국환영대회에서 있었던 그의 연설이 그 증거였다. 여기서 그는 미국의 대한정책 변화를 기정사실화하면서 입법의원을 통해 선거법을 제정하고, 총선거로 남한만의 과도정부를 구성하자고 주장했다. 내용상으로는 출국 전과 크게 다를 것이 없는 주장이었지만 여기에는 미묘한 차이가 있었다. 출국 전에는 곱씹어봐야 알 수 있도록 에둘

---

[*] 귀국환영대회에서 이승만의 연설, 《동아일보》, 1947년 4월 29일 자.

러 얘기했지만 이제는 누구나 알아들을 수 있도록 직설적으로 얘기했다는 점이다.

이와 함께 이승만은 이제 임정법통론을 고집할 필요가 없다며 임정법통론 거부 의사를 분명히 했고, 김규식도 좌우합작을 포기하고 자신과 함께하기로 했다며 사실과 다른 주장도 했다. 내용인즉 미국이 자신의 단정안으로 정책을 변경했으니 임정법통론이나 좌우합작은 더 이상 필요하지 않다는 것이었다. 이것은 분명 자신감에 넘치는 주장이었다. 그는 더 이상 임정법통론을 옹호하는 척할 필요도 없었고, 미군정 때문에 중도파의 합작노선을 지지하는 척할 필요도 없었다. 4월 29일, 이승만은 김구 측의 국민의회* 주석 취임 요청을 정식으로 거부했다. 임정법통론을 포기하지 않는한 김구와는 함께하지 않겠다는 뜻을 분명히 한 것이다. 이로써 이승만과 김구의 연대는 파국으로 치닫는 듯했다.

그러나 5월 21일 제2차 미소공위가 시작되면서 이승만의 자신감은 순식간에 허물어졌다. 예상과 달리 미소공위가 순조롭게 진행되면서 공위 참여 여부를 두고 우익 진영이 분열되기 시작했기 때문이다. 6월 10일, 한민당은 우익 세력 가운데 제일 먼저 미소공위 참가를 선언했다. 한국독립당(한독당)도 미소공위 참여파와 반대파로 분열되었다. 우익 반탁 진영의 대분열이었다.

누구보다 가장 큰 충격을 받은 사람은 이승만이었다. 방미 이후 그토록 강고해 보였던 자신의 정치적 입지가 한순간에 허물어지는 것을 목도해야 했기 때문이다. 한민당의 결정은 이승만의 뜻을 정면으로 거스른 것이었

---

* 국민의회는 1947년 2월 14~17일 김구가 민족통일총본부, 독촉국민회, 비상국민회의를 통합해 만든 기구다. 독립운동의 최고 기관으로 중경임정의 임시의정원을 계승하는 대의기구이자 입법기관을 표방했다. 보다 자세한 사항은 제6장 김구 편을 참고하길 바란다.

다. 이승만은 한민당이 그토록 간단히 자신을 배반하리라고는 생각지 못했다. 배신의 상처는 꽤 깊었고 아픔의 기억은 오래도록 지속되었다.

결국 이승만과 김구는 미소공위라는 공동의 적을 두고 다시 뭉쳤다. 미소공위가 순조롭게 진행된다면 단정 수립도, 임정법통론에 의한 정부 수립도 모두 불가능했다. 그들은 우익 세력의 공위 참가를 막기 위해 대규모 시위를 계획하고 실행에 옮겼다. 우익 반탁 진영의 학생들과 청년들은 미소공위 회의장까지 난입해 소동을 피웠다. 그러나 이승만과 김구는 대규모 군중 동원에 실패했다. 반탁운동의 열기가 예전 같지 않았기 때문이다.

독립이 지연되면서 한국인들 사이에는 차라리 신탁통치를 받는 것이 낫겠다고 생각하는 사람들이 늘어갔다. 그것으로 민족통일국가를 세울 수 있다면, 그것으로 남북 간의 전쟁을 막을 수 있다면 신탁통치가 뭐 그리 대수겠는가. 길어봤자 5년이고 우리가 하는 것에 따라 더 짧아질 수도 있다고 하지 않던가. 이러한 생각의 확산이 바로 이승만과 김구가 주도한 반탁시위가 실패한 근본적인 이유였다.

귀하(이승만)의 정치기구의 상층부에서 나온 줄로 짐작되는 보도에 의하면, 귀하와 김구 씨는 공위共委 업무에 대한 항의 수단으로서 조속한 시기에 테러 행위와 조선 경제 교란을 책동한다 합니다. 고발자들은 이런 행동에는 몇 건의 정치암살도 포함하기로 되었다 함을 중복 설명합니다. 이러한 성질의 공연한 행동은 조선 독립에 막대한 방해를 끼칠 터이므로 이러한 고발이 사실이 아니기를 바랍니다.*

---

* 테러 및 암살 계획에 대한 하지의 경고, 《조선일보》, 1947년 7월 2일 자.

미소공위의 성공이 점쳐지면서 우익 반탁 진영의 위기는 최고조에 달했다. 막다른 골목으로 몰리자 우익 반탁 진영은 미소공위 관련자들에 대한 직접적인 테러와 암살까지 기도했다. 그들의 주요 목표는 김규식과 여운형이었다. 6월 28일, 하지는 이승만과 김구 측이 테러와 암살을 준비하고 있다는 정보가 있다며 즉시 중지하라고 공개적으로 경고했다. 이승만과 김구는 즉각 이러한 사실을 부인했지만, 7월 19일 여운형은 극우 테러분자에 의해 암살되었다. 여운형의 죽음에는 경찰이 깊숙이 개입해 있었고, 그들 뒤에는 경찰을 움직일 수 있는 극우 인사가 있을 것으로 추측되었다.

7월 10일, 이승만은 김구의 동조하에 한국민족대표자대회(이하 민족대표자대회)를 조직했다. 민족대표자대회는 전국에서 뽑은 민족대표 200명으로 구성되었고, 과도입법기구를 자임하는 기관이었다. 이승만은 민족대표자대회를 통해 미소공위를 반대하고 단정수립운동을 본격화했다. 그리고 민족대표자대회가 출범하면서 자연스럽게 김구 측 국민의회와의 통합 문제가 양측의 현안이 되었다. 양 조직이 동일한 성격을 가진 단체였기 때문이다. 양측은 통합을 위해 본격적인 논의를 시작했다. 그러나 통합은 이뤄지지 않았다. 통합이 성사되기 직전 미소공위가 사실상 결렬되었다는 소식이 들려왔기 때문이다.

평생의 꿈

1947년 7월로 들어서면서 미소공위는 협의 대상 선정 문제로 또다시 공전을 거듭했다. 결국 7월 중순 무렵 미·소 양국은 더 이상 합의점을 찾지 못하고 사실상 결렬의 수순을 밟기 시작했다. 미국 측은 7월 1일부터 3일까지 북한 측 정당 및 사회단체와의 협의를 위해 북한을 방문한 이후 급격히 경직된 태도를 보였다. 미국은 우익 세력과 중도파 모두로부터 전적인 협조를 이끌어내지 못했지만, 북한은 소련을 중심으로 일사불란하게 통일되어 있음을 알게 되었기 때문이다. 미국은 미소공위를 통해서는 더 이상 자신들의 이해관계를 관철시킬 수 없다는 것을 깨달았다. 이것이 바로 미소공위가 사실상 결렬로 치달은 이유였다. 미소공위가 파국을 맞자 비로소 이승만은 자신을 짓누르던 모든 위기 상황에서 벗어났다. 미소공위의 결렬로 민족의 분열은 가시화되었지만, 단독정부를 꿈꾸던 이승만에게는 새로운 기회가 열렸다. 이승만은 6월 27일 입법의원에서 통과시킨 보통선거법을 바탕으로 총선거를 실시해 남한만의 단독정부를 수립하자고 목소리를 높였다. 그는 8월 26일 민족대표자대회 산하에 총선거대책위원회를 구성하고, 총선에 대비해 독촉국민회의 지역 조직을 대대적으로 정비했다.

그리고 이승만과 김구의 갈등이 또다시 표면화되었다. 미소공위에 입각한 임시정부 수립이 물 건너가자 이승만의 단독정부 수립안과 김구의 임정 법통론에 입각한 정부 수립안이 정면충돌했던 것이다. 이로써 민족대표자대회와 국민의회의 통합은 무산되었다. 이승만은 김구 측과의 통합을 포기하고 미소공위 결렬 이후 힘을 잃은 한민당과 손을 잡았다. 한민당과 함께 김구 세력을 제압하고 단정 수립을 완수하겠다는 속셈이었다.

9월 17일, 미국은 한국 문제를 유엔으로 이관했다. 민족 대다수가 염원했던 민족통일국가의 꿈은 이렇게 물거품처럼 사라졌다. 단독정부를 꿈꾸던 이승만에게 그것은 승전보나 다를 바 없었다. 평생을 걸쳐 꿈꾸던 권력이 어느새 그의 앞에 성큼 다가와 있었다.

대중의 독립 열망이 지도자들의 농간에 빠지다: 신탁통치 파동의 진실

1945년 겨울, 남한 사회는 큰 충격에 빠져들었다. 신탁통치 문제 때문이었다. 한국인들은 대부분 커다란 분노에 휩싸였다. 일본의 패망으로 눈앞에 다가온 것 같던 민족의 독립이 신탁통치란 이름으로 또다시 멀어져가는 듯 보였기 때문이다. 한국인들은 대규모 집회를 통해 신탁통치를 반대하고 '즉시 독립'을 소리 높여 외쳤다. 이렇듯 일반 대중들의 반탁운동은 즉시 독립을 향한 오랜 열망의 표현이었다.

그런데 남한의 주요 정치 지도자들에게도 신탁통치 문제가 충격적인 일이었을까? 그것은 아니었다. 그들 대부분에게 신탁통치 문제는 이미 익숙할 대로 익숙한 문제였다. 중경임정이 신탁통치안에 대해서 처음 알게 된 것은 1942년 말 무렵이었다. 1942년 미국은 한국에 신탁통치를 도입할 것을 고려하기 시작했고, 이때부터 미국의 언론들이 한국의 신탁통치 문제에 대해 심심치 않게 보도하기 시작했다. 이는 곧 중국에 알려져, 중경임정도 이 같은 사실을 인지하게 되었다.

중경임정은 신탁통치 문제가 불거질 때마다 반대 의사를 분명히 했다. 임정 요인들은 신탁통치안이 위임통치 혹은 국제공동관리론처럼 사실상 식민체제를 연장하는 방안과 같다고 인식하고 한국에 이를 도입하는 것을 절대 반대했다. 1943년 11월 카이로회담에서 한국을 '적절한 절차를 거쳐'* 독립시킨다고 결정했을 때, 중경임정이 한국의 독립

---

* 카이로회담은 미국, 영국, 중국의 수뇌가 세계대전의 대책을 논의하기 위해 마련한 국제회담으로, 한국의 독립이 기정사실로 인정된 최초의 국제회담이었다. 하지만 선언문에 "조선 인민의 노예 상태에 유의해 '적절한 절차를 거쳐(in

결정을 반기면서도 '적절한 절차'라는 표현을 문제 삼은 것은 이 때문이었다. 김구는 "이 문구가 어떻게 해석되든 한국의 즉시 독립이 보장되지 않으면 상대를 막론하고 독립전쟁을 계속하겠다"라고 선언했다.

이렇듯 중경임정은 1942년 말부터 신탁통치안에 대해 잘 알고 있었고, 그것이 미국이 주창한 안이라는 사실도 알고 있었다. 이승만의 경우도 마찬가지였다. 반면 국내 인사들의 경우는 일제의 정보 통제로 해방 후에야 이 같은 사실을 알았을 가능성이 높다. 하지만 그렇다고 해도 늦어도 1945년 10월 하순 무렵에는 대부분의 지도자들이 신탁통치 문제에 대해 인지할 수 있었다. 이 무렵 미 국무부 극동국장 빈센트가 미국이 신탁통치안을 준비하고 있음을 공식적으로 밝혔고, 이것이 국내 언론을 통해 대대적으로 보도되었기 때문이다.

이렇듯 남한의 주요 정치 지도자들은 미국이 신탁통치안을 계획하고, 모스크바삼상회의에서도 이 문제가 집중적으로 제기되리라는 사실을 명백히 알고 있었다. 때문에 모스크바삼상회의 이전에 있었던 이승만의 독촉중협을 중심으로 한 정당통일운동, 중경임정과 인공의 통합운동, 한민당의 중경임정추대운동은 모두 일정 부분 미국의 신탁통치안에 대응하기 위한 운동이라는 성격을 가지고 있었다.

그런데 막상 모스크바삼상회의 결의안은 미국이 주장했던 신탁통치안과는 명백히 달랐다. 소련의 임시정부 수립안과 절충해 임시정부 수립이 신탁통치를 우선한다고 결의했기 때문이다. 문제는 이승만, 김구, 한민당이 이러한 차이를 중시하지 않았다는 점이다. 그들에게 중요한

---

due course)' 조선을 자주독립시킬 것을 결의한다'라고 하여 논란이 되었다. 본 선언을 주도한 것은 미국으로, '적절한 절차'란 신탁통치를 염두에 둔 표현이었다.

것은 모스크바 결의안에 신탁통치안이 포함되었다는 사실이었으며, 결의안에 입각해 임시정부가 수립될 경우 자신들의 정치적 주도권이 관철될 수 없다는 사실 그 자체였다. 이것이 바로 이승만이나 김구, 한민당이 그토록 반탁운동에 열을 올렸던 이유였다. 여운형이 "우리 같은 지도자층이 없었다면 조선의 통일은 벌써 성공했을 것"이라고 한탄한 것은 이러한 사정에서 나온 말이었다.

6장

임정법통론으로
신민주국가를 건립하라

| 김구와 한국독립당 |

●

아, 보인다, 한국이! 보인다, 한국이? 모두들 옹색한 기창으로 쏠렸다. 손바닥만 한 셀룰로이드 기창 밖으로 아련히 트인 초겨울의 황해가 푸른 잠을 자고 있었고, 그 광활한 푸르름 아래 거뭇거뭇한 섬들이 나타나기 시작했다. (중략) 기체 안에는 애국가가 합창되었고, 목이 멘 것을 느낀 순간부터 나도 그 애국가를 따라 부르고 있었다. 가슴은 끓고 눈은 흐려졌으며, 귀는 먹먹했다. (중략) 노래를 부르는 입모양인지, 울음을 억누르는 모습인지, 분간할 수 없는 표정으로 발음을 못하고 입술을 깨무는 노혁명가의 감격, 감상을 내어버린 지 오래고 울음을 잊어버린 지 이미 옛날인 강인한 백범 선생, 그의 두꺼운 안경알에도 뽀오얀 김이 서리고 그 밑으로 두 줄기 눈물이 주르르 번져 내린다. (중략) 이제 조국에 돌아왔다. 곧 땅을 밟고 그리운 동포의 그 표정을 보리라. (중략) 미공군 하사관이 기체의 문을 열어젖혔다. (중략) 시야에 들어온 것은 벌판뿐이었다. 일행이 한 사람씩 내렸을 때 우리를 맞이한 것은 '지아이G. I.'들뿐이었다. 우리의 예상은 완전히 깨어지고 동포의 반가운 모습은 허공에 모두 사라져버렸다. 조국의 11월 바람은 퍽 쌀쌀했고, 하늘도 청명하지가 않았다.[*]

1945년 11월 23일 오후 4시, 미군 C-47 수송기 한 대가 김포비행장에 도

---

[*] 장준하, 《돌베개》, 사상, 1985.

착했다. 백범白凡 김구를 비롯한 중경임시정부(이하 중경임정) 요인 15명이 탄 비행기였다. 고국으로 돌아오는 길은 채 세 시간이 걸리지 않는 짧은 노정이었다. 하지만 그들은 이 길을 오기까지 수십 년간 인고의 세월을 보내야 했다. 그것은 수많은 사람들의 피와 땀으로 얼룩진 험난한 길이었지만, 그들은 끝까지 투쟁을 멈추지 않았고 결국 꿈에도 그리던 조국의 품으로 돌아오게 되었다.

그러나 그들이 마주한 조국은 예상과는 너무나 달랐다. 그들을 맞이한 것은 미군 병사 몇 명과 고국의 싸늘한 초겨울 바람뿐이었다. 창문 너머로 비치던 고국의 모습은 감격 그 자체였지만, 비행기에서 내려선 순간 그들은 자신의 조국이 아직 완전한 것이 아님을 가슴 깊이 깨달아야 했다. 조국은 해방되었지만 그것이 곧 독립을 의미하지는 않았다. 민족의 힘만으로 이뤄진 해방이 아니었기 때문이다. 한국의 앞날에는 새로운 싸움이 기다리고 있었다. 바로 민족의 독립을 완성하고 자주적인 민족통일국가를 수립하는 것이었다.

김구와 중경임정 요인들은 자신들 앞에 놓인 높은 벽을 실감했다. 그러나 여기서 투쟁을 멈출 수는 없었다. 수십 년간 민족의 해방과 독립을 위해 싸워온 그들이 아니던가. 주어진 환경이 아무리 불리하다 해도 역사를 만드는 것은 결국 우리 민족이었다. 우리가 어떤 선택을 하느냐에 따라 역사는 달라지게 되어 있었다. 조국의 완전한 독립과 자주적 민족국가의 수립을 위한 도상에서 김구와 중경임정 요인들은 어떤 선택을 했으며, 그 선택이 만들어낸 미래는 어떤 것이었을까?

출사표

나와 나의 동료는 일개 시민의 자격으로 귀국했습니다. 동포 여러분의 부탁을 받아가지고 노력한 결과에 이와 같이 대면하게 되니 대단히 죄송합니다. 그러나 여러분은 나에게 벌을 주지 아니하시고 도리어 열렬하게 환영해주시니 감격한 눈물이 흐를 뿐입니다. 나와 나의 동지는 오직 통일된 독립자주의 민주국가를 완수하기 위해 여생을 바칠 결심을 가지고 귀국했습니다. 여러분은 조금도 가림 없이 심부름을 시켜주시기 간절히 바랍니다. 조국의 통일과 독립을 위해 유익한 일이라면 불 속이나 물속이라도 들어가겠습니다. 우리는 미국과 중국의 도움으로 말미암아 여러분과 기쁘게 대면하게 되었습니다. 그러나 우리는 미구未久에는 또 소비에트의 도움으로 말미암아 북쪽의 동포도 기쁘게 대면할 것을 확신합니다. 여러분, 우리 함께 이날을 기다립시다. 그리고 완전히 독립자주하는 통일된 신민주국가를 건설하기 위해 공동 분투합시다.*

김구의 환국 성명은 일종의 출사표였다. 27년간의 기나긴 해외 생활에 종지부를 찍고 국내에서 민족의 독립 완수와 민족통일국가의 수립이라는 새로운 목표를 향해 다시 출발할 것을 다짐하는 출사표. 그런데 그들의 행동을 제약하는 조건이 하나 있었다. 연합국의 중경임정 불승인이 그것이었다.

중경임정은 미국에게 임시정부로서 공식 승인을 받기 위해 마지막까지 노력했다. 하지만 그 승인은 끝내 받지 못했다. 미국은 중경임정이 망명정

---

* 김구의 환국 성명, 《자유신문》, 1945년 11월 24일 자.

부가 아니라 하나의 독립운동단체에 불과하다고 생각했다. 이로 인해 중경임정의 환국은 철저히 개인 자격에서 이뤄졌다. 중경임정 요인들은 환국 직전 '개인 자격의 귀국임을 숙지하고 미군정에 대해 절대 협조한다'는 서약서를 제출한 후에야 미군 수송기를 탈 수 있었다.

김구는 자신들의 환국이 '대외적으로는 개인 자격이지만 한국인 입장에서는 임시정부가 환국한 것'과 같다고 주장했다. 자신들의 환국이 비록 개인 자격에서 이뤄졌다고 해도, 귀국 후 자신들의 활동은 임시정부 차원에서 이뤄질 것임을 분명히 한 것이다.

오늘 아침 조선의 위대한 지도자 김구 선생을 여러분에게 소개하게 된 것을 큰 환희와 영광으로 생각한다. 김구 선생은 그 일생을 조선을 위해 헌신하셨으며 어떤 때는 국내에서 또는 해외에서 여러 방면으로 조선의 해방 독립을 위해서 노력했으며 해방된 고국으로 이번 개인의 자격으로 오신 것이다. 선생님께서는 조선을 극히 사랑하시는 위대한 영도자로, 불타는 그의 애국적 정열에 대하여는 조선에 있는 미국 주둔군을 대표해서 경의를 표하는 바다.*

1945년 11월 26일, 하지는 미군정청에서 있었던 공식 기자회견에서 최대의 찬사를 동원해 김구를 치켜세웠다. 이 자리에서 김구는 평생을 헌신한 한국의 '위대한 영도자'로 추앙되었다. 이러한 찬사는 이승만이 귀국했을 때를 연상시킬 만큼 대단한 것이었다. 미군정은 중경임정의 환국이 개인 자격으로 이뤄진 것임을 여러 차례 밝혔지만, 그 대우만큼은 경호를 위해

* 하지, 《자유신문》, 1945년 11월 27일 자.

중경임시정부환영대회 모습. 대중은 중경임정이 환국하면 민족을 하나로 단결시켜 신국가 건설에 박차를 가하리라 기대하고 있었다.

미군 헌병까지 동원할 정도로 파격적이었다. 미군정은 김구를 한국을 대표하는 민족 지도자로 내세움과 동시에, 중경임정 세력을 군정 당국의 주요한 정치적 파트너로 삼고자 했던 것이다.

김구의 선택

중경임정이 환국하자 민족의 관심은 온통 중경임정에게 집중되었다. 특히 이승만의 독립촉성중앙협의회(이하 독촉중협)를 중심으로 한 정당통일운동이 별다른 성과를 내지 못하고 삐걱거리면서, 중경임정에 대한 기대는 더욱 커졌다. 기자회견장에서는 중경임정의 민족통일정책에 대해 질문이 쏟아졌다. 하지만 김구는 정확한 답변을 꺼렸다. 귀국 직후라 국내 사정에 어두운 만큼 현실에 대한 정확한 판단을 내릴 수 없다는 것이 그 이유였다.

그러나 이것은 사실이 아니었다. 김구는 환국 이전부터 국내 세력 일부와 연락하면서 어느 정도 국내 사정을 파악하고 있었다. 중경임정이 접촉하고 있던 세력은 한국민주당(이하 한민당)이었다. 김구는 1945년 9월 10일과 14일 두 차례에 걸쳐 송진우와 원세훈이 보내온 편지를 받았다. 편지에는 국내에 중경임정을 절대 지지하는 세력이 광범위하게 존재하며, 중경임정이 환국하면 환영대회를 통해 중경임정을 추대할 것이라는 내용이 담겨 있었다. 이와 함께 편지에는 공산주의자들이 '친일파 정부'인 조선인민공화국(이하 인공)을 수립했으며, 중경임정 지지 세력들이 이를 극력 반대하고 있다는 소식도 들어 있었다.

김구는 이 편지들을 통해 국내 정세에 대한 기본적인 지식을 습득했고, 국내에 중경임정을 지지하는 세력이 있음을 알고 크게 고무되었다. 그는 11월 8일 장덕수에게 편지를 보내 한민당이 한국독립당(이하 한독당)의 정강·정책을 지지해줄 것을 요청했다. 이것은 김구가 환국 이전에 이미 한민당을 연대할 세력으로 낙점했음을 의미하는 것이었다.

문 : 통일전선*에 있어 먼저 민족반역자와 친일파를 제외하자는 소리가 높은데 이에 대해서 어떻게 생각하십니까?

답 : 통일전선을 결성하는 데 있어 불량한 분자가 섞이는 것을 누가 원하겠습니까? 그러나 여기에는 두 가지 일이 있을 줄 압니다. 우선 통일하고 불량분자를 배제하는 것과 배제해놓고 통일하는 것의 두 가지가 있을 것이나 결과에 있어서는

---

* '통일전선'은 본래 좌파 용어지만 당시에는 좌우를 막론하고 널리 사용되었다.

전후가 동일할 것입니다.*

친일파 문제에 대한 김구의 대답은 다분히 의도적인 것이었다. 당시 미군정이 친일파들과 한민당을 대거 중용하고 있다는 현실을 고려한 답변이었기 때문이다. 김구의 대답과 달리 친일파 문제는 처리의 선후 여부에 따라 그 결과가 크게 달라질 수밖에 없었다. 친일파들이 국가 수립 과정에 끼어들게 되면 자신들에게 유리한 방향으로 그 결과를 왜곡시킬 가능성이 높았기 때문이다.** 하지만 김구는 애써 이러한 차이를 무시했다. 그 이유는 미군정이 만들어놓은 틀을 용인하면서, 그 세력을 자파의 지지 세력으로 활용하기 위함이었다. 이것이 바로 김구의 첫 번째 선택이었다.

좌우의 정부가 만나다

우리는 지금 독립을 했는가. 아니다. 독립은 우리의 눈앞에 있으나 우리의 힘이 모자란다. 무슨 힘이 모자라는가. 뭉치는 힘, 합하는 힘이 모자란다. 뭉치자. 아무 소리도 말고 뭉치자. 합하자. 독립할 때까지는 합하자.***

독립이 지연되면서 여론은 민족의 단합을 강력히 요구하기 시작했다. 대중의 관심은 중경임정이 이승만의 정당통일운동에서 어떠한 역할을 할 것

---

* 1945년 11월 26일 진행된 김구의 기자회담. 백범사상연구소 편, 《백범어록》, 화다출판사, 1978.
** 서중석, 「김구 노선의 좌절과 역사적 교훈」, 『한국현대정치사』 1, 실천문학사, 1989.
*** 사설, 《조선일보》, 1945년 12월 19일 자.

이냐에 쏠렸다. 하지만 김구와 이승만은 대중의 기대를 충족시키지 못했다. 동상이몽의 꿈이 양자의 합동을 가로막은 탓이다.

1941년 김구는 이승만이 중경임정의 주미외교위원부 위원장으로 임명되는 것을 계기로 이승만과 긴밀한 관계를 형성했다. 1942년 무렵 이승만이 재미 한인사회와 갈등을 빚었을 때에도 그는 변함없는 신뢰를 보여줬다. 김구는 이승만을 주요한 대미협상 창구로 활용했다. 이에 부응해 이승만은 중경임정 승인과 환국 문제에 깊이 관여했다. 이때만 해도 양자의 관계는 한없이 돈독해 보였다.

그런데 막상 중경임정의 환국이 가까워지자 이승만의 태도는 미묘하게 변하기 시작했다. 그는 언론을 통해 중경임정의 환국이 개인 자격으로 이뤄진다는 사실을 여러 차례 강조하면서 중경임정의 위상을 애써 깎아내렸다. 중경임정의 환국이 임박했을 때, 이승만은 "(중경임정) 환영 소동은 그만두어야 할 것"이라고 말하며 환영 분위기에 찬물을 끼얹었다. 국내의 여론이 중경임정에게 쏠려 독촉중협 중심의 정당통일운동에 악영향을 미칠까봐 경계한 때문이었다.

김구의 태도에서도 미묘한 변화가 감지되었다. 그는 변함없이 이승만에 대한 신뢰를 표현했지만, 독촉중협 중심의 정당통일운동에는 소극적인 태도로 일관했다. 김구는 정당통일이든 민족국가의 수립이든 중경임정을 중심으로 이뤄져야 한다고 생각했기 때문에 독촉중협의 활동을 인정할 수 없었다. 아마도 그는 중경임정을 지지한다고 하면서도 독촉중협을 내세우는 이승만의 이중적인 태도를 쉽게 이해할 수 없었던 것 같다. 결국 수차례에 걸친 김구와 이승만의 회동은 아무런 성과 없이 끝났고, 독촉중협을 중심으로 한 정당통일운동은 실패로 돌아가고 말았다.

우리는 단적으로 노골적으로 말하련다. 첫째, 이상 양대 세력(임시정부와 인민공화국)은 어떠한 일이 있더라도 합작해 민족통일전선을 완성할 것. (중략) 둘째, 이 땅에 수립될 임시정부는 조소앙 외교부장도 언명한 바와 같이 민중의 총의에 의한 민주정부여야 할 것. (중략) 셋째, 조선은 아직 사회적·경제적 기반이 봉건제도를 못 벗어났으니 이를 현실적으로 타파할 것. (중략) 끝으로 넷째는 현재 민족통일전선의 암이 되어 있는 친일파 민족반역자 문제다. 이런 도배를 신성한 우리의 건국에서 배제함으로써 후환을 단절하는 데 어느 누가 찬동치 않을 것인가.*

정당통일운동이 실패하자 대중의 관심은 중경임정과 인공의 통일 문제로 이동했다. 사실상 좌우 양측을 대변하는 '정부'를 자임했던 만큼, 양자의 통일은 민족의 역량을 하나로 모을 수 있는 가장 간단하고 현실적인 방법이었다. 여론이 들끓자 중경임정은 인공과 협상에 나섰다. 하지만 그들은 협상에 소극적인 태도를 보였다. 중경임정 내 일부 좌파 세력을 제외한 대부분이 인공과의 통합에 부정적이었기 때문이다. 중경임정은 인공 측에게 자신의 법통을 인정할 것과 기존의 임정 부서와 요직을 그대로 인정할 것을 요구했다. 인공 측에게 양보한 것은 2~3개의 신설 부서가 전부였다. 협상은 난항을 겪었다.

중경임정이 인공과의 협상에서 부정적인 태도를 보인 이유는 김구를 비롯한 중경임정의 주류 세력(한독당)이 대부분 반공적인 색채가 짙었기 때문이다. 그들은 민족의 대동단결 필요성은 인정하면서도 공산주의자들과 함께하는 것은 되도록 피하길 원했다. 하지만 이보다 더 중요한 이유는 따로

* 사설, 《조선일보》, 1945년 12월 5일 자.

있었다. 그것은 김구와 한독당 세력이 이미 민족의 독립 완성과 신국가 건설에 있어 확고한 방침을 세웠기 때문이었다. 중경임정이 이승만과의 협상에서 성과를 내지 못했던 이유도 바로 여기에 있었다. 김구와 한독당 세력들이 가지고 있던 확고한 방침이란 무엇일까? 그들이 원하는 신국가는 어떠한 모습이었을까?

신민주국가, 일체의 독재를 배격하자

나는 어떠한 의미로든지 독재정치를 배격한다. 나는 우리 동포를 향해서 부르짖는다. 결코 독재정치가 아니 되도록 조심하라고, 우리 동포 각 개인이 십분의 언론자유를 누려서 국민 전체의 의견대로 되는 정치를 하는 나라를 건설하자고, 일부 당파나 어떤 한 계급의 철학으로 다른 다수를 강제함이 없고, 또 현재 우리들의 이론으로 우리 자손의 사상과 신앙의 자유를 속박함이 없는 나라, 천지와 같이 넓고 자유로운 나라, 그러면서도 사랑의 덕과 법의 질서가 우주 자연의 법칙과 같이 준수되는 나라가 되도록 우리나라를 건설하자고.*

김구와 한독당 세력이 세우고자 한 나라는 '신민주국가'였다. 신민주국가란 정치적·경제적·교육적 균등을 기초로 한 일체의 강권이 없는 나라이자 일 계급의 독재가 없는 진정한 민주주의 국가를 지향했다. 이것은 일인 독재인 군주제, 일 계급 독재인 서구식 자유민주주의와 소련식 프롤레타리

---

* 김구, 「나의 소원」(1947), 『백범어록』, 화다출판사, 1978.

아 독재를 모두 배격하는 것이었다.

김구와 한독당은 세계가 독점자본주의의 폐해로 세계대전이라는 극심한 갈등과 고통을 경험했지만, 어떤 정치체제도 이러한 세계적 위기에 당면해 제대로 된 대응을 하지 못했다고 판단했다. 서구식 자유민주주의는 자본가 계급의 이해관계에 휘둘려 파시즘이라는 광기를 만들어냈고, 소련식 프롤레타리아 독재는 또 다른 일 계급 독재로 진정한 민주주의를 실현하는 데 실패했다는 것이다.

이러한 판단에 기초해 김구와 한독당은 기존의 서구식 자유민주주의 체제를 보완해, 인민의 정치적·경제적·교육적 평등을 강화하는 형식으로 신민주국가를 건설하려 했다. 이를 위해 그들은 인민의 기본권을 균등하게 보장하고 보통선거제를 강화해 모든 인민에게 균등한 정치적 권리를 부여하고자 했다. 이와 함께 토지와 대생산기관을 국유화해 인민의 경제적 평등을 실현하고, 의무교육을 통해 인민의 교육적 평등을 보장하고자 했다.

김구와 한독당의 신민주국가 구상은 1941년 중경임정이 공포한 '대한민국건국강령'을 통해 구체화되었다. 기존의 신민주국가 구상에서 제시했던 원칙에다가 인민의 정치적·경제적·교육적 평등을 보장하기 위한 각종 권리와 의무, 정책들을 덧붙인 형태였다.

김구와 한독당의 신민주국가는 서구식 자유민주주의를 기반으로 했기 때문에 전체적인 틀에서 서구식 자유민주주의 국가의 형태와 크게 다르지 않았다. 가장 큰 차이는 토지와 대생산기관의 국유화를 내세운 경제 부문인데, 이는 앞에서 살펴보았듯이 당시 대부분의 정치 세력들에게 널리 공유되었던 것이다. 문제는 김구와 한독당이 제시한 구체적인 정책으로 기존의 서구식 자유민주주의 체제를 얼마나 보완할 수 있을 것인가 하는 점인

데, 대한민국건국강령에 제시된 정책들을 살펴보면 그 결과는 회의적이다. 왜냐하면 그 정책들이 기존의 서구식 자유민주주의에서 언급되는 정책들과 별반 다르지 않았기 때문이다. 이는 그들이 서구식 자유민주주의를 보완하기 위해 전면에 내세웠던 평등이라는 이념을 정책적으로는 구체화하지 못했음을 의미한다.

임정법통론으로 신국가를 건설하라

6. 전국적 보통선거에 의한 정식 정권이 수립되기까지의 국내 과도정권을 수립하기 위해 국내외 각 계층, 각 혁명 당파, 각 종교 집단, 각 지방 대표와 저명한 각 민주영수회의를 소집하도록 적극 노력할 것.
7. 국내 과도정권이 수립된 즉시에 본 정부의 임무는 완료된 것으로 인정하고 본 정부의 일절 직능 및 소유 물건은 과도정권에게 교환할 것.
9. 국내의 과도정권이 성립되기 전에는 국내 일체 질서와 대외 일체 관계를 본 정부가 책임지고 유지할 것.[*]

그럼 김구와 한독당 세력은 어떤 방법으로 민족의 독립과 신국가 건설을 완수하고자 했을까? 그것은 바로 임정법통론이었다. 임정법통론이란 3·1운동으로 건립된 대한민국임시정부가 민족 주권의 정통성을 계승한 유일한 법통정부임을 표방하는 것이었다. 중경임정은 이를 통해 신정부 구성을

---

[*] 중경임정의 「임시정부 당면 정책」 중에서, 1945년 9월 3일. 국사편찬위원회 편, 『자료대한민국사』 1, 국사편찬위원회, 1968.

위한 배타적 권한을 인정받고자 했다. 임정법통론에 입각해 과도정부를 자임하면서 환국 즉시 통치권을 행사하고, 중경임정을 중심으로 정식 정부를 구성하고자 했던 것이다.

그러나 해방의 직접적인 이유가 연합군의 승리라는 외부 요인에 있었고, 중경임정이 그 과정에서 별다른 역할을 하지 못하면서 그들은 불리한 상황에 처하게 되었다. 연합국으로부터 공식 승인을 받지 못하면서, 중경임정은 정부 수립을 위한 배타적 권리를 제대로 주장할 수 없었다.

중경임정은 서둘러 기존의 정부 수립 방안을 수정했다. 곧바로 과도정부의 역할을 맡고자 했던 계획을 포기하고 '민주영수회의'라는 단계를 통해 과도정부를 수립하기로 한 것이다. 1945년 9월 발표된 '임시정부 당면 정책'은 이러한 내용을 반영한다. 중경임정은 과도정부가 수립되기 전까지 통치권을 행사하며 국내 질서와 대외 관계 일체를 책임지고자 했다. 이를 바탕으로 국내외 각계의 민족 대표를 소집해 민주영수회의를 개최하고, 이를 통해 과도정부를 수립할 계획이었다. 그리고 과도정부가 수립되면 중경임정은 전국적인 보통선거를 통해 정식 정부를 구성할 생각이었다.

국내에서 날아든 소식은 중경임정을 한층 고무시켰다. 한민당을 중심으로 한 중경임정추대운동이 그것이었다. 중경임정은 환국 직전까지 가능한 모든 채널을 총동원해 연합국, 특히 미국의 승인을 받기 위해 최선을 다했다. 미국의 승인과 국내의 중경임정추대운동은 중경임정 중심의 정부 수립 방안을 가능케 하는 핵심적인 요소였다.

그러나 미국은 끝내 중경임정을 승인하지 않았다. 이로 인해 중경임정의 정부 수립 계획은 큰 차질을 빚었다. 하지만 김구와 한독당 세력은 자신들의 계획을 포기하지 않았다. 그들은 국내의 중경임정추대운동에 기댈 생각

이었다. 그들은 정당통일운동과 정부통합운동에 소극적 태도를 보이며 기
회를 기다렸다. 이를 위해 중경임정이 많은 시간을 소비할 필요는 없었다.
기회는 그리 멀지 않은 시점에 찾아왔다.

쿠데타

보라! 들어라! 거리에 물밀 듯하는 동포들의 항거운동을! 29일 날은 밝았다. 어젯
밤부터 회사, 상점, 유흥가는 일제히 문을 닫은 채 우리의 꼿꼿한 민족성을 상징
하는 태극기를 높이 내걸고 자숙의 뜻과 자주독립의 굳은 결의를 나타냈다. 나라
없는 곳에 나 있어 무엇하고 나라 없는 곳에 돈 있어 무엇하리오. 거리거리에는
혹독한 추위에도 무릅쓰고 사나운 꿈자리에서 깨어난 군중이 이른 아침부터 비
분과 흥분 그리고 격분에 넘쳐 물밀 듯이 밀려나와 자주독립만을 원하는 굳은 기
세를 올리어 마침내 누구의 말 없고 지시 없는 시위 행동을 일으켰다.*

1945년 12월 29일, 서울에서 해방 후 처음으로 대규모 시위가 벌어졌다.
모스크바삼상회의 타결 소식에 반발해 일어난 첫 번째 대규모 반탁시위였
다. 영하의 날씨에도 불구하고 반탁운동의 열기는 맹렬히 타올랐다. 그것
은 독립에 대한 순수한 열망, 그 이상도 그 이하도 아니었다. 그러나 안타깝
게도 반탁운동 속에는 이성이 존재하지 않았다. 흥분한 군중들은 모스크바
결의안의 내용이 제대로 알려지기도 전에 '모스크바 결의안은 곧 신탁통치

---

* 《동아일보》, 1945년 12월 30일 자.

신탁통치 반대 집회에 운집한 사람들과 김구. 김구는 반탁운동을 통해 중경임정의 정권 인수를 여론화하고 가속화하고자 했다.

안'이고, '신탁통치안은 곧 소련의 안'이라는 등식을 내면 깊숙이 각인했다. 이와 함께 '반탁은 애국'이고, '찬탁은 민족 반역'이라는 등식도 일반화했다. 이것은 언론들의 악의적인 허위·과장·왜곡 보도와 출처를 알 수 없는 온갖 전단들이 만들어낸 등식이었다. 그 속에는 여러 우익 정치가들의 의도가 은밀히 숨어 있었다. 중경임정의 뜻도 큰 자리를 차지하고 있었음은 물론이다.

중경임정의 의도는 반탁운동을 중경임정추대운동, 즉 중경임정의 정권 인수운동 기회로 삼는 것이었다. 상황은 의도한 대로였다. 여론은 급속히 외국 군정의 철폐와 중경임정의 정권 장악으로 쏠렸다. 여론은 중경임정의 편이었다. "대한민국임시정부를 우리의 정부로서 세계에 선포하는 동시에 세계 각국은 우리 정부를 정식으로 승인하라." 12월 31일 신탁통치반대국민총동원위원회(이하 반탁총동원위원회)의 대규모 반탁시위에서 채택된 결의문은 반탁운동이 향하는 곳이 어디인지를 보여주는 명확한 증거였다. 이제 중경임정이 화답할 차례였다.

국자國字 제1호

1. 현재 전국 행정청 소속의 경찰기관 및 한인 직원은 전부 본 임시정부 지휘하에
   예속게 함.

2. 탁치 반대의 시위운동은 계통적 · 질서적으로 행할 것.

3. 폭력 행위와 파괴 행위는 절대 금지함.

4. 국민의 최저생활에 필요한 식량 · 연료 · 수도 · 전기 · 교통 · 금융 · 의료기관 등
   의 확보 운영에 대한 방해를 금지함.

5. 불량 상인의 폭리 매점 등은 엄중 취체함.

국자 제2호

이 운동은 반드시 우리의 최후 승리를 취득하기까지 계속함을 요하며, 일반 국민
은 우리 정부 지도하에 제반 사업을 부흥하기를 요망한다.*

1945년 12월 31일, 중경임정 내무부장 신익희의 명의로 두 개의 포고문
이 발표되었다. 이것은 중경임정이 미군정으로부터 정권을 인수하겠다는
의지를 분명히 한 것이었다. 중경임정은 군정의 경찰조직을 흡수하고, 군
정청 한국인 직원들의 총파업을 통해 정권을 장악한 후, 방송을 통해 정권
인수를 공식 선언할 생각이었다. 서울 시내 대부분의 경찰서장들은 이미
중경임정과 뜻을 함께하기로 결정했고, 군정청과 서울시청의 한국인 직원
들도 총사직을 선언하며 중경임정에게 힘을 실어줬다. 중경임정의 정권 인
수는 눈앞에 다다른 것처럼 보였다.

---

* 중경임정의 포고문, 1945년 12월 31일.

하지만 미군정은 중경임정의 정권인수운동을 더 이상 용납하지 않았다. 그들은 중경임정의 정권인수운동을 '쿠데타'로 규정하고, 중경임정과 경찰들의 접촉을 전면 차단하고 나섰다. 중경임정과 뜻을 함께했던 10여 명의 경찰서장들은 모두 파면되었다. 중경임정의 정권인수운동은 순식간에 막다른 길로 내몰렸다. 경찰이라는 물리력 확보에 실패한 데다가 뜻을 함께했던 한민당 등 우익 진영 내에서도 균열이 발생했기 때문이다.

1946년 1월 1일, 반도호텔에서 김구는 하지를 만났다. 그 자리에서 하지는 김구를 크게 위협했다. 그는 "다시 한 번 나를 기만하면 죽여버리겠다"라고 일성을 질렀다. 김구는 자살하겠다며 하지에게 맞섰다. 하지만 그것이 전부였다. 미군정의 뜻을 거스르며 정권인수운동을 계속하기에는 중경임정의 역량은 너무 미흡하고 미군정의 물리력은 너무 강고했기 때문이다. 결국 양측은 서로의 체면을 살려주는 선에서 타협했다. 중경임정이 남한 내 미군정의 권위에 도전하지 않는다면 미군정도 중경임정을 민족 지도세력으로 계속 대우하겠다는 것이었다. 그러나 양자의 관계가 예전과 같을 수는 없었다.

그날 밤 중경임정의 선전부장 엄항섭嚴恒燮, 1898~1962은 김구를 대리해 방송을 통해 반탁운동의 중지를 선언했다. 그는 군정청 한국인 직원들에게 즉시 파업을 중지하고 복귀하라고 지시했다. 그리고 반탁운동이 결코 군정을 반대하는 운동이 아님을 분명히 했다. 이것은 중경임정의 정권인수운동이 실패했음을 공식적으로 인정하는 것이었다. 김구와 중경임정의 '쿠데타'는 그렇게 하루 만에 종결되었다.

비상정치회의에서 민주의원으로

우리의 통일에 대한 주장은 무엇인가? 1. 비상정치회의를 즉시 소집하자는 것이다. (중략) 국내 과도정권을 수립하기 위해 국내외 각 계층, 각 혁명당파, 각 종교단체, 각 지방 대표와 저명한 각 민주영수회의를 소집하자는 것이다. (중략)

2. 임시정부를 확대 강화하자는 것이다. (중략) 과도정권이 수립되기 전까지의 과도정권은 누가 행사할 것인가. 이것은 임시정부일 것이다. (중략) 그러므로 우리는 각계 영수를 망라해 임시정부를 확대 강화해서 비상정치회의에서 과도정권이 확립될 때까지 나아가는 것이다.

3. 국민대표대회를 소집하자는 것이다. 우리는 먼저 비상정치회의를 소집하는 동시에 임시정부를 확대 강화해 비상정치회의에서 과도정권이 확립되면 임시정부는 그때 해체될 것이다. 그다음에 그 과도정권은 절대 민주적 정신 위에서 국민대표대회를 소집해서 독립국가·민주정부·균등사회를 원칙으로 한 신헌장에 의해 정식 정권을 조직하자는 것이다.[*]

1946년 1월 4일, 중경임정은 김구의 성명을 통해 '비상정치회의'의 소집을 발표했다. 이것은 정권인수운동의 실패를 만회하고, 임시정부 당면 정책으로 돌아가 중경임정 중심의 국가 수립 방안을 관철하기 위한 공세적 선택이었다. 이로써 중경임정은 모스크바 결의안에 입각한 정부 수립 방안을 전면 거부하고, 임정법통론에 입각한 중경임정 중심의 과도정부 수립 방안으로 돌파하겠다는 의지를 분명히 했다. 그 방법은 중경임정을 확대

---

[*] 김구, 《서울신문》, 1946년 1월 5일 자.

강화해 과도정부 수립 이전에 과도적 정부 기능을 담당케 하고, 과도적 입법기관으로 비상정치회의를 소집해 과도정부를 구성하겠다는 것이었다.

그러나 중경임정의 비상정치회의 소집 요구는 임정법통론에 입각한 것이었기 때문에 좌익은 물론 이승만, 미군정과도 충돌하면서 어려움을 겪었다. 이승만은 중경임정 중심의 정부수립운동을 달가워하지 않았고, 미군정 역시 더 이상 중경임정의 독자적인 정부수립운동을 용인할 생각이 없었다. 한민당 등 일부 우익 세력들도 중경임정의 공세적 움직임에 부담을 느꼈다. 정권인수운동 이후 중경임정과 미군정의 사이가 벌어질 대로 벌어진 상황에서 중경임정이 또다시 미군정과 충돌한다면 그것은 중경임정뿐만 아니라 중경임정을 지지해왔던 우익 세력에게도 악몽 같은 일이 될 터였다. 우익들은 중경임정에서 벗어나 새로운 길을 모색하기 시작했다. 중경임정추대운동을 중심으로 똘똘 뭉쳐 있던 우익 진영에 미묘한 균열이 발생한 것이다.

중경임정과 우익 세력들의 균열을 비집고 들어온 것은 이승만이었다. 그는 굿펠로를 통해 미군정이 추진했던 정계통합운동을 자신에게 유리한 방향으로 유도하는 한편, 김구와 우익 세력들을 설득하고 나섰다. 미군정은 더 이상 중경임정의 독자적인 과도정부 수립 계획을 용인하지 않을 것이므로, 자신을 중심으로 중경임정의 비상정치회의와 독촉중협을 결합해 과도정부를 수립하자는 것이었다. 한민당 등 우익들은 급속히 이승만 쪽으로 기울었다. 미군정과의 관계 악화로 힘겨워하던 김구는 우익들마저 중경임정에 등을 돌릴 기미가 보이자 더 이상 버텨내지 못했다. 결국 1946년 2월 1일 비상정치회의는 독촉중협과 결합해 비상국민회의로 재편되었다. 모든 것은 이승만이 의도한 대로였다. 이로써 독자적 과도정부 수립을 목표로 중경임정 중심의 통일전선체를 지향했던 비상정치회의는 우익 반탁 세력의 통합체인 비상국민회의로 변질되었다.

그러자 중경임정은 극심한 내부 분열에 휩싸였다. 중경임정 내 좌파 세력인 조선민족혁명당, 조선민족해방동맹, 무정부주의연맹 등이 비상국민회의 탈퇴를 선언하며 중경임정을 이탈했다. 이들은 김구와 한독당이 좌익 세력과의 통일전선 결성에 아무런 노력도 하지 않은 채 우익 세력과의 통합에만 열을 올린다고 비판했다.

이들의 비판처럼 김구와 한독당은 우익 세력과의 통합으로 위기를 해결하고자 했다. 그들은 이 과정에서 이승만에게 정국의 주도권을 내줘야 했지만, 일정 부분 미군정과 관계를 개선하면서 최악의 사태는 막을 수 있었다. 중경임정은 비상국민회의가 중경임정의 임시의정원을 계승한 기관임을 표방하며 임정법통론을 고수하고자 했다. 하지만 2월 13일 비상국민회의가 과도정부의 수립을 위해 발표한 최고정무위원 28명이 다음 날 미군정의 의도에 따라 일방적으로 남조선대한국민대표민주의원(이하 민주의원)으로 변경되면서 중경임정은 또 한 번 자존심에 큰 상처를 입었다. 중경임정에게 비상국민회의 최고정무위원회는 중경임정의 국무위원회를 계승해 과도정부로 기능하길 원했던 조직이었으나, 그것은 순식간에 민주의원이라는 이름을 가진 미군정의 자문기관으로 전락하고 말았기 때문이다.

김구와 한독당은 중경임정의 실추된 이미지를 만회하기 위해 최선을 다했으며, 그 유일한 방법은 자신들을 중심으로 우익 세력을 통합하는 데 있다고 생각했다. 특히 자신들의 실질적인 역량을 강화하는 것이 그들의 목표였다. 이는 곧 당과 대중조직을 강화하는 것이었다.

당과 대중조직을 강화하라

본 한국독립당은 국민당·신한민족당과 무조건 동지적 협동을 이뤘다. 급진자유당·대한독립협회·자유동지회·애국동지회 등 제 단체도 합동 귀일함에 있어 이에 우리는 모든 혁명적·애국적·진보적인 제 세력을 집중 합류하면서 획기적인 신출발을 하게 되었다. 독립당과 각 중앙당부 지방 지부 결성 준비 중의 신구 소속 전체 동지 당원은 모두 해방 전사로서의 새 결심과 재출발로서 독립당 누累 10년의 혁명 전통을 확대 강화시키면서 열렬한 동지애와 조국애로 단결해 협진協進, 정진精進 또 용진勇進키로 하자. 우리는 40년 피예속과 40년 감투 끝에 다시 조국 성패의 위난危難한 기로에 섰다. 오직 완전 해방만을 기망待望하고 있다. 우리들의 임무는 크고 무겁다.*

1946년 3월 한독당은 대대적으로 우익정당통합운동을 벌였다. 그 대상은 한민당, 국민당, 신한민족당 등 우익의 주요 정당이었다. 한독당의 우익정당통합운동은 민주의원의 성립으로 실추된 중경임정의 이미지를 쇄신하고, 당적 활동의 강화를 통해 우익 진영에 대한 지도권을 확립하는 데 그 목적이 있었다.

이 우익정당통합운동은 강압적인 분위기에서 이뤄졌다. 한독당은 이들 정당들에 대해 무조건적 합당을 강요했다. 4월 7일 4개 정당이 합의한 3개조의 합당 원칙을 살펴보면, 당명과 총재 선임 문제는 한독당의 뜻대로 하게 되어 있었고, 강령도 한독당의 삼균주의**를 따르게 되어 있었다. 한독당

* 김구, 《조선일보》, 1946년 4월 21일 자.
** 삼균주의는 중경임정이 건국을 위한 기본 이념으로 공포한 사상이다. 정치의 균등, 경제의 균등, 교육의 균등을 기반으로

이 통합 정당 구성을 위해 양보한 것은 중앙위원과 부서를 증원하는 정도였다. 이는 사실상 한독당의 우익정당흡수운동이었다.

한독당의 강압적 태도로 인해 우익정당통합운동은 상당한 마찰을 빚었다. 특히 한민당의 저항이 극심했다. 한민당은 한독당과의 통합이 본래 자신들의 정책이었음에도 불구하고 이를 거부했다. 여기에는 한독당을 중심으로 한 우익 거대 정당의 탄생을 원치 않았던 이승만의 입김이 작용하고 있었다.

결국 한독당의 우익정당통합운동은 국민당과 신한민족당을 통합하는 데 그쳤다. 우익 최대 정당인 한민당을 통합하는 데 실패함으로써 정당 통합의 효과는 그리 크지 않았다. 김구와 한독당은 다시 한 번 지도력의 한계에 부딪쳤다. 그들은 한민당의 태도 변화를 쓸쓸하게 지켜봐야 했다. 한민당은 이미 임정법통론의 그늘에서 벗어났음이 명백했다.

김구와 한독당은 대중조직의 통합에도 힘을 기울였다. 자신들이 주도하는 반탁총동원위원회와 이승만이 주도하는 독촉중협의 지방 지부를 통합해 거대 조직을 만들려는 시도였다. 그 결과 1946년 2월 8일 대한독립촉성국민회(이하 독촉국민회)가 발족했다. 우익 진영 최대의 대중조직이 탄생하는 순간이었다.

독촉국민회의 주도권은 일단 김구 측에게 돌아갔다. 통합 과정에서 김구와 이승만 세력 간에 치열한 물밑 다툼이 벌어졌지만, 4월에 개최된 '독촉국민회 전국도·부·군지부장회의'를 주도한 김구가 실권을 장악했던 것이다. 김구 측 반탁총동원위원회의 역량이 독촉중협을 압도한 결과였다.

개인과 개인, 민족과 민족, 국가와 국가 간의 완전 균등을 추구했다.

하지만 안타깝게도 그 성과는 오래가지 않았다. 이승만이 남선순행을 통해 독촉국민회의 지역 조직을 다진 후, 6월 10일과 11일에 걸쳐 개최된 '독촉국민회 전국대회'에서 독촉국민회의 중앙까지 탈환했기 때문이다. 이승만은 독촉국민회의 총재로 추대되었고 조직을 좌지우지할 수 있는 실질적인 권한까지 확보했다. 이로써 이승만은 우익 진영 내에서 일인자의 지위를 굳히게 되었다.

이승만이 열세에 놓여 있던 조직력을 뒤집고 순식간에 김구와 한독당 세력을 압도할 수 있었던 데에는 중경임정의 또 다른 실력자 신익희의 힘이 작용했다. 신익희는 환국 직후부터 임정 내무부장이라는 지위를 활용해 임정 산하에 정치공작대, 행정연구위원회 등을 설립하고 자신의 입지를 확대해나갔다. 그런데 이들 조직이 점차 신익희의 사조직처럼 변해가면서 그는 임정 지도부와 심각한 마찰을 겪었다. 신익희는 독자세력화를 꿈꿨고, 결국 독촉국민회 전국대회를 계기로 이승만 진영에 가담했다. 이로써 이승만 진영의 조직력은 크게 강화되었다. 이는 이승만이 독촉국민회를 장악하는 데 결정적인 이유가 되었다. 김구로서는 전혀 예상치 못했던 뼈아픈 배신이었다.

잠시 좌우합작을 지지하다

요즘 항간에는 단독정부 수립설이 유포되고 있으나, 우리 당으로서는 이에 찬성할 수 없다. 38선의 장벽이 연장되는 한 경제상 파멸과 민족이 격리되어 역사적인 큰 비극을 자아내고 있음은 민족통일에도 큰 장애라 아니할 수 없다. 장래에

이 상태가 그대로 계속되는 때에는, 한국 민족 자체의 생존을 위해 그대로 방관할 수 없을 것이다.*

김구와 한독당이 당과 대중조직의 강화에 힘쓰던 무렵, 제1차 미소공동위원회(이하 미소공위)는 아무런 성과 없이 무기한 휴회되었다. 그러자 이승만은 공공연히 남한 단독정부의 수립을 주장하기 시작했고, 이에 김구와 한독당은 즉시 담화를 발표해 남한단정설을 반대했다. 김구는 남북통일과 좌우 협조로 자주독립국가의 완성을 도모해야 한다고 생각했고, 비상국민회의의 확대 강화를 통한 자율적 통일정부의 수립으로 이를 실현하고자 했다. 김구와 한독당은 다시 한 번 임정법통론에 입각한 통일정부의 수립을 주장했던 것이다.

나의 흉중에는 좌니 우니 하는 것은 개념조차 없다. 오직 조국의 독립과 동포의 행복을 위해 분투할 것이며, 일보를 전진해 우리 동포는 세계 인류와 같이 형이상하의 번영과 익이좌우翼而左右의 생존을 위해 풍야風夜 노력할 뿐이다. (중략) 좌니 우니 하는 것은 민족 자멸의 근원이 될지니 생각할수록 오중五中이 찢어질 듯하다. (중략) 삼천만 민중의 절대 희구는 오직 독립과 해방뿐이다. (중략) 친애하는 동포여! 절역에서 전전할 때 고국의 산하를 바라보면서 그리운 동포를 연상할 때에 어찌 오늘과 같은 경우를 뜻하였으랴. 동포여 반성할지어다. 동포여 단결할지어다.**

• 　남한단정설에 대한 한독당의 반대 담화, 《서울신문》, 1946년 6월 5일 자.
** 　김구, 《동아일보》, 1946년 7월 7일 자.

연설하는 김구. 김구는 우익 세력의 지도권을 두고 이승만과 끊임없이 경쟁했으나 내내 수세적인 입장에서 벗어나지 못했다.

미소공위가 휴회하자 미군정은 김규식과 여운형을 축으로 하는 좌우합작운동 지원으로 정책을 전환하고 이를 공식화했다. 김구는 좌우합작운동을 적극 지지하고 나섰다. 10월 7일 발표된 좌우합작 7원칙에 대해서도 김구와 한독당 세력은 "8·15 이후 최대의 수확"이라며 좌우합작운동에 대한 적극적인 지지를 표명했다.

그런데 김구의 좌우합작 지지 표명은 자신의 신념에 반하는 모순된 행동이었다. 좌우합작운동의 목표는 모스크바삼상회의의 결정에 입각한 남북 좌우의 합작으로 임시정부를 수립하는 데 있는 것이어서, 명백히 김구와 한독당 세력의 임정법통론과 충돌했기 때문이다. 김구가 이러한 모순에도 불구하고 좌우합작을 지지했던 이유는 무엇일까? 김구의 말을 인용하자면 그것은 일종의 '타협'이었다. "좌우합작의 목적은 민족통일에 있고 민족통일의 목적은 독립자주의 정권을 수립함에 있는 것"이므로 좌우합작의 성공을 위해 잠시 임정법통론을 접어두겠다는 것이었다.

또한 이것은 이승만과 한민당에 대한 반대의 표현이기도 했다. 우익 정당과 대중조직의 통합운동 이래 김구와 한독당은 이승만, 한민당과 심각한 갈등 관계에 놓여 있었다. 김구는 좌우합작운동을 반대하던 이승만, 한민당과 대립하며 좌우합작운동을 주도하던 중경임정의 부주석 김규식에게 힘을 실어주고자 했던 것이다. 특히 당시 한민당에 대한 김구의 불신은 극에 달해 있었다. "일제강점기에 하던 버릇을 아직 놓지 못하고 민족이 위기에 직면하고 있는 이때 자당의 세력 부식과 사욕에 사로잡혀 우리 국민운동을 노리는 자는 스스로를 살피고 마땅히 물러가야 한다"라거나 "이른바 황국의 성전을 위해 글장이나 쓰고 연설쯤 한 것은 문제도 되지 아니한다고 하면서 도리어 발호하는 무리를 대할 때는 구역이 나지 아니할 수 없다"라는 김구의 발언은 곧바로 김성수와 장덕수를 연상시킬 정도로 명백히 한민당을 향한 것이었다.

하지만 김구의 지지에도 불구하고 좌우합작운동은 미군정의 의도에 따라 남조선과도입법의원(이하 입법의원)을 설립하기 위한 도구로 전락했다. 미군정은 10월 12일 입법의원 설치안을 정식 공포하고 입법의원 선거를 강행했다. 좌우합작운동에 반대했던 이승만과 한민당은 입법의원 설치안을 크게 지지하며 적극적으로 선거에 임했다.

한독당은 입법의원 문제로 심각한 내란에 휩싸였다. 김구와 한독당 주류세력은 입법의원의 설치가 임정법통론에 어긋난다는 이유로 반대했다. 그러나 안재홍의 국민당 계열은 입법의원의 설치로 한국인의 자치권이 확대되는 것이 민족통일정부의 수립에 보다 유리하다고 판단했기 때문에 적극 찬성하고 나섰다.

입법의원 선거는 불공정한 과정으로 인해 이승만과 한민당의 승리로 끝났다. 한독당이 얻은 의석은 겨우 3석에 불과했다. 그런데 한독당은 민선과 관선으로 뽑힌 의원들을 입법의원에 참여시킬지 말지를 두고 또다시 내홍에 휩싸였다. 한독당에게는 참으로 힘겨운 나날의 연속이었다.

두 번째 쿠데타

입법의원 문제로 당내 갈등을 겪던 김구와 한독당에게는 뭔가 상황을 전환할 돌파구가 필요했다. 그런데 이승만이 그러한 돌파구를 제공했다. 하지의 권유로 방미를 결정한 이승만이 방미 기간 동안 우익 진영의 공동 대책을 논의하기 위해 김구를 찾아왔던 것이다. 김구와 이승만은 국내와 워싱턴에서 동시다발적으로 격렬한 반탁·반군정운동을 벌이는 데 합의했다. 하지만 두 사람의 목표에는 미묘한 차이가 있었다. 이승만은 남한만의 단독정부 수립을, 김구는 중경임정 중심의 정부 수립을 목표로 했기 때문이다.

김구의 반탁운동은 1946년 12월 27일 반탁운동 제1주기를 기념해 시작되었다. 이날 김구는 격렬한 반탁성명을 발표했고, 이에 동조한 여러 사회단체들의 성명이 그 뒤를 이었다. 남한 사회는 순식간에 반탁운동의 열기로 고조되었다. 대규모 반탁시위는 다음 해 1월 18일부터 20일까지 개최될 예정이었다. 그런데 미군정이 시위에 대한 정보를 입수하면서 계획이 틀어지기 시작했다. 미군정은 미국에 있는 이승만을 설득해 반탁시위를 취소시키고자 했다. 결국 이승만은 김구와 각 사회단체들에게 대규모 시위를 자제하라는 전언을 보냈다. 이로 인해 예정되어 있던 대규모 반탁시위는 모두 취소되었다. 하지만 모든 상황이 종결된 것은 아니었다. 김구가 독자적인 행동에 나섰기 때문이다.

우리는 시급히 독립 진영을 정화하며 확대 강화함으로써 재편성해 특히 독립운동의 최고 방략을 안출하며 또 그것을 운영할 수 있는 유일 최고 기구를 설치하지 아니하면 아니 된다. 우리는 여사한 기구를 구태여 신설할 것이 없이 현존하는 민통, 독촉국민회, 비상국민회의 중에서 하나를 선택하면 족할 것이다. 그런데 그중에도 비상국민회의가 수십 년 내의 독립운동의 법통을 계승했으니 나는 민통과 독촉국민회를 이에 합류시켜 먼저 세 기구를 단일화한 후에 그것을 적당히 확대 강화해서 독립운동의 최고 기구의 임무를 감당할 수 있도록 개조하기를 주장한다.[*]

1947년 2월 8일, 김구는 현존하는 민족통일총본부(이하 민통), 독촉국민회, 비상국민회의를 통합해 독립운동의 최고 기관을 설립하자는 성명을 발표했다. 통합의 방법은 임정법통론에 입각해 비상국민회의를 중심으로 민통과 독촉국민회를 흡수하는 것이었다. 이에 따라 비상국민회의는 2월 14일부터 17일까지 전국대의원대회를 개최하고 세 단체를 통합해 '국민의회'를 조직했다. 국민의회는 63개 단체, 13도 대표 50명으로 구성되었다. 국민의회는 중경임정의 임시의정원을 계승하는 상설적 대의조직이자 대한민국 유일의 역사적 입법기관으로 규정되었다. 즉, 국민의회는 임정법통론에 입각한 중경임정의 자율적 과도정권 수립을 위한 대의기관이었다.

이와 함께 한독당은 한민당과의 합당을 재차 시도했다. 김구는 양당이 통합하지 않는다면 정계 은퇴도 불사하겠다며 한민당을 압박했다. 김구는 국민의회와 통합 한독당을 중심으로 우익 진영의 헤게모니를 장악하고, 과도정부 성립을 선포할 생각이었다. 3월 1일 독촉국민회와 전국학생총연맹이 중경임정을 봉대한다고 결의하면서 과도정부 수립 열기는 점차 고조되었다. 3월 3일 국민의회는 긴급대의원대회를 통해 임정 주석에 이승만, 부

---

* 김구의 독립운동 최고 기관 설치 성명, 《동아일보》, 1947년 2월 9일 자.

주석에 김구를 추대했다. 이와 함께 과도정부 수립을 위한 정부조직 개편 작업도 본격화했다. 이제 김구에게는 과도정부의 성립을 선포할 일만 남았다. 이것은 사실상 김구의 두 번째 '쿠데타'를 의미했다.

그러나 김구는 과도정부의 수립을 선포하지 못했다. 이승만과 한민당, 김규식 등 중도파 세력, 경찰과 군정 관료 등 그 어느 쪽의 지원도 받지 못했기 때문이다. 국민의회는 한국을 대표하는 대의기관임을 표방했지만, 임정법통론을 받아들이는 우익 일부를 대표하는 기관에 불과했다. 김구는 한독당과 한민당을 통합하는 데도 실패했다. 한민당은 언론을 통해 언제든지 한독당과 통합할 수 있다고 밝혔지만 실상은 소극적인 태도로 일관했다. 그들은 반탁운동에도 참여한다고 했다가 금세 번복하는 등 이승만과 김구, 미군정 사이를 오가며 기회주의적 행동을 일삼았다. 이러한 태도로 인해 한독당 내부에서 먼저 합당 거부 의견이 나올 정도였다.

이승만은 자신이 미국에서 돌아올 때까지 기다리라며 김구의 정부 수립 시도를 저지했다. 자신이 없는 사이 우익 진영을 장악하고 자신의 지위에 도전하는 것을 더 이상 용납할 수 없었던 것이다. 하지만 보다 결정적인 저지는 미군정에게서 나왔다. 미군정은 3월 5일 한독당 중견간부인 엄항섭과 김석황金錫璜, 1894~1950을 불법시위 혐의로 체포하고 정부 수립을 선포하면 반란 행위로 처벌하겠다고 경고했다. 이와 함께 미군방첩대와 경찰은 한독당 당사와 김구의 경교장 등을 수색해 김구가 정부 수립 선포를 위해 준비해놓은 '대한민국특별행동대사령부포고령' 등 증거물을 압수했다. 결국 김구는 이시영李始榮, 1869~1953, 조완구趙琬九, 1881~1954 등과 함께 브라운Albert Brown 소장을 방문해 앞으로 미군정을 방해하지 않겠다고 약속해야 했다.

김구의 쿠데타 시도는 항간에서 '아이들의 장난'쯤으로 치부되었다. 김구로서는 참을 수 없는 굴욕이었다. 하지만 김구가 할 수 있는 일은 더 이상 없었다. 김구의 두 번째 쿠데타는 그렇게 허무하게 종결되었다.

결별과 재탄생

쿠데타가 실패한 후 김구는 더욱더 힘겨운 상황에 빠져들었다. 미국에서 돌아온 이승만은 우익 내 최고 지도자로서의 위상을 다시 한 번 견고히 하며, 총선거에 의한 남한 단독정부의 수립을 주장했다. 이제 그는 임정법통론에 대한 반대도 결코 숨기지 않았다. 김구는 여전히 임정법통론에 의한 과도정부 수립 노선을 견지하며 이승만과 대립했지만, 우익 내 그의 영향력은 예전과 같지 않았다.

5월 21일 미소공위가 재개되면서 김구의 위기는 더욱 극심해졌다. 미소공위 참여 문제로 안재홍의 국민당 계열과 권태석權泰錫, 1894~1948의 신한민족당 계열이 한독당을 이탈했기 때문이다. 위기는 김구만의 것이 아니었다. 이승만 역시 한민당의 미소공위 참가로 우익 지도력에 큰 상처를 입었다. 공동의 위기 앞에 김구와 이승만은 또다시 손을 잡았다. 미소공위를 유산시키기 위해 여러 차례에 걸쳐 반탁시위를 주도하는 등 공동 투쟁에 나선 것이다. 이와 함께 양 세력을 통합하기 위한 노력도 재개되었다. 어느 쪽도 다른 한쪽의 도움 없이는 우익 진영 전체를 완벽하게 제어할 수 없다는 현실이 양자를 협력의 길로 이끌었다. 하지만 단결은 오래가지 않았다. 7월 중순 제2차 미소공위가 사실상 결렬되자 김구와 이승만은 정부 수립 방안과 우익 진영 주도권 문제를 둘러싸고 다시 분열했다.

김구는 국민의회를 통해 이승만의 단독정부 수립안을 반대하는 결의안을 채택하고, 재차 임정 봉대에 의한 정부 수립을 주장했다. 국민의회는 이승만을 주석, 김구를 부주석으로 재추대했다. 이승만은 단호한 태도로 주석 취임을 거부했다.

9월 17일 한국 문제가 유엔으로 이관되면서 남한 정계는 새로운 국면에 돌입했고, 이 변화는 김구에게 새로운 선택을 요구했다. 그것은 임정법통론을 유지할 것인지 국제 감시하의 총선을 받아들일지의 문제였다. 김구는 국제 감시하의 총선을 받아들이더라도 이승만의 남한 단독선거는 절대 받아들일 수 없음을 명확히 했다. 국제 감시하의 남북 총선을 통해 통일국가를 수립해야 한다는 것이었다. 그러나 남북 총선이 이뤄지기 위해서는 북한의 전향적인 태도가 필요했다. 한국 문제의 유엔 이관을 반대했던 북한과 소련이 유엔 감시하의 남북 총선을 받아들일 가능성은 사실상 전무했다.

김구는 자연스럽게 남북지도자회의에 입각한 남북 총선거 실시라는 중도파의 주장에 관심을 갖게 되었다. 한독당은 조소앙을 중심으로 중도파가 주도하는 12정당협의회에 참가해 남북지도자회의에 입각한 남북 총선거 방안을 추진했다. 이승만과 한민당은 대대적으로 12정당협의회를 비판하고 나섰다. 한독당과 중도파가 연합해 정국을 주도할 것을 우려한 방해작전이었다. 이승만과 한민당은 한독당과 중도파를 분리하기 위해 가능한 모든 수단을 총동원했다. 그 결과 한독당은 결국 12정당협의회에서 이탈했다. 김구가 선택한 것은 이승만과의 통합 재추진이었다.

이승만이 임정봉대론에 입각한 정부 수립을 명확히 반대하고 있는 상황에서 김구의 이 선택은 임정법통론의 포기를 의미했다. 12월 1일, 김구는 이승만과 회담 직후 발표한 성명에서 "소련의 방해로 북한에서 선거가 실시되지 못한다 해도 그것은 법리상으로나 국제관계상으로 통일정부일 것이요 단독정부는 아닐 것"이라고 주장했다. 결국 그는 그동안 주장해오던 남북 총선거 방안을 폐기했을 뿐만 아니라 사실상 이승만의 단독선거안까지 받아들이게 되었던 것이다.

12월 3일, 국민의회는 이승만 측의 입법기관이었던 한국민족대표자대회(이하 민족대표자대회)와 통합을 결의했다. 이로써 남한 단독정부 수립을 기초로 한 우익 대연합이 이뤄지는 듯했다. 양 단체의 통합은 12월 12일 개최될 합동대회를 통해 완료될 예정이었다. 그런데 김구와 이승만 세력의 통합은 실패로 돌아갔다. 12월 2일 발생한 장덕수 암살 사건* 때문이었다.

12월 12일 민족대표자대회와 국민의회의 합동대회가 예정되어 있던 날, 경찰은 이 대회를 불허했다. 장덕수 암살 사건의 배후에 국민의회의 간부가 관련되어 있다는 것이 그 이유였다. 이날 이후 경찰은 장덕수 암살에 한독당 세력이 관련되어 있음을 명확히 했다. 언제부터인가 그들의 수사는 강력한 정치적 의도를 띠기 시작했다. 경찰 수사의 최종 목표는 김구를 향하고 있었다.

사건의 배후에 김구와 한독당 세력이 관련되어 있다는 수사 결과가 발표되자 한민당은 김구와 한독당을 백백교**에 비유하면서 "살인마의 조직과 명령 계통을 근절하라"고 주장했다. 한때 중경임정추대론의 선두주자였던

---

* 장덕수는 1947년 12월 2일 현직 경찰 박광옥과 연희대학생 배희범에 의해 암살되었다. 수사 결과 그들은 대한학련이라는 청년단체 소속임이 밝혀졌는데, 이 단체는 김구 노선을 추종하던 단체였다. 이로 인해 대한학련과 관계를 맺고 있던 김구 측 인사들이 연루되어 대거 구속되었고, 김구 역시 법정에 서는 치욕을 당했다. 장덕수는 한민당의 미소공위 참여를 주도한 이후 김구 외에 이승만과도 갈등을 빚고 있었다. 그런데 당시 수사는 김구 측에게만 불리하게 진행되었다.

** 백백교는 일제강점기에 유행했던 사이비 종교다. 교주와 교단 간부들이 신도들의 재산 강탈, 성폭행 등을 일삼으며 비밀 유지를 위해 신도 수백 명을 살해하고 암매장했다가 세상에 알려져 사회문제가 되었다.

장덕수 암살 사건에 증인으로 나온 김구. 장덕수 암살 사건은 김구가 이승만, 한민당과 완전히 결별하는 계기가 되었다.

한민당은 이제 공공연히 중경임정 세력을 제거하라고 주장할 정도로 적대적인 세력이 되었다. 그들의 목표는 김구와 한독당을 제거하고, 이승만 아래의 2인자 위치를 확고히 하겠다는 것이었다.

국민의회와 민족대표자대회의 합동대회가 불허되자 이승만의 태도도 급변했다. 김구와의 통합 문제에 냉담한 반응을 보이기 시작했던 것이다. 이로 인해 김구와 이승만의 통합은 1948년 1월 8일 최종 결렬되었다. 이제 이승만은 김구와의 통합 대신 김구 세력의 제거 혹은 세력 약화를 선택했다. 암살 사건을 계기로 김구라는 강력한 정치적 경쟁자를 제거하고자 했던 것이다.

장덕수 암살 사건으로 김구와 한독당은 궁지에 몰렸다. 그것은 정치적 생명을 위협받을 정도로 절체절명의 위기였다. 그동안 함께해 왔던 사람들이 약점이 드러나는 순간 일제히 등을 돌리고 공격해왔다. 배신의 상처는 그만큼 깊고 치명적이었다.

이승만과 한민당, 미군정으로부터 배척받게 된 후, 김구와 한독당이 선택할 수 있는 길은 그리 많지 않았다. 위기의 대부분은 임정법통론에 대한 과도한 집착과 그것이 불가능해진 이후 통일과 분단을 오락가락하던 중에 양산된 결과이기에 스스로 자초한 것이나 마찬가지였다. 하지만 김구와 한독당의 역할은 끝나지 않았다. 민족의 독립은 아직 완성되지 않았고, 민족 통일국가의 수립이라는 목표는 여전히 유효했다. 김구는 그동안의 노선을 모두 접고 민족의 통일을 위해 여생을 바치겠다고 결심했다. 이제 그는 새로운 길로 접어들었다. 그것은 김구가 진정한 민족주의자로 거듭나는 길이었다.

중도파 세력은 기회가 있을 때마다 사회개혁의 필요성을 주장했다. 토지개혁, 친일파 숙청, 경찰개혁 등이 그것이었다. 남북이 대치하고 있는 상황에서 사회개혁은 남한 체제의 우월성을 보여줄 수 있는 기회일 뿐만 아니라, 대중적 지지 기반을 단시일 내에 확보할 수 있다는 점에서도 반드시 필요했다.

그러나 미군정은 중도파의 요구를 끝내 들어주지 않았다. 그들은 중도파를 남한 정계의 중심으로 내세우면서도 실질적으로 중도파의 입지를 확대할 수 있는 사회개혁 법안들에 대해서는 끝까지 외면했다. 이는 미군정의 중도파 지지 정책의 본질을 의심케 한다. 그들은 진정으로 중도파 세력을 지지했던 것일까? 그렇다면 그들이 끝까지 사회개혁을 거부한 이유는 무엇일까?

1946년 이래 미군정 내에는 크게 두 그룹이 공존했던 것으로 알려져 있다. 하나는 러치Archer L. Lerche 군정장관으로 대표되는 보수주의 그룹이고, 다른 하나는 미소공위 수석대표 브라운으로 대표되는 자유주의 그룹이었다.* 러치 측은 우익 세력을 선호하면서 현상 유지 정책을 고수하고자 했고, 브라운 측은 중도파 세력을 선호하면서 개혁 입법에 적극적인 모습을 보였다. 양측은 성향에 따라 정책 추진 과정에서 큰 차이를 보였고, 갈등과 반목을 거듭했다.

---

* 정용욱, 『존 하지와 미군 점령통치 3년』, 중심, 2003.

하지는 정책의 결정자로서 사안에 따라 양측을 오가며 양 그룹의 관계를 조정했다. 문제는 하지 자신의 입장이 보수주의 쪽으로 치우쳐 있었다는 점이다. 양측의 의견이 대립할 경우 그는 대개 보수 측의 손을 들어줬다. 브라운 측이 가지고 있던 권한 자체가 러치 측과 비교할 수 없을 만큼 작았다는 점도 문제였다. 주어진 권한에서 차이가 나다 보니 그들이 아무리 좋은 의견을 제시한다 해도 정책 실현으로 이어질 가능성이 적었다. 이것이 바로 미군정의 정책이 구조적으로 보수성을 띨 수밖에 없었던 이유였다.

하지만 미군정의 구조적 한계를 인정한다고 해도 미군정 3년 동안 이뤄진 실정을 모두 이해할 수 있는 것은 아니다. 해방 후 3년 동안 미군정이 정치, 경제 등 각 분야에서 저지른 실정은 한두 가지가 아니었기 때문이다. 미군정은 시간이 갈수록 자신의 통치 행위로 인해 지지 기반을 스스로 갉아먹었던 최악의 정권이었다. 이것은 결코 남한 사회가 좌익 세력으로 붉게 물들어 있어서가 아니었다. 정치적 무능과 거듭된 실정으로 자신의 지지 기반이 될 수 있는 사람들에게마저 외면을 당한 결과였다. 2차 미소공위 당시 미군정이 우익과 중도파 모두에게 적극적인 지지를 받지 못했던 이유도 이 때문이었다.

모든 문제는 남한 사회의 중심이 자신들이라고 생각했던 착각에서 비롯되었다. 그들은 한국인들의 운명이 자신들에게 달렸다고 생각했고, 언제나 한국인들 위에 군림하고자 했다. 그들에게 남한의 주요 지도자들은 언제든 갈아치울 수 있는 장기판의 말과 같았다. 이러한 인식은 하지가 김구를 '자신이 끓이는 스튜의 소금'이라고 한 말에서 여실히 드러난다.

미군정의 군인들은 정치가로서는 미처 성장하지 못한 미숙아였다. 말과 행동에 진정성이 없다면 상대를 감복시킬 수 없는 법. 불행히도 그들의 말과 행동에는 진정성이 없었고, 그들의 통치는 한국인들을 감동시키지 못했다. 이것이 바로 그들의 불행이었고, 한국인들의 불행이기도 했다.

7장

좌우가 공존하는
민족통일국가를 꿈꾸다

│ 김규식과 좌우합작위원회 │

●

조선 역사상 신기원을 짓는 출발의 날, 3월 20일 하오 1시에 제1차 미소공동회담은 드디어 유서 깊은 덕수 고궁에서 막을 올렸다. 2차대전의 진보적 성격에 상부相副할 약소민족 완전 해방을 실현함으로써 수립될 항구적 세계평화의 열쇠를 쥔 미·소 양대 강국 대표는 과연 금번의 역사적 회담에서 이미 약속한 바와 같은 위대한 과업인 조선의 자주독립 실현의 목적을 달성할 것인가. 조선 정계의 관심과 세계의 시청視聽은 한말의 복잡다단한 역사가 잠기고 잠긴 조전造殿에 집중되고 있다.*

1946년 3월 21일, 남한의 주요 신문들은 일제히 미소공동위원회(이하 미소공위) 개막 소식을 머리기사로 실었다. 미소공위에 대한 세간의 관심을 반영한 결과였다. 미소공위는 한국 문제에 대한 유일한 국제적 합의인 모스크바삼상회의 결의안에 따라 구성되었다. 한국의 미래는 이 위원회의 결과에 좌우된다 해도 과언이 아니었다. 그런데 이날 언론을 통해 새롭게 관심을 받게 된 사람이 한 명 있었다. 중경임시정부(이하 중경임정)의 부주석이자 남조선대한국민대표민주의원(이하 민주의원)의 부의장이었던 김규식이 바로 그였다.

---

* 《동아일보》, 1946년 3월 21일 자.

　　　　　　　　　　　　　　　　　　　　　　　　　　　　· 해방 후 3년

김규식은 어떤 인물인가? 그는 1919년 파리강화회의*에 민족 대표로 파견되면서 세상에 알려졌다. 이후 그는 한국 독립운동계의 대표적인 인물로 성장했다. 그는 대한민국임시정부의 외무총장, 학무총장, 구미위원부 위원장 등을 역임하며 임시정부의 주요 지도자로 활약했고, 극동민족대회 한국 대표단 집행위원회 의장, 한국대일전선통일동맹 상무위원, 조선민족혁명당(이하 민족혁명당) 주석을 거쳐 중경임정의 부주석이 되었다. 경력

김규식은 일제강점기 초부터 우리 민족의 해방만을 생각하며 투쟁해온 독립운동가지만, 해방 후에는 대중의 관심이 김구와 이승만에 쏠려 그의 존재가 드러나지 않았다. 그러다가 남조선대한국민대표민주의원의 의장직을 대리하면서 중도우파의 중심인물이 되어 역사의 전면에 서게 되었다.

이 말해주듯 그는 평생을 민족의 해방과 독립을 위해 헌신한 애국자였다.

하지만 김규식은 김구와 함께 귀국한 이래 세간의 관심을 그다지 받지 못했다. 그는 언제나 이승만과 김구의 그늘에 가려져 있었고, 여러 중경임정의 요인 중 한 명으로 대접받았다. 그의 행동도 중경임정의 소속원이라는 입장에서 벗어난 적이 거의 없어 세상의 이목을 끌기에는 부족한 면이 없지 않았다. 그러나 미소공위의 개막과 함께 사람들은 그를 주목하기 시작했다. 그가 민주의원 의장직을 사임한 이승만을 대신해 민주의원 대리의장직을 맡았기 때문이다.

이승만이 민주의원 의장직을 사임한 이유는 광산 스캔들 때문이었다. 그런데 그 이면에는 미군정의 또 다른 의도도 숨겨져 있었다. 강경한 반탁 세

---

* 파리강화회의는 제1차세계대전의 전후 처리를 위해 개최되었다. 미국 대통령 윌슨(Thomas W. Wilson, 1856~1924)이 강화 원칙으로 민족자결주의를 제창해 한국의 독립운동가들이 큰 기대를 품고 대표자를 파리에 파견했다.

력 일색으로 구성된 민주의원을 일부 개조해 소련과 좌익 세력의 반발을 누그러뜨리고자 했던 것이다. 미군정은 민주의원의 틀은 그대로 유지한 채, 보다 온건한 이미지의 인물을 대표로 내세워 이 문제를 해결하고자 했다. 그 선택의 결과가 바로 김규식이었다.

미군정의 선택으로 김규식은 순식간에 남한 정계의 중심으로 떠올랐다. 그의 정치적 지위는 후일 이승만, 김구와 함께 우익 3영수로 추앙받을 정도로 수직 상승했다. 그 계기는 분명 미군정이 제공했다. 하지만 그것이 다였을까? 김규식은 어떻게 우익 진영을 대표하는 정치 지도자가 되었을까? 좌우로 분열된 혼란한 해방 정국 속에서 그는 분열된 민족을 어떻게 하나로 묶고 민족통일국가를 건설하고자 했을까?

민주의원으로 미소공위에 대처하라

이번에 모이는 미소공동위원회는 우리의 과도정권이 수립되어서 정식 정부가 수립될 때까지 장기적으로 있게 될 위원회인데 그의 목적과 사명이 가급적 원만히 성공될 줄로 기대하며 믿는 바다. 이는 반드시 성공되어야만 한다. 만일 조금이라도 성공이 불원만하다든지 실패로 돌아간다면 첫째 우리 민족 전체에 큰 낙망을 줄 것이며 국제적으로는 미·소 양국의 권위까지도 손상이 되리라고 생각한다. 그러므로 이 미소공동위원회는 우리의 운명을 장악하느니만치 우리는 힘을 합해 동 공동위원회가 성공되게끔 협력해야 될 줄 안다. 그리고 반탁 문제에 대해서는 과도정권이 수립된 후에 그 정부에서 의논할 것인 만큼 여기에 다시 논하고 싶지 않다. 여러분은 민주의원을 군정청의 자문기관이라고 말하나 본원은 모스크바삼상회의에 비춰서 과도정권 수립에 노력하자는 데 그 사명이 있는 것이지 여하한 방면으로서도 자문기관은 아니라는 것을 확언해둔다.*

1945년 말 반탁투쟁이 격렬하게 벌어졌을 때, 김규식은 김구를 중심으로 한 중경임정 주류 세력과 행동을 함께했다. 그러나 모스크바 결의안의 원문이 공개되고, 감정적으로 치달았던 반탁운동의 격랑이 어느 정도 가라앉으면서 김규식은 달라지기 시작했다. 찬탁 반탁이라는 이분법적 사고방식에서 벗어나 모스크바 결의안을 민족통일국가 수립을 위한 현실적인 방안으로 고려하기 시작한 것이다.

김규식은 신탁통치에 반대한다는 생각에는 변함이 없었지만, 민족통일국가의 수립을 위해서는 한국 문제 해결에 관한 유일한 국제적 합의인 모스크바 결의안을 무턱대고 거부해서는 안 된다고 생각했다. 모스크바 결의안을 거부한다면 현실적으로 한국 문제의 해결 역시 불가능해질 가능성이 높았기 때문이다. 김규식은 모스크바 결의안에 입각해 하루빨리 임시정부를 수립하는 것이 급선무라고 판단했다. 그리고 신탁통치 문제는 임시정부 수립 후 자주적 노력으로 극복해야 한다고 생각했다.

이러한 김규식의 정세 인식은 1946년 1월 7일 발표된 4당 공동성명의 내용과 닮아 있었다. 이는 좌우 세력 가운데 동일한 문제의식을 가진 사람들이 나타나고 있었음을 의미한다. 이러한 인식을 대표하는 사람들 가운데 한 축은 여운형이었고, 다른 한 축은 김규식이었다.

2월 14일 민주의원이 결성되자 김규식은 적극적으로 참여하기 시작했다.

---

* 김규식의 성명, 《서울신문》, 1946년 3월 21일 자.

물론 민주의원은 미군정의 자문기관이자 우익 세력이 총집결한 우익 블록에 불과하다는 한계를 가지고 있었다. 하지만 미군정이 민주의원을 미소공위의 협의대표기구로 인식하는 한, 이에 적극적으로 임하는 것이 임시정부 수립에 도움이 되리라고 생각했던 것이다. 이는 민주의원에 소극적인 태도를 보이던 김구와는 명백히 구분된다.

김규식의 선택은 민주의원 성립 과정에서 비상국민회의를 탈퇴하고 민주주의민족전선(이하 민전) 참가를 선언한 민족혁명당 부주석 김원봉과도 큰 차이가 있었다. 김규식은 임시정부 수립에 최선을 다하기 위해 민족혁명당 탈당을 선언했다. 우익 민족주의자로서 자신의 입장을 대내외에 명확히 한 것이다. 이로써 항일운동 시기부터 민족혁명당에서 오랫동안 함께 투쟁해왔던 김규식과 김원봉은 각기 다른 길을 가기 시작했다. 이것은 일본 제국주의에 맞서 함께 싸우던 민족주의자들이 해방 정국의 극심한 좌우 갈등 속에 서로 분립할 수밖에 없었던 우울한 현실을 상징하는 사건이었다.

미소공동위원회에서 조선민주주의임시정부 수립 문제에 대해 진정한 민주주의 각 정당과 사회단체와 협의키로 결정했다는 발표는 매우 진보적이라고 할 수 있으므로 우리는 치하해 마지않는다. 민주임시정부의 헌법과 정강을 결정하는 데 미소공동위원과 우리 한인이 참가해서 서로 논의 결정키로 되었고 또 지난번에 신탁통치를 반대하느니 지지하느니 등의 문제를 막론하고 아무 차별 취급이 없이 우리는 미소공동위원과 합작 협력해 민주통일정권 수립의 기회를 획득하게 된 데 대해 환영해 마지않는 바다.[*]

* 김규식의 성명, 《서울신문》, 1946년 4월 21일 자.

· 해방 후 3년

1946년 4월 18일, 미소공위는 전격적으로 '공동성명 5호'를 발표했다. 과거의 반탁운동 여부와 상관없이 모스크바 결의안에 찬성한다는 선언서에 서명한다면 임시정부를 구성할 협의 대상에 포함하겠다는 성명이었다. 이로써 협의 대상 선정 문제로 교착 상태에 빠졌던 미소공위는 한 가닥 타결의 실마리를 얻게 되었다.

공동성명 5호가 발표되자 김규식도 민주의원 대리의장 명의로 성명을 발표하고 미소공위의 결정을 크게 환영했다. 미·소 양국의 협의 과정에서 민주의원을 협의대표기구로 하는 미국 측 안이 거부되면서 기대했던 민주의원의 역할이 크게 축소된 것은 아쉬운 일이었다. 그러나 반탁운동을 했던 우익 대다수 정당과 사회단체가 협의 대상이 될 수 있게 된 점, 그로 인해 미소공위가 결렬 위기를 극복하고 임시정부 수립을 위한 논의를 계속하게 된 점은 무엇보다 소중한 성과였다.

문제는 우익 진영을 설득해 선언서에 서명하고 임시정부 수립을 위한 협의 대상으로 참가토록 하는 것이 그리 쉬운 일은 아니라는 점이었다. 반탁운동에 참여했던 우익 세력 대부분은 서명을 거부했다. 김규식은 우익 세력들을 설득하는 데 최선을 다했지만 큰 성과를 얻지는 못했다.

우익의 태도는 미군정이 나서면서 변화하기 시작했다. 4월 22일 하지는 성명을 통해 "신탁통치 실시 여부는 전적으로 한국인의 통치 능력에 달린 것이며, 신탁통치는 전혀 안 받을 수도 있고 받아도 5년 이내로 제한된 것" 이라며 우익 진영의 참여를 독려했다. 그러나 이러한 성명에도 우익 진영이 참여를 주저하자, 4월 27일 하지는 재차 성명을 발표하고 "선언서에 서명하더라도 신탁통치에 대한 의사를 자유롭게 발표할 수 있고, 서명한다고 해서 신탁을 찬성하는 표시가 아니다"라고 주장했다.

하지의 두 번째 성명이 발표되자, 그동안 서명을 망설였던 우익 세력들이 공동성명 5호에 대한 지지를 선언하기 시작했다. 민주의원이 내부의 반대를 무마하고 민주의원 명의로 지지 선언을 한 것도 이즈음이었다. 민주의원은 "공동성명 5호에 포함된 선언서에 서명하는 것은 임시정부 수립에 참가해 신탁통치를 반대할 기회를 얻는 것이므로 미소공위에 참가 협의하겠다"라고 선언했다. 일단 미소공위와의 협의에 참가한 후 신탁통치를 반대하겠다는 논리였다.

그러나 하지의 성명이나 민주의원 등의 참가 선언은 소련을 자극하기에 충분했다. 미국과 우익 진영의 태도는 사실상 공동성명 5호의 취지를 무색게 하는 것이었기 때문이다. 소련은 모스크바 결의안에 대한 남한 내 우익 세력의 태도가 전혀 변하지 않았다고 판단하고 민주의원 등 우익 반탁 세력을 협의에서 배제할 것을 요구했다. 미국은 '의사 표현의 자유'가 보장되어야 한다며 이에 맞섰지만 양측의 인식 차이는 쉽게 극복되지 않았다. 이로써 협의 대상 선정을 둘러싼 양측의 갈등은 또다시 재현되었다. 이 갈등은 끝내 봉합되지 않았고, 결국 미소공위는 무기휴회를 선언하고 말았다.

여운형과 함께 좌우합작에 나서다

누가 무슨 소리를 하든지 어떠한 사상과 어떠한 의도하에서든지 남북통일, 좌우합작이 아니고는 조선의 완전 독립이 될 수 없음은 상식화한 국민의 총의다. 문제는 어떻게 남북이 통일되고 어떻게 좌우가 합작하느냐에 있을 뿐이다. (중략) 제각기 애국자로 자처하나 대중 눈에는 애국자로 보이지 않는다. 오십보백보의 대동소이한 정강·정책을 대중 앞에 내세우면서 왜 합치지 못하는가. (중략) 합해야 할 것이 절대 필요한데도 불구하고 합치지 않은 것은 딴 까닭이 있기 때문이다. 우리는 국민운동으로서 좌우합작을 강행할 시기가 왔다. 머무적거리고 갈팡질 팡할 아무 이유가 없다. 신망을 잃어버린 지도자는 정치노선에서 퇴각하고 참지 도자가 나설 때는 정히 이때다.[*]

미소공위가 무기휴회로 들어가자 남북 좌우 민족의 분열에 대한 위기감 은 최고조에 달했다. 그러나 민족 분열의 위기감이 고조될수록 민족의 완 전한 독립, 민족통일국가 수립에 대한 민중의 열망은 더욱 뜨거워졌다. 그 열망에 기대어 새로운 움직임이 가시화되었다. 바로 여운형과 김규식을 양 대 축으로 하는 좌우합작운동이었다.

여운형은 처음부터 적극적으로 좌우합작운동을 주도해나갔다. 하지만 김규식은 소극적인 태도를 보였는데, 그 이유는 좌익 진영과 합작에 이르 는 길이 쉬운 일이 아니었을 뿐만 아니라, 우익 진영 내에서의 합의 도출도 결코 쉽지 않다고 생각했기 때문이다. 특히 좌우합작운동을 시작하기 위해 서는 최소한 자신이 속한 우익 진영 내에서만이라도 노골적인 방해 공작이 일어나선 곤란했다. 좌우합작운동의 성공적 진행을 위한 제반 조건들의 숙 성, 이것이 바로 김규식이 원하는 바였다.

김규식에게 좌우합작운동에 참여하도록 적극 권유하고, 운동의 제반 조 건들을 변화시킨 것은 다름 아닌 미군정이었다. 미군정은 김규식을 설득하 기 위해 이승만을 움직였다. 단정 수립을 주장하던 이승만이 자신의 의지

---

[*] 사설, 《조선일보》, 1946년 6월 12일 자.

와 달리 김규식에게 좌우합작운동에 나서라고 권유한 이유는 바로 이 때문이었다. 이승만만이 아니었다. 미군정은 김구나 한국민주당(이하 한민당), 여타의 우익 세력들이 좌우합작운동을 지지하도록 하기 위해 노력했다. 그 정점에 하지의 성명이 있었다.

> 나는 김규식 박사와 여운형 씨가 남조선에 있는 중요한 정당 간에 배전(倍前)의 협동과 통일을 위해 진력하시는 것과 그 노력의 진전이 있다는 보고를 매우 흥미 있게 보고 있습니다. 진정한 통일과 성실한 협력은 외계에서 부과될 것이 아니고 조선 지도자들이 인류 4대 자유의 윤곽 내에서 활동 노력하는 그것으로만 완성되리라고 믿습니다. 이런 의미에 있어 췌언(贅言)을 불요하고 나는 미군사령관으로 김 박사와 여 씨의 노력을 할 수 있는 데까지 전적으로 시인하고 지지합니다.*

1946년 6월 30일, 하지는 좌우합작운동에 대한 지지 성명을 발표했다. 그러자 우익 세력들은 자신들의 속내와 달리 앞다퉈 좌우합작을 지지하는 담화를 발표했다. 한국독립당과 한민당도 그들 중 하나였다. 이로써 김규식은 표면적이나마 이승만, 김구, 한민당 등 우익 진영의 광범한 지지 표명 속에 좌우합작운동에 나설 수 있었다. 물론 좌우합작운동을 두고 미군정을 비롯한 우익 진영 각 세력의 계산법은 모두 달랐다. 하지만 중요한 것은 당분간 어느 누구도 좌우합작운동을 대놓고 반대할 수는 없게 되었다는 점이다.

하지의 성명 발표 이후 좌우합작운동은 급진전되었다. 여운형과 김규식

---

* 하지의 성명, 《서울신문》, 1946년 7월 2일 자.

· 해방 후 3년

좌우합작위원회의 위원들. 좌우합작위원회는 남북 좌우를 아우르는 민족통일전선의 결성, 민족통일정부의 수립을 도모했다.

의 개인적 접촉 수준에 불과했던 좌우합작운동은 좌우 세력의 공식적 협의로 자리 잡게 되었다. 좌우 양측은 상호 접촉을 통한 의견 조정 과정을 거쳐 합작을 위한 기본 원칙을 교환하고, 7월 10일 좌우 대표 10인을 합작위원으로 선정하면서 활동을 공식화했다. 좌우합작을 위한 좌우 각 정당·사회단체의 연석협의체인 좌우합작위원회는 그렇게 탄생했다. 좌우합작위원회는 좌우합작으로 미소공위의 속개를 촉구하는 동시에 민족통일전선을 결성함을 일차적 목표로 삼아 활동하기 시작했다. 이들의 최종 목표는 민족의 완전한 독립, 민족통일정부의 수립이었다.

이제 좌우합작운동은 남한 정국을 뒤흔드는 거대한 태풍의 핵이 되었다. 이와 함께 김규식은 이승만, 김구와 함께 우익 3영수로 거론되며 명실상부한 우익 진영의 중심인물로 떠올랐다. 그럼 김규식이 꿈꾸던 완전한 독립국가의 모습과 그것을 이루기 위한 과정을 살펴보자.

민족통일국가의 수립을 위하여

금일의 국내외 정세는 바야흐로 복잡 미묘하게 전개되어가고 있으며, 우리 민족의 통일 여하는 민족 자존상 절대한 영향을 주는 시간이니, 일국 편향으로 흘러 일국 세력에 의지해 일국 세력을 배제하려는 망상을 버리고, 우리는 일제로부터 우리를 해방시킨 위대한 미·소 양 우방에 대해 동등 동일적 선린우호정신으로 국제적 협조를 추진시키고, 역사적 현 단계에 있어 미소공위 속개와 통일자주정부 수립을 실현하는 선결 요항으로 절대적인 좌우의 행동 통일을 요청하는 바다.*

김규식이 꿈꾼 것은 민족통일국가의 수립이었고, 이를 위해 필요한 것은 전 민족의 대동단결이었다. 그러나 한반도를 둘러싼 국내외의 정세는 심상 치 않았다. 한반도 문제를 두고 미·소가 대립하고, 양 세력의 추종 세력이 좌우로 나뉘어 심각한 갈등을 초래하고 있었기 때문이다. 남북 좌우의 갈 등은 시간이 갈수록 점점 심각해지고 있었다.

우리 민족이 남북 좌우의 갈등을 봉합하고 자주적인 민족통일국가를 수 립할 방안은 무엇이었을까? 김규식은 이를 위해서는 미·소 양대 세력에 대한 등거리외교밖에 없다고 생각했다. 어느 한쪽에 치우쳐서는 민족통일 국가의 수립 자체가 불가능하다는 게 그의 판단이었다. 미·소에 대해 우호 관계를 유지하며 민족의 완전한 독립을 위해 하나로 단결하는 것, 이것이 바로 민족통일국가를 수립하는 유일한 방법이었다.

---

* 김규식, 《동아일보》, 1946년 9월 10일 자.

앞으로 가까우면 3개월이나 멀어도 5, 6개월 후에는 남북이 통일된 총선거 식으로 되어진 입법기구가 속히 되어가지고, 그 안에 미소공동위원회가 성공하면 더욱 좋겠습니다만 그것이 더디더라도 우리로서 속한 기간 내에 임시정부를 산출하도록 노력하자는 것이 우리의 최대 목표이올시다. (중략) 남북을 통일하는 순서는 좌우합작위원회에서 제기됩니다. 지금 미리 말하기는 어려울 것 같습니다만 불일내에 아마 좌우합작위원으로서 특히 대표를 한두 사람 파견해서 북쪽에 있는 우리 사람의 기관이라든지, 인민위원회라든지 그런 것을 지배하는 책임을 가진 몇 분에게 소통해서 접수를 할 일도 있습니다. 그러나 좌우합작위원회로서 할 일은 좌우합작위원회로서 할 것이고 본 입법의원으로서 할 일은 본 입법의원이 할 것입니다.[*]

그럼 김규식이 생각했던 민족통일국가를 수립하기 위한 구체적 방안은 무엇인가? 김규식은 일단 남한 내 좌우 세력부터 하나로 묶어야 한다고 생각했다. 좌우합작을 통한 민족통일전선의 결성이 그것이다. 그다음에는 남한 내 민족통일전선을 남북으로 확대하기 위해 북한과 협상에 나서야 한다고 생각했다. 이때 북한과 협상을 주도하는 것은 좌우합작위원회였다. 그는 좌우합작위원회에서 대표를 뽑아 인민위원회 같은 북한의 대표 기관과 협상을 진행하고자 했다. 남북 좌우의 합작이 성공해 민족통일전선이 남북으로 확대되면, 남북 총선거에 입각해 남북 단일의 입법기구를 구성하는 것이 다음 단계였다. 그 후에는 과도입법기구를 통해 임시정부를 구성할 계획이었다.

---

* 김규식의 발언, 「남조선과도입법의원속기록」 제2호, 1946년 12월 12일. 여강출판사 편, 『남조선과도입법의원속기록』 1, 여강출판사, 1984.

그러나 김규식이 생각한 민족통일국가 수립 방안을 고정불변의 것으로 이해하면 곤란하다. 김규식은 미·소 양국과의 긴밀한 협조를 전제로 했기 때문에, 미소공위가 재개되면 그 진행 과정에 따라 좌우합작과 남북합작의 구체적 과정을 조정해야 한다고 생각했다. 이 경우 과도입법기구를 구성하는 방식이나 순서, 임시정부를 수립하는 방식은 달라질 가능성이 높았다. 여기서 중요한 것은 좌우합작, 남북합작, 미·소 협조 노선이라는 대원칙이었다. 김규식은 미·소 양국과 좌우 각 세력의 이해와 갈등을 얼마만큼 봉합하고 조정할 것인가의 여부가 민족통일정부의 수립을 좌우할 것임을 명확히 이해하고 있었다.

그런데 안타깝게도 그가 생각했던 민족통일국가의 모습이 구체적으로 어떠한 것이었는지 알 수 있는 기록은 거의 남아 있지 않다. 다만 1947년 7월 좌우합작위원회 중심으로 조직된 시국대책협의회(시협)가 미소공위에 제출한 답신안을 통해 김규식이 꿈꾸던 국가의 모습을 추측해볼 수 있다. 이에 의하면 김규식은 민주공화 정체를 미래의 국가체제로 상정했음을 알 수 있다. 그것은 대체로 인민의 자유와 평등을 보장하고, 대통령중심제와 삼권분립제에 입각한 미국식 자유민주주의 체제를 지향하는 것이었다. 이는 당시 우익 진영의 일반적인 생각으로, 김규식 역시 우익 일반의 지향에서 크게 벗어나지 않았음을 보여준다.

하지만 김규식과 한민당 등 여타 우익 일반의 차이는 다른 곳에 있었다. 첫째는 일제 잔재의 숙청, 즉 친일파 숙청 문제에 있어서의 차이였다. 김규식은 친일파 숙청에 대해 강력한 실천 의지를 가지고 있었다. 그는 앞으로 수립될 임시정부가 애국적 혁명운동자 중심으로 조직될 것임을 명백히 하면서, 임시정부 구성에서 부일협력자, 친일파를 배제하고자 했다. 이들은 민족통일정부를 구성하는 데뿐만 아니라 민주공화 정체를 실현함에 있어서도 방해 세력이 될 것이 명백했기 때문이다. 둘째는 토지개혁 등 사회개혁에 대한 차이였다. 김규식은 이러한 개혁의 필요성을 절실히 인식했고, 이를 실현하기 위한 강한 의지를 가지고 있었다. 이는 한국의 해방과 완전한 독립을 위해서는 일정 부분 정치·사회적 개혁을 필요로 한다는 사실을 명확히 인식한 결과였다.

중간파의 탄생

조선 민족의 당면한 지상 명령은 오직 국제적으로 공약된 조국의 완전 독립을 전취하고자 민족적 총역량을 집중해야 할 것이다. 좌우합작위원회의 목적은 이런 의미에서 민주주의임시정부를 수립해 조국의 완전 독립을 촉성하자는 데 있다. 이 위대한 목적 달성을 위해 우리의 정치적 현 단계에 있어 좌우의 합작으로 민족적 총역량을 집중 통일해 미소공위의 재개를 요청하자는 것이다. (중략) 우리가 희구하는 좌우합작은 정치적 야합이 아니요, 역사적 현 단계에 의한 행동 통일을 하여 현하 국제적 관련성에서 실천 가능한 타당성을 따르자는 것이다. 물론 우리는 금후도 우리의 임무를 포기하려고는 아니한다. 다만 어떤 일방의 지령이나 사주를 받아 국가 독립을 불원하는 반민족 비애국적 분자를 제외하고 진정한 좌측 지도자와는 본래의 우리의 종지와 기도대로 적극적으로 제휴할 용의를 가졌으며 이렇게 됨으로써 시국의 타개를 희도希圖하고 있다.[*]

* 좌우합작위원회 우익 대표단의 성명, 《서울신문》, 1946년 8월 23일 자.

1946년 7월 25일, 좌우합작위원회는 제1차 정식회담을 시작으로 좌우합작을 위한 공식 일정에 들어갔다. 민족통일국가 수립에 대한 열망이 높았던 만큼 좌우합작에 대한 세간의 관심은 어느 때보다 뜨거웠다. 그러나 북한을 다녀온 박헌영이 좌우합작 5원칙을 제시하면서 좌우합작운동은 순식간에 암흑 속에 빠졌다. 우익 진영은 합작 8원칙으로 대응했지만, 좌우 양세력의 인식 차를 재확인했을 뿐, 좌우합작운동이 정돈 상태에 빠져드는 것을 막지는 못했다.

좌우합작 문제를 계기로 좌익 세력은 심각한 분열 상태에 빠졌다. 좌익의 갈등은 조선공산당, 조선인민당, 조선신민당 3당 합당 문제가 겹치면서 더 이상 봉합할 수 없는 지경에 이르렀다. 그러자 미군정이 움직이기 시작했다. 미군정은 좌익에 대한 공격을 본격화하는 한편, 좌우합작운동에 대한 지지를 재천명하고, 좌우합작운동을 과도입법기구 수립 문제와 연결시키기 시작했다.

8월 22일, 좌우합작위원회 우익 대표단은 좌우합작운동의 재개를 선언하는 성명을 발표했다. 우익 대표들은 조선공산당을 제외하고 여운형을 중심으로 하는 중도좌익 세력과 합작운동을 계속할 것임을 천명했다. 김규식도 성명을 통해 좌우합작 노력을 계속할 것임을 명확히 했다. 여운형은 그들과 보조를 맞추는 한편 좌우합작운동에 조선공산당을 끌어들이기 위한 노력도 계속했다. 그러나 여운형의 노력은 9월 하순 무렵 최종적으로 파산 선고를 맞았다. 조선공산당이 좌우합작 5원칙 고수와 과도입법기구 창설 반대를 주장하면서 9월 총파업을 강행했기 때문이다.

9월 18일, 미군정은 좌우합작위원회가 과도입법기구 수립을 제안해줄 것을 공식 요청했다. 김규식은 고민 끝에 이를 받아들이기로 결정했다. 그는 과도입법기구 수립에 좌우합작위원회의 이름을 빌려주는 대가로 좌우합작위원회가 입법기구 내에서 주도권을 장악하고, 입법기구를 통해 당면한 정치·사회적 개혁을 수행할 수 있도록 하는 조건들을 보장받고자 했다. 이를 통해 그는 좌우합작위원회의 정치적 기반을 확대하고 좌우합작에 유리한 조건을 조성해 남북 좌우를 아우르는 민족통일전선의 결성, 민족통일정부의 수립을 도모할 생각이었다.

김규식은 적극적으로 여운형을 설득하고 나섰다. 여운형이 이끄는 중도좌익 세력과 자신이 주도하는 중도우익 세력이 함께한다면 미군정의 통제와 극좌·극우의 방해 등 현실적으로 존재하는 여러 제약을 극복하고 민족의 염원인 민족통일정부의 수립에 한 걸음 더 다가설 수 있으리라 판단했던 것이다. 여운형에게 이것은 어려운 선택이었다. 좌익 진영 대부분이 과도입법기구 설치 문제를 남한의 단독정부 수립으로 인식하는 상황에서 여운형의 선택은 자칫 자신의 정치적 기반 전체를 날려버릴 폭탄이 될 수도 있었기 때문이다. 여운형은 방북을 결정했다. 중요한 결정을 앞두고 북한의 입장을 확인하기 위해서였다. 7월 말에 이어 거의 두 달 만의 재방북이었다.

방북 결과는 그다지 만족스럽지 못했다. 소련군 당국과 김일성이 좌우합작의 계속적 추진과 입법기구 설립 문제에 대해 반대했기 때문이다. 하지만 여운형은 서울로 돌아온 직후 성명을 통해 좌우합작은 미소공위의 속개를 목표로 한 것인 만큼 소련군 당국과 김일성이 이에 반대할 리 없다며 좌우합작의 계속적 추진을 선언했다. 이와 함께 여운형은 과도입법기구의 설치도 찬성하기로 했다. 여운형은 북한의 반대에도 불구하고 좌우합작운동과 과도입법기구 설치로 정국을 돌파할 생각이었다. 남북 좌우의 협상

가능성을 열어두기 위해서는 여전히 좌우합작운동이 필요했고, 중도 세력이 과도입법기구를 장악해 명실상부한 한국인의 자치기구로 만든다면 과도입법기구를 둘러싼 좌익 진영 내의 불안감도 불식시킬 수 있다는 판단이었다.

10월 7일, 좌우합작위원회는 과도입법기구 설치안이 포함된 좌우합작 7원칙을 발표했다. 박헌영 세력은 여운형을 납치하면서까지 이를 방해하고자 했지만 미리 준비된 발표를 막지는 못했다. 좌우합작 7원칙은 남북·좌우합작으로 임시정부를 수립하기 위해 필요한 기본적 원칙들을 담아냈다는 점에서 독보적인 존재 가치를 가지고 있었다. 그러나 조선공산당의 불참으로 그 가치의 효용성은 제한적이었다.

좌우합작 7원칙에 대해 남한의 정치 세력들은 각자의 이해관계에 따라 반응했다. 박헌영 세력의 비판은 예정된 것이었다. 그런데 한민당은 반대를 위한 반대를 한다는 인상이 강했다. 7원칙 안에 당내 주류 세력이 원치 않았던 토지개혁 조항이 포함된 때문이었다. 한민당 주류 세력은 옹색한 논리로 7원칙의 토지개혁 조항을 문제 삼았다. 그러나 이는 어떤 방식으로든 토지개혁은 하지 않으려는 그들의 검은 속내를 여실히 드러내는 것이어서 파란을 일으켰다. 결국 한민당은 대분열을 일으켰다. 좌우합작을 지지하던 원세훈, 김약수 등이 더 이상 한민당과 함께할 수 없다며 집단 탈당을 감행했던 것이다. 한민당 탈당파들은 김규식을 새로운 영도자로 내세우며 민중동맹*을 조직했다.

결과적으로 좌우합작운동은 좌우 양 세력 모두에게 분열을 촉발케 했다.

---

* 민중동맹은 1946년 12월 원세훈, 김약수 등 한민당을 탈당한 세력이 주축이 되어 만든 단체로, 중도파를 구성하는 주요 세력이 되었다.

좌우 진영에서 떨어져 나온 이들은 민족통일국가의 수립을 최우선으로 하는 중도좌익 세력과 중도우익 세력이었다. 세상은 그들을 일러 '중간파'라 불렀다. 이로써 남한 정계는 크게 세 개의 세력으로 재편되었다. 극좌와 극우, 중도파(중간파)가 그것이었다.

남조선과도입법의원은 누구의 기관인가

좌우합작 7원칙이 발표되자 미군정은 곧바로 과도입법기관 창설을 위한 본격적인 행동에 나섰다. 그들은 김규식과 여운형이 내세웠던 요구 조건은 아랑곳하지 않고 빠른 속도로 입법기관 수립 단계를 밟아나갔다. 10월 12일 남조선과도입법의원 창설을 위한 법령 제118호를 공포한 후, 채 일주일도 지나기 전에 의원 선출을 위한 대의원 선거에 돌입했던 것이다. 결국 선거는 김규식과 여운형이 기대했던 바와 전혀 다른 방향으로 나아가기 시작했다.

> 금번 남조선임시입법의원 선거에 관해 본 합작위원회로부터 각 도에 파견된 도 선거임시위의 금일까지의 귀환 보고에 의해 아래 사항을 지적해 (하지) 장군의 적정한 처리를 요망하는 바입니다. (중략) 전체적으로 유능한 애국자가 못 나왔고 더구나 좌익 진영은 전면적 검거 때문에 피선될 기회가 거의 없었다는 것 때문에 유감이며 더구나 피선된 자가 극도로 편향적인 데다가 친일파라고 지목되는 자가 다수 피선된 것은 입법기구에 대해 전 민중에 실망을 줬고 충분한 민의를 반영시키지 못한 반민주적 선거라는 것을 국민 대중에게 인식게 하여 진실한 입법

기구가 아니라는 인상을 주게 되었습니다. 이상 지적한 바에 인해 선거가 원만하게 되지 못하고 118호 법령 7항(친일파 조항)에 위반되는 인물이 다소 등장되었다는 점으로 보아 현명한 장군의 판단에 의해 지방 민선은 전부 혹은 부분적으로 무효로 정하고 재선하든지 또는 지방법으로 하든지 할 것을 요청하는 것입니다.*

김규식은 입법의원 선거가 반민주적으로 진행되었고, 좌우 인사들에게 공평한 기회를 제공하지 못했으며, 애국자보다는 친일파들이 다수 뽑혔음을 지적했다. 따라서 그는 입법의원 선거를 전면 혹은 부분적으로 다시 해야 한다고 주장했다. 특히 그는 서울과 강원도의 부정 사례를 구체적으로 언급하며 미군정에게 재선거를 촉구하는 한편, 관선의원 추천을 뒤로 미루며 미군정을 압박했다. 여운형도 미군정을 압박하는 데 동참했다. 그는 재선거로는 문제를 해결할 수 없다며, 미군정이 자신에게 약속했던 선행조건**을 이행할 것을 주장했다. 결국 미군정은 서울과 강원도의 부정선거 문제를 인정하고 이들 지역의 재선거 실시를 공표했다. 하지만 김규식과 여운형에게 약속했던 선행조건의 이행은 끝내 이뤄지지 않았다.

입법의원은 명실상부한 과도입법의원인데도 초보적 과도입법의원인 것을 본원의 현재 의원으로서는 명확히 인식해야 할 것이다. 왜 그러냐 하면 이 초보적 입법의원의 사명은 최속한 기간 내에 남북이 통일한 총선거 식으로 피선된 확대된 입법의원을 산출하는 제2계단으로 들어가야 할 것이고 그 확대입법의원은 미소공동위원회의 계속 개회가 되면은 더욱 좋거니와 혹 어떠한 변환으로 급히 속개

---

* 김규식의 성명. 《동아일보》, 1946년 11월 6일 자.
** 51쪽 1946년 11월 7일 자 《조선인민보》 기사 참고.

· 해방 후 3년

되지 아니하더라도 최속한 기간 내에 우리의 손으로 우리를 위한 우리의 임시정부를 산출해 안으로는 완전자주독립의 국가를 건설해야 하며 우리의 주인인 한국 삼천만 민중의 복리를 도모할 것이며 밖으로는 국제적 지위를 획득해 동아 및 전 세계 평화와 행복을 위해 모든 민주주의연합국과 협력 매진할 것이다.*

12월 12일 남조선과도입법의원(이하 입법의원)이 개원했다. 서울 강원 지역의 재선거와 관선의원의 선정 작업을 거쳐 입법의원을 개원한 것이다. 하지만 입법의원은 김규식이 기대했던 모습은 아니었다. 그는 좌우합작위원회가 입법의원의 주도권을 잡기를 원했지만 결국 실패했다. 민선의원이 이승만과 한민당 등 극우파의 손에 떨어진 데다가 관선의원 선정에서도 미군정의 간섭으로 하지가 용인하는 선을 넘지 못했기 때문이다. 더구나 여운형을 비롯한 중도좌익 세력이 끝내 입법의원 참여를 거부하면서 입법의원 내에 중도 세력을 규합하려던 노력은 실패하고 말았다. 김규식은 여운형 등을 관선의원으로 선정하고 끝까지 입법의원 참여를 설득했지만 뜻을 이루지 못했다. 결국 중도좌익 세력이 이탈하면서 좌우합작위원회는 김규식을 중심으로 한 중도우익 단체로 전락하고 말았다.

미군정은 입법의원이 창설되자마자 좌우합작위원회의 해체를 요구하고 나섰다. 좌우합작위원회가 입법의원을 무대로 활동하며 자신들의 통제를 벗어나는 것을 원치 않았기 때문이다. 그들에게 좌우합작위원회는 입법의원 창설로 이미 효용을 다한 기구였고, 입법의원은 단지 자신들의 통치를 합리화하고 보좌하는 거수기 역할에 머물러야 할 기관이었다.

---

* 김규식의 개회사, 「남조선과도입법의원속기록」 제2호, 1946년 12월 12일. 여강출판사 편, 『남조선과도입법의원속기록』 1, 여강출판사, 1984.

남조선과도입법의원 개원식 광경. 김규식은 이 입법의원을 단순한 미군정 보좌기관이 아닌, 남북 총선을 통해 남북을 아우르는 입법기구로 확대하고자 했다.

그러나 김규식은 미군정의 요구를 단호히 거부했다. 그리고 야심찬 개회사를 통해 입법의원을 중심으로 민족통일국가의 수립을 위한 노력을 계속할 것임을 대내외에 천명했다. 그는 현재의 입법의원이 초보적인 단계에 불과하다고 전제하고, 이를 기반으로 북측과 협상해 남북 총선으로 남북을 아우르는 진정한 입법기구를 구성할 것을 역설했다. 이러한 구상을 실천하기 위해 입법의원에서 그가 처음 한 일은 북조선인민위원회에 입법의원 명의의 전언을 전달하는 것이었다. 이 전언에서 그는 전 민족이 단결해 미소공위 속개와 통일임시정부의 수립을 위해 공동으로 노력하자고 북측에 촉구했다.

이와 함께 김규식은 좌우 세력 간 연석협의체였던 좌우합작위원회를 개편하고 독자적인 정치조직으로 발전시키고자 노력했다. 산하에 계획부, 조직부, 선전부 등을 신설하고 지부 체계를 도입해 위원회의 독자적인 조직 기반을 강화하고자 했던 것이다. 이제 김규식의 활동 무대는 입법의원으로 옮겨졌다. 김규식은 입법의원을 명실상부한 민족의 자치기관으로 격상시키고, 민족통일국가의 수립에 필요한 제반 조건을 성숙시키고자 했다. 당면한 과제는 바로 친일 잔재의 청산과 토지개혁으로 대표되는 정치·사회적 개혁이었다.

친일 잔재를 청산하고 토지개혁을 실시하라

친애하는 동포 여러분, 과거 1년간 우리 민족이 걸어온 길은 너무 험난 비참했습니다. 그러나 (중략) 우리 민족의 전도는 광명합니다. 우리는 (중략) 가장 옳은 노선을 확립했습니다. 이것이 즉 합작 7원칙의 노선입니다. 합작 7원칙의 노선은 첫째, 국제에 있어서 친소·친미·친중·친영의 평행적 정책을 수립합니다. 둘째, 국내에 있어서 친일파 민족반역자 등을 제외하고 좌우 양익의 진정한 애국자를 총망라한 각 계급 연합정권을 건립하는 데 이바지하려 합니다. 셋째, 미소공동위원회의 속개 및 그의 협조에 의해 전국적 통일적 임시정부를 수립하는 데 이바지하려 합니다. 그리고 전국적 통일적 임시정부가 수립되기 전에 우선 남한에 있어서 입법기관을 통해 미군정으로부터 행정과 사법권의 이양을 받아 좌우 양익의 진정한 애국자로 하여금 정권을 행사하게 하는 동시에 친일 잔재 등을 정부 각 기관으로부터 철저히 숙청하며 도탄에 빠진 민생 문제를 해결해 토지 문제의 개혁과 지방자치제의 실시와 언론·집회·출판·결사·사상·신앙 등등의 자유 등을 확실히 실현하자는 것입니다. (중략) 우리 합작 7원칙의 노선은 우리 민족의 진정한 의사와 요구를 대표한 것이므로 반드시 민중의 지지와 옹호를 받을 것이며 편파한 일부 노선은 필경 민중의 무자비한 비판에서 스스로 청산될 것입니다.[*]

김규식은 1947년 신년사에서 입법기관을 통해 미군정으로부터 행정·사법 등 권한을 이양받아 친일 잔재의 청산, 토지개혁, 지방자치제의 실시, 언론·집회·출판·결사·사상·신앙의 자유를 실현하자고 역설했다. 그는 이러한 개혁의 실현이 민족통일정부를 수립하고 민주주의를 확대하는 지름길이라고 인식했다. 특히 친일 잔재의 청산과 토지개혁은 가장 우선적으로 처리해야 할 핵심적인 사안이었다.

남한의 좌우 갈등은 시간이 갈수록 첨예해졌다. 그 가운데 극우와 극좌 세력은 미국과 소련에 기대어 상대방을 제압하고 자파 세력이 독점하는 정부의 수립을 꿈꿨다. 그들은 자신의 목적을 달성하기 위해 수단과 방법을 가리지 않았다. 이로 인해 남한은 온갖 테러와 폭력이 난무하는 격전장이 되었고, 여기서 비롯된 공포와 적개심은 합리적 이성과 민주주의의 기반을 갉아먹는 요인이 되었다.

극우와 극좌 세력을 저지할 유일한 방법은 양 세력의 세력 기반을 축소시키는 것이었다. 특히 친일 잔재의 청산은 민족정기의 회복이라는 민족적 명분 외에도 극우 세력이 기대고 있는 친일파, 민족반역자, 간상배의 정치·경제적 기반을 위축시켜 극우의 세력 기반을 축소시킬 수 있었다. 토지개혁은 기득권 세력인 지주 계급의 경제적 기반을 제한해 극우 세력의 기

---

* 김규식의 신년사, 《조선일보》, 1947년 1월 4일 자.

　　　　　　　　　　　　　　　　　　　　　　　　　　· 해방후 3년

반을 축소시키는 한편, 국민 대다수를 차지하는 농민들의 오랜 불만과 염원에 기대어 지지 기반을 넓혀왔던 극좌 세력의 기반도 축소시킬 수 있었다. 친일 잔재의 청산과 토지개혁이 가장 우선적으로 처리해야 할 핵심 개혁인 이유는 바로 여기에 있었다.

하지만 김규식을 둘러싼 제반 조건은 결코 유리하지 않았다. 이미 입법의원의 주도권을 장악한 극우 세력은 입법의원을 단독정부 수립을 위한 근거지로 삼으려는 뜻을 분명히 했기 때문이다. 그들의 첫 번째 행동은 반탁결의안의 통과였다. 이로써 그들은 자신들이 실질적으로 입법의원을 지배하고 있음을 대내외에 증명했다.

반탁결의안의 통과로 입법의원을 통해 민족통일정부수립운동을 펼치려던 김규식의 구상은 큰 상처를 입었다. 또한 입법의원 내 중도파의 역량이 보잘것없다는 사실이 드러나면서 그의 정치적 입지도 크게 축소되었다. 미군정도 정치적 상처를 입긴 마찬가지였다. 미소공위 재개 시 남측 대표 기관으로 기능해야 할 입법의원이 이에 반하는 반탁결의안을 통과시켰기 때문이다. 결과적으로 입법의원은 이전의 민주의원보다 전혀 나을 것이 없는 기관임을 스스로 증명하고 말았다.

극우 세력은 좌우합작위원회의 해체를 요구하는 한편, 대규모 반탁시위를 기획하며 중도파와 미군정을 압박했다. 이와 함께 그들은 3월부터 행정조직법초안, 남조선과도약헌 등 단정 수립을 목표로 한 법안들을 노골적으로 제출하기 시작했다.

미군정은 극우 세력이 자신의 통제에서 벗어나려는 일련의 행동을 보이자 이를 강력히 제지했고, 이와 함께 재차 중도파에 대한 지원에 나섰다. 중도파를 통해 극우 세력을 견제하고자 한 것이다. 2월 5일 미군정은 김규식과 뜻을 함께하던 안재홍을 민정장관에 임명하면서 중도파에 힘을 실어줬다. 그리고 중도파 지원의 최종 편으로 또 하나의 계획을 준비했다. 그것은 바로 '김규식 대통령 옹립 계획'이었다.

이는 보통선거에 의해 정식 대통령이 선출되기 전까지 김규식을 대통령 대리로 임명하여 미군정의 감독하에 군정청의 권한을 부여하려는 계획이었다. 하지만 이 계획은 실현되지 않았다. 무엇보다 김규식이 이 계획에 동의하지 않았고, 미군정도 계획만큼 효과가 크지 않으리라는 예상으로 실행을 망설였기 때문이다. 사실 이 계획은 처음부터 실패를 노정하고 있었다. 대통령 옹립이란 허울뿐이고 미군정은 애초부터 어떠한 실질적 권한도 김규식에게 위임할 생각이 없었기 때문이다. 안재홍이 대표적인 예였다. 그는 한민당 출신의 군정청 관료들에 둘러싸여 임명장 하나도 자기 뜻대로 관철할 수 없는 무기력한 민정장관이었다.

김규식은 극우 세력의 공격을 좌우합작위원회의 확대로 맞섰다. 합작위원회의 역량을 강화해 극우 세력의 준동에 대처하고자 한 것이다. 이와 함께 군정청과 경찰 내에 존재하는 친일파 제거 문제를 지속적으로 제기하고, 입법의원을 통해 토지개혁 법안과 '부일협력자·민족반역자·전범·간상배에 관한 특별법률조례' 등을 상정해 친일 잔재 청산과 정치·사회적 개혁을 위한 직접 행동에 나섰다.

미군정은 중도파의 개혁 입법에 대해 부정적이었다. 개혁 법안들이 가지는 폭발력이 경찰과 군정청 관료 등 미군정의 권력 기반을 흔드는 것을 원치 않았기 때문이다. 그들은 중도파들의 개혁 입법 요구를 회피하면서 개혁 입법 문제를 중도파와 극우 세력의 입법의원 내 대결로 몰아갔다. 사실 중도파의 개혁 입법안이 통과될 가능성은 거의 없었다. 입법의원의 다수는 극우 세력이 차지하고 있었고, 미군정 역시 부정적인 태도로 사태를 방관했기 때문이다.

하지만 1947년 7월 2일 부일협력자 등에 관한 특별법률조례가 통과되었다. 중도파가 미군정이 꼭 통과되기 원했던 보통선거법과 연계해 특별법률조례의 통과를 관철시킨 것이다. 미군정은 임시정부의 수립 방법으로 남북총선거를 주장하고자 했기 때문에 보통선거법이 반드시 필요했다. 그래서 어쩔 수 없이 특별법률조례의 통과를 용인했던 것이다. 물론 미군정은 이 법률을 시행할 생각이 전혀 없었다. 단지 필요에 따라 급한 불을 끄고자 했을 뿐이다.

김규식은 미군정이 진정으로 중도파를 지원할 생각이 없음을 잘 알고 있었다. 그들의 지원은 언제나 표면적인 것에 머물렀고, 실질적인 지원에 이르지는 않았다. 하지만 그렇더라도 활용하기에 따라서는 보다 큰 효과를 낼 수 있었다. 김규식은 미군정의 지원을 이용하면서 중도파의 자체 역량을 강화하고 세력 결집을 위한 노력을 계속했다. 그리고 그에게 새로운 기회가 찾아왔다. 1947년 5월 21일 미소공위가 재개된 것이다. 실로 오랜만에 부는 훈풍이었다.

미소공동위원회의 훈풍

우리가 통일된 민주독립국가를 건설하는 데 설혹 제2, 제3의 진로가 있다 하더라도 대전 이래 모든 국제공약과 국제관계를 고찰한다면 모스크바삼상회의의 결과로 된 미소공위에 의해 우리의 목적을 달함이 가장 온편하고 빠른 길이라고 하겠다. (중략) 우리는 미소공위가 우리 국가 건설에 전폭적 협력을 절실히 하기를 바라는 동시에 미·소 양 대국 간에 소소한 고집과 논란이 있더라도 그것을 배제하고 급속한 기한 내에 우리로 하여금 번영한 통일국가를 건설하는 데 전력 매진하도록 해줄 것을 심신(深信)하며 우리는 좌우 남북이 일치단결해 천재일우의 이 호기회를 놓치지 말고 삼천만 겨레가 한가지로 결심하고 노력하기를 바라고 믿는다.[*]

미소공위 재개가 임박하자 1947년 5월 17일 김규식은 미·소 양국에게 다소 의견 차가 있더라도 우리 민족의 통일국가 건설에 매진해달라고 당부하고, 좌우 남북이 일치단결해 민족통일국가를 건설할 이 어렵고도 좋은 기회를 놓치지 말자고 호소했다. 이와 함께 그는 미소공위 미국 측 담당자를 만나 미소공위에 한국인 대표를 참가시키는 방안을 제안했다. 미소공위가 한국 문제를 논의하는 장임에도 불구하고 한국인이 참여할 수 없는 문제로 인해 제1차 미소공위가 무기정회될 때 한국인이 전혀 어떠한 역할도 하지 못했던 점을 상기한 제안이었다. 또한 그는 미소공위의 주요 쟁점이었던 미소공위와의 협의 단체 비율을 남한의 경우 좌익·우익·중간파 동률로, 북한의 경우 좌·우익 동률로 구성하는 방안을 미군정에 제안하고, 북측 지도자들과의 직접 협상도 추진했다.

이와 함께 김규식은 미소공위에 대응하기 위해 중간파 세력 결집에 나섰다. 결집 방법은 두 가지 방향에서 이뤄졌다. 하나는 좌우합작위원회의 위원을 확충해 위원회의 역량을 강화하는 것이었고, 다른 하나는 시국대책협

---

* 김규식의 담화, 《서울신문》, 1947년 5월 18일 자.

의회라는 이름으로 중간파 정당 및 사회단체를 규합하는 것이었다. 좌우합작과 3당 합당 실패의 충격으로 잠시 정계를 떠나 있던 여운형도 3당 합당 당시 떨어져 나온 좌파 세력을 규합해 근로인민당 결성을 준비하면서 다시 김규식과 함께하기 시작했다. 이것은 민족통일국가의 수립을 최우선으로 하는 중도좌우 세력의 재결집을 의미했다.

미소공위가 순조롭게 진행되면서 세간에는 협상 타결에 대한 기대감이 높아져갔다. 이와 함께 김규식과 여운형의 정치적 입지도 날로 높아졌다. 만약 미·소 간 협상이 타결된다면 그들은 미소공위에 의해 구성될 임시정부에서 최고의 지도자가 될 가능성이 누구보다 높았다. 미·소 양측이 모두 용인할 수 있는 인물이었기 때문이다. 사람들의 관심이 김규식과 여운형에게 집중되었던 것은 당연한 일이었다.

그러나 이들에 대한 관심이 고조될수록 중도파에 대한 극우 세력의 공격도 격렬해졌다. 김규식의 경우, 《동아일보》 등 극우 신문들은 그를 당시 물의를 일으켰던 한 사기 사건*에 연루된 것처럼 왜곡 보도하며 공격했고, 정체불명의 괴한들이 그의 집에 침입하려다 경비원들에게 발각되어 도주하는 사건이 발생하기도 했다. 정치적 갈등이 정상적 수준을 넘어 중도파 지도자들에 대한 직접적인 테러 위협으로 나타났던 것이다.

중도파는 극우 세력의 공격에 맞서 미소공위 협의 대상에서 친일파와 유령단체를 배제할 것을 주장했다. 김규식은 모스크바 결의안에 일제 잔재 세력의 청산이 규정되어 있는 만큼 앞으로 구성될 임시정부에서 친일파를 배제하는 것은 당연하다고 주장했다. 또한 그는 미소공위에 협의를 신청한

---

* 한 사기범이 일본인이 두고 간 고리짝을 미끼로 금품을 사취한 사기 사건으로, 일명 왜보따리사건이라 불렸다. 그런데 사기범이 김규식에게 정치자금을 제공한 적이 있다는 이유로 김규식이 사기 사건에 연루된 것처럼 보도되었다.

단체 중 듣도 보도 못한 유령단체가 끼는 것은 민족적 양심으로 보나 지적 수준으로 보나 도저히 허용할 수 없는 파렴치한 일이라고 규탄했다.

남한에서 미소공위에 협의를 신청한 단체는 모두 425개였는데, 미군정의 분석에 의하면 그중에 150여 개가 정체를 알 수 없는 유령단체였다. 이는 극우 진영에서 하나의 단체를 여러 개의 명의로 신청하거나, 동창회나 친목회 등을 미소공위의 협의 단체로 신청한 때문이었다. 극우 진영이 자파의 세력을 부풀리기 위해 쓴 꼼수였지만, 실은 미소공위의 타결을 의도적으로 방해하는 것이었다. 유령단체를 배제하라는 요구에는 거의 모든 정치 세력이 뜻을 함께했다. 그러나 묵묵부답 끝내 의견을 밝히지 않았던 정당이 하나 있었다. 유령단체 양산에 앞장섰던 한민당이었다.

초반의 우호적인 분위기에도 불구하고 미소공위는 7월에 들어서면서 정체되기 시작했다. 미소공위의 협의 대상으로 신청한 단체 가운데 누구를 결정할 것인가를 두고 미·소 간 갈등이 재현되었기 때문이다. 소련은 반탁투쟁위원회 소속 단체들을 협의 대상에서 제외할 것을 요구했다. 사실상 우익 세력 대부분을 협의 대상에서 배제하자는 주장이었다. 이는 미국이 절대로 받아들일 수 없는 요구였다.

미국 측은 시간이 갈수록 어려운 입장에 빠져들었다. 그들은 남한의 어떠한 정파로부터도 적극적인 지지를 받지 못했기 때문이다. 미국 측이 남한 정당, 사회단체들이 제출한 미소공위 답신안을 끝내 세상에 공개하지 못한 이유도 여기에 있었다. 그들의 생각과 달리 남한의 모든 정당들은, 하물며 한민당까지도 남한의 정치·사회적 개혁을 당연한 것으로 받아들이는 듯 답신안을 작성했던 것이다. 더욱이 중도파의 경우에는 미국이 간절히 원하던 남북 총선거에 의한 임시정부 수립 방식마저 거부한 채 지명에 입각한 임시정부 수립을 주장하고 있었다. 중도파가 답신안에서 예전의 총선거 지지 의견을 폐기하고 지명제를 채택한 이유는 입법의원의 선거를 통해 얻은 학습 결과였다. 친일 잔재의 청산과 정치·사회적 개혁이 선행되지 않는 한 총선거의 결과는 입법의원의 선거 결과와 결코 다르지 않으리라는 판단이었다.

미소공위에 참가했던 미국 측 한 인사는 답신안을 검토한 후 남한의 정당들이 "서구식 민주주의에 대해 거의 전적으로 이해 부족을 나타냈고, 이것은 자신들이 한국에서 가르치려 했던 것이 실패했음을 의미한다"라고 분석했다. 그들이 가르치려던 서구식 민주주의가 과연 대다수 농민들이 토지에서 유리되어 있는 전근대적 토지제도를 그대로 유지하는 상황에서, 민족 반역자들에 대한 어떠한 처벌도 없이 가능한 것인지 궁금하지만, 여하튼 미국 측은 남한 내 어떤 정치 세력에게도 적극적인 지지를 받지 못한 채 소련과 협상을 해야 하는 궁지에 빠지고 말았다.

결국 어렵사리 협상을 지속하던 미국은 7월 중순 즈음 더 이상 소련과의 협상이 불가능하다고 판단했다. 그들은 새로운 방안을 모색하기 시작했다. 이로써 모스크바 결의안에 입각한 한반도 문제의 해결은 불가능해졌다. 그리고 불행히도 이것은 더 이상 민족통일정부의 수립이 불가능해졌음을 의미하는 것이었다.

새로운 희망을 위하여

마샬, 몰로토프 양 외상이 절충을 거듭해 재개된 미소공위가 금차에도 협의 대상 문제로 정돈 상태에 빠졌다는 것은 작년의 휴막休幕을 재연하는 것이 아닌가? (중략) 나의 의견으로서는 공위가 임정 수립 전에 찬탁 반탁을 운운함은 외상 결정의 질서를 전도하는 것이며 협의 대상 문제도 400이니 500이니 좌우의 단체 수효를 가지고 다툴 것이 아니라 남북의 각 단체를 통해 좌·우·중도 3방면이 각기 자기들끼리 3명 내지 5명을 참가시켜 발언권을 행사하도록 할 것이었다. 만일에 금번 공위가 성공을 한다면 차라리 한인이 갈망하는 독립만이라도 승인하고 정부는 한인의 손으로 수립게 했어야 할 것이며 한국을 원조한다면 연합국이 적당한 협정하에 얼마든지 원조할 수 있지 않겠는가? 우리 민족이 완전 자주 독립의 즉시 실현을 바라본 마음은 삼천만 동포가 다 같이 일일천추一日千秋와 같다. 그리고 민주조국 재건에 있어 연합국의 원조를 바란다는 것도 사실이다. 그러나 어떤 사전을 보더라도 탁치가 곧 원조나 협력이라는 정의는 없느니만치 유독 한국에 대해만 한인이 증오하는 탁치란 명사를 쓸 필요는 무엇이었는가?*

김규식은 미소공위가 양국의 이견을 조정하지 못하고 정돈 상태에 빠지자 안타까운 마음을 숨기지 못했다. 그는 협의 대상 문제와 신탁통치 문제가 아무리 중요하다 해도 한 민족을 찢어놓을 명분은 될 수 없지 않느냐고 한탄했다. 미소공위가 결렬된다면 우리 민족에게 남은 미래는 암울할 수밖에 없었다. 김규식은 미소공위가 결렬된다면 결국 한반도는 두 개의 국가로 분단될 것이고, 두 개의 국가는 다른 두 개의 강대국 미·소에 의해 예속화될 것이라고 예상했다.

미소공위가 정돈 상태에 빠져든 상황에서 김규식은 오랫동안 함께했던

---

* 김규식, 《경향신문》, 1947년 8월 8일 자.

연설하는 김규식. 제2차 미소공동
위원회가 결렬된 상황에서도 김규
식은 남북 좌우가 통일된 민족국가
를 세우기 위한 노력을 아끼지 않
았다.

소중한 동지 여운형을 잃었다. 김규식은 "민족의 자유를 획득하려는 공동
진영의 일용장—勇將을 상실했다"라며 그의 죽음을 안타까워했다. 평소 김
규식은 여운형이 보이지 않을 때마다 주변에서 보기 딱할 정도로 여운형의
신변을 걱정했다고 한다. 해방 이래 여운형은 극우와 극좌 세력의 테러에
서 자유롭지 못했기 때문이다. 여운형의 죽음은 민족통일국가의 수립이라
는 꿈이 불가능해졌음을 암시하는 사건이었다. 아니나 다를까. 결국 미소
공위는 결렬되었고 한국 문제는 유엔으로 이관되었다. 이로써 민족의 분단
은 현실이 되었다.

　김규식은 민족의 미래가 훨씬 더 어려운 방향으로 움직이고 있음을 잘
알고 있었다. 하지만 아무리 그렇다 해도 손을 놓고 방관할 수만은 없었다.
조금의 가능성이라도 있다면 최선을 다해야 한다는 것이 그의 생각이었다.

　1947년 12월 15일, 좌우합작위원회가 해체되었다. 그리고 5일 후인 12월
20일, '민족자주연맹'이 결성되었다. 시국대책협의회 · 공위대책협의회 등
중도파 정당 15개, 사회단체 25개가 총망라된 중도파 최대의 정치조직이었
다. 이것이 바로 김규식이 민족통일정부의 수립이라는 결코 포기할 수 없
는 꿈을 이어갈 새로운 희망이었다.

호외 **미·소 양군의 점령 정책, 어떤 차이가 있었을까?**

미·소 양군은 모두 점령 시점에서 한국에 대한 정확한 정보를 가지고 있지 못했다. 때문에 양군은 점령 직후 모두 일제의 통치기구를 그대로 인정하는 최악의 실수를 저질렀다. 문제는 그다음이었다. 한국인들은 일제의 통치기구를 그대로 용인하는 점령 당국에 불만을 표출했다. 그러자 소련군은 일제의 통치기구를 모두 폐지하고, 이미 각지에 조직되어 있던 건준 지방 지부와 같은 한국인 자치조직에 자치권을 부여했다. 이를 통해 그들은 한국인들의 광범위한 협조를 얻어냈고, 자치조직 내 좌우 세력의 비율을 동수로 조정하는 간단한 조치를 통해 자신들의 이해관계를 관철시켰다. 그들은 한국인 자치조직을 중심으로 이를 총괄하는 중앙행정기관을 설치해 중앙과 지방을 연결했다.

소련군은 끝까지 군정을 설치하지 않고, 한국인 자치조직을 전면에 내세운 간접통치로 북한을 운영했다. 그것은 한국인의 자치권을 최대한 인정하는 방식이었기 때문에 보다 손쉽게 한국인의 협조를 얻어낼 수 있었다. 소련군은 한국인의 협조를 바탕으로 토지개혁과 주요 산업 국유화 조치 등 사회개혁을 실시했다. 이른바 민주개혁이었다. 물론 모든 개혁은 한국인들의 주도로 이뤄졌다. 그 결과 소련군은 시간이 갈수록 자신의 대중적 지지 기반을 확고히 할 수 있었고, 좌익 세력을 중심으로 북한을 통합할 수 있었다.

그러나 미군은 달랐다. 그들은 조선총독부의 통치기구를 그대로 흡수해 미군정청을 설치했다. 중앙집권적인 방식의 직접통치였다. 일제의 통치기구 잔존에 대해 한국인들의 불만이 높자 미군은 조선총독부의 일본인 관료들과 한국인 고위 관료 일부만을 미군 장교로 교체하는 방식으로 불만을 무마했다. 이 과정에서 일제강점기 한국인들을 가장 많이 괴롭혔던 일제의 경찰조직도 그대로 되살아났다. 미군은 경찰에 대한 대중들의 불만을 잘 알고 있었지만, 충성스럽고 효율적인 조직이라는 점 때문에 끝까지 친일 경찰조직을 옹호했다.

미군정은 지역에서 사실상 자치기관으로 기능했던 지역의 인민위원회와 각종 자치기관들을 좌익적 조직이라 판단하고 그들의 자치권을 부정했다. 미군정은 무력을 동원해 한국인 자치기관들을 해체해나갔다. 이를 대체한 것은 우익 일색으로 재편된 지역기관이었다.

미군정은 토지개혁, 친일파 숙청 등 사회개혁에 대한 요구에 대해서도 소극적인 태도로 일관했다. 이 개혁은 봉건적 토지제도를 혁파하고 농민을 중심으로 한 근대적 토지제도를 수립한다는 측면에서, 일제의 식민 잔재를 청산하고 민족적 대의를 바로 세운다는 측면에서 반드시 필요한 것이었다. 하지만 미군정은 이러한 사회개혁이 가져올 변화를 두려워했고, 오로지 현상을 유지하는 데에만 급급했다. 이로써 미군정 시기 토지개혁은 1948년 3월 귀속 농지에 국한해 실시되는 데 그쳤고, 친일파 숙청은 미군정의 거부로 끝내 이뤄지지 않았다.

이렇듯 미군정의 통치 방식은 여러 면에서 한국인들의 불만을 사기에 충분했다. 그들은 상당한 노력을 기울여 중앙과 지방을 재편했지만 한국인들의 전면적인 협조를 얻는 데에는 실패했다. 그 증거가 바로 1946년 가을에 벌어진 10월 항쟁이었다. 물론 여기에는 미군정의 정치적·경제적 실정도 큰 영향을 미쳤다.

만약 미군이 처음부터 한국인의 자치권을 인정하는 방향으로 정책을 수행해갔다면 어땠을까? 한국인의 자치권을 인정한 가운데 좌우 양 세력의 비율을 조정하는 방식으로 한국인의 협조를 얻어갔다면, 적극적인 사회개혁 도입을 통해 대중적 지지 기반을 확대해갔다면 어땠을까? 그래도 여전히 남한은 좌익이 상당한 영향력을 보유한 사회가 되었을까? 당시 사회적 분위기로 판단할 때 소련보다 미국이 훨씬 불리한 조건에 있었던 것은 분명하다. 그러나 그들의 통치가 한국인의 마음을 얻는 방향으로 진행되었더라면 그들은 훨씬 더 수월하게, 더 완벽하게 남한 사회를 장악했을 것이다.

8장

민주공화국
대한민국의 탄생

（남한 단선은－저자 주）38선의 실질적 고정화요, 전제로 하는 최악의 거조擧措인지라 국토 양단의 법리화요, 민족 분열의 구체화인 것도 분명한 일이다. 그리하여 그 후로 오는 사태는 저절로 민족 상호의 혈투가 있을 뿐이니 내쟁 같은 국제전쟁이요, 외전 같은 동족전쟁이다. 동포의 피로써 맞서는 동포의 상잔만이 아니라, 동포의 상식相食, 서로 잡아먹음만이 아니라, 실로 어부의 득을 위하야 우리 부자의, 숙질의, 형제의, 자매의, 피와 살과 뼈를 바수어 바치는 혈제血祭의 참극일 뿐이니, 이 어찌 있을 수 있는 일이겠는가?*

1947년 7월 중순 미소공동위원회(이하 미소공위)가 공전되면서 남북의 분단이 가시화되었다. 미·소 양국은 미소공위의 결렬을 예상하고 남북에서 독자적인 정부 수립을 위해 구체적인 일정에 들어갔고, 양대 세력에 붙어 단정을 꿈꾸던 자들도 단정 수립을 준비하며 바쁘게 움직이기 시작했다. 민족의 분단은 이제 거부할 수 없는 현실이 되었고, 임시로 그어졌던 38선은 민족을 가르는 영원한 분할선으로 고착화되기 시작했다.

모든 불행은 스스로의 힘으로 독립을 쟁취하지 못한 데서 비롯되었다.

---

* 문화인 108인의 성명. 『새한민보』, 1948년 4월 하순호. 이 성명은 문화인 108인이 김구와 김규식의 남북협상을 지지하기 위해 발표했다. 문화인 108인에는 이극로(李克魯, 1893~1978), 설의식(薛義植, 1900~1954), 손진태(孫晋泰, 1900~?), 염상섭(廉想涉, 1897~1963) 등 남한의 지식인을 대표하는 주요 언론인, 학자, 시인, 소설가 등이 망라되어 있었다.

그러나 분단이라는 현실은 그 대가라 하기에는 너무나 가혹했다. 이는 사람들 가슴속에 면면히 이어져온 민족단일국가라는 이상을 너무도 간단히 허물어뜨렸고, 미래에 대한 희망을 전쟁에 대한 불안감으로 바꿔놓았다. 전쟁이 벌어진다면 그것은 누가 보아도 내전 같은 국제전이요, 외전 같은 동족전쟁이 될 터였다.

이제 민족은 단정을 수립하려는 사람들과 분단을 막으려는 사람들로 나뉘었다. 양측의 싸움은 민족의 미래를 걸고 벌이는 최후의 결전이었다. 미소공위 이후 한반도에서는 무슨 일이 벌어졌던가? 민족의 완전한 독립과 신국가 수립을 둘러싼 최후의 싸움. 그 속에서 미국과 소련, 우익과 좌익, 중도파들은 어디쯤 자리해 있었던가?

냉전의 시작

나는 여기(유엔)에 조선 독립에 관한 문제를 상정하는 바다. (중략) 조선 문제를 진전시키기 위해 미국은 (중략) 4대국회의에 회부할 것을 제안했다. 중국과 영국은 이에 동의했으나 소련은 이것을 거부했다. 또 미소공동위원회 양측 대표는 그 회의의 경과에 관한 공동 보고에 있어서도 합의를 보지 못했다. 조선 문제를 이 이상 쌍방의 교섭으로써 해결하려고 하는 것은 통일 독립 조선을 수립하는 데 지연시킬 것이 명백한 일이다. 그러므로 조선의 독립에 관한 문제를 금번 유엔총회에 제출코자 하는 것이 미국의 의도다. 미국은 이렇게 조선 독립의 조기 달성을 할 수 있는 방안을 제의할 준비를 하고 있다. (중략) 미국은 미·소 양국이 합의를 보지 못함으로써 조선인의 독립에 대한 긴급하고 정당한 요구를 이 이상 지연시키기를 원치 않는다.*

미국은 미소공위가 공전되기 시작하자 미소공위의 결렬을 상정하고 새로운 정책을 마련했다. 첫 번째 방안은 미·소·영·중 4개국 회담이었다. 미소공위 공전으로 모스크바삼상회의 결의안에 입각한 한국 문제 해결이 불가능해졌으니, 모스크바 결의 이전으로 돌아가 4개국이 함께 한국 문제의 해결 방안을 새롭게 모색하자는 것이었다. 하지만 소련은 미국의 제안을 거부했다. 그들은 모스크바 결의안을 포기할 생각이 전혀 없었다.

소련의 거부로 4개국 회담이 무산되자 미국은 1947년 9월 17일 한국 문제를 유엔에 상정했다. 사실상 자신들이 좌지우지하던 유엔을 통해 한국 문제를 해결하겠다는 속셈이었다. 이로써 미·소 협조에 입각한 한국 문제의 해결이라는 미국의 기존 정책은 폐기되었다. 그리고 이를 대신한 것은 유엔 감시하, 인구 비례에 입각한 총선거로 신정부를 수립하는 방안이었다. 이는 소련이 받아들일 가능성이 전무한 방도여서 사실상 남한 단독선거에 의한 단독정부 수립을 의미했다.

미국의 한국 문제 유엔 이관은 최소 비용으로 최대 효과를 얻기 위한 전략이었다. 사실 미국의 입장에서 한국은 유럽이나 일본보다 전략적 가치가 떨어졌다. 이로 인해 미 군부는 기회가 있을 때마다 정부에 조기 철군을 권유했다. 하지만 미·소 갈등이 심화될수록 미국은 한국을 '이데올로기의 전쟁터'이자 '반공 진영의 최전선'으로 각인했다. 미국에게 한국은 결코 쉽게 버릴 수 없는 존재가 되어갔다. 한국에서의 실패는 적게는 아시아, 많게는

---

* 미 국무장관 조지 마셜(George Catlett Marshall, 1880~1959)의 유엔 연설. 《서울신문》, 1947년 9월 20일 자.

세계 전체에서 미국의 위신을 실추시키게 될 터였다. 결국 미국은 최소 비용으로 남한을 지키면서 분단의 책임은 유엔이라는 국제적 방어막에 떠맡기는 정책을 선택했다. 한국 문제의 유엔 이관은 그렇게 탄생했다.

> 소련 대표는 조선 지역에 미군 및 소련군이 주재하고 있는 한 조선 인민에게 후견이 없어도 무방하다는 것은 조선 인민을 기만하는 것이라고 인정한다. 조선은 인민이 지지하는 민주주의 정부를 가지게 되는 그때 또는 조선 지역에서 미군 및 소련 군대가 철퇴하는 그때에만 자주적 독립국가로 될 것이다. 만일 미국 측 대표가 1948년 초순에 전 외군을 철퇴하자는 제의에 동의한다면 소련군은 미군과 동시에 철퇴할 수 있다는 것을 소련 대표는 성명한다.*

미국이 한국 문제의 유엔 이관을 강행하자 소련은 9월 26일 미·소 양군의 동시 철수를 제안했다. 소련은 북한의 체제가 이미 확고해져 있었기 때문에 당장 철수한다고 해도 전혀 아쉬울 것이 없었다. 남한의 불안정한 정국을 고려할 때 미·소 양군의 동시 철수는 소련과 좌익 세력들에게 유리한 정세를 가져다줄 가능성이 컸다. 더구나 양군 철수는 대다수 한국인에게 감성적으로 호소할 수 있는 문제였다. 한국인들에게 미·소 양군은 해방을 가져다준 고마운 존재였지만, 그와 동시에 분단과 좌우 갈등, 동족 간 전쟁의 불안감을 조성한 두려운 존재이기도 했다. 때문에 소련의 미·소 양군 철수 주장은 남한 내에서 뜨거운 반응을 불러일으켰다.

미국은 소련의 제안을 충분히 예상했음에도 불구하고 막상 문제가 제기

---

* 스티코프의 성명, 『새한민보』, 1947년 10월 상순호.

되자 제대로 방어하지 못했다. 하지가 '한국에 온 이래로 가장 감내하기 힘든 선전 책동'이라고 평가할 정도였으니 말이다. 애초에 일본군의 무장해제를 명분으로 들어온 미·소 양군이 이따금 제기되었던 한국인들의 철수 주장에도 불구하고 지금까지 주둔을 유지할 수 있었던 이유는 함께 주둔하던 상대방이 있었기 때문이다. 그런데 그런 상대방이 함께 나가자고 주장하니 더 이상 주둔할 구실을 대기가 쉽지 않았다.

미·소 양국은 한국 문제의 유엔 이관과 미·소 양군의 철수 문제를 둘러싸고 날카롭게 대립했다. 그 와중에 미소공위는 10월 18일의 접촉을 끝으로 완전히 결렬되었다. 이제 양측이 남북에 독자적으로 단독정부를 구성하리라는 것은 기정사실이 되었다.

사실 미·소 양국이 7월 초까지 한국에서 협조 관계를 유지한 것만 해도 기적 같은 일이었다. 세계적 차원에서 미·소 양국의 대립은 이미 그 이전부터 본격화되고 있었기 때문이다. 1947년 들어 소련의 영향력이 동유럽 전체로 확대되자, 1947년 3월 미국은 트루먼독트린을 발표해 유럽에서 공산주의 세력의 팽창을 저지하겠다고 선언했다. 이와 함께 미국은 공산주의 세력의 집권이 예상되던 터키와 그리스에 대규모 군사·경제적 원조를 제공하고, 6월에는 마셜 플랜*을 발표해 서유럽에 대한 대규모 원조를 결정했다. 미국의 정책은 소련에 대한 봉쇄를 구체화하는 것이어서 소련의 극심한 반발을 불러일으켰다. 결국 미·소 양국은 1947년 7월 파리회담에서 격돌했고 이후 본격적인 대결 양상을 보였다. 이른바 동서 냉전의 시작이었다. 전 세계적으로 가장 늦게까지 유지되었던 한국에서의 미·소 협력은 동

---

* 마셜 플랜은 미국이 서유럽 16개국을 대상으로 실행한 대외원조계획이다. 서유럽 국가들의 경제 재건을 지원함으로써 공산주의의 확산을 막고자 했다.

서 냉전이 본격화되면서 종말을 맞았다.

단정으로 가는 길

1947년 11월 14일, 유엔총회는 미국이 제출한 '한국 문제에 관한 결의안'을 통과시켰다. 결의안의 주요 내용은 미·소 당국이 늦어도 1948년 3월 31일까지 각각의 점령 지역에서 유엔 감시하에 총선을 실시한다는 것이었다. 총선에서 인구 비례에 따라 대표자를 선출하게 되며, 선출된 대표자들을 중심으로 의회 및 정부가 수립될 예정이었다. 정부가 수립되면 미·소 점령군은 정부와 합의해 조속히 철수하기로 되어 있었다. 이로써 미국은 소련의 반대에도 불구하고 한국 문제의 해결 방안을 자신이 원하는 대로 관철했다. 유엔이 미국의 단순 거수기는 아니었지만 미국 외교의 앞마당임은 분명했다.

이와 함께 유엔한국임시위원단(이하 유엔위원단)의 설치도 가결되었다. 유엔위원단은 총선 실시, 의회 및 정부 수립, 점령군 철수 등 한국 정부 수립 과정 전반에 걸쳐 감독 기능을 담당하게 될 기관이었다. 유엔위원단은 1948년 1월 8일 서울에 도착했다. 그들은 도착과 동시에 남한의 주요 지도자들을 만나 의견을 청취하는 등 활발한 활동을 벌였다. 유엔위원단은 북한 주둔 소련군 사령부와도 접촉을 시도했다. 유엔총회의 결의안대로 북한에서의 선거 실시를 타진하기 위해서였다. 그러나 예상대로 소련은 유엔위원단의 북한 방문을 전면 거부했다.

소련의 거부로 남북 총선거가 불가능해지자 유엔위원단은 내홍에 휩싸

유엔한국임시위원단 환영대회. 유엔위원단은 총선 실시 등 한국 정부 수립 과정 전반을 감독하는 기관이었다. 그러나 소련은 유엔위원단의 북한 방문을 전면 거부했다.

였다. 위원단 내 의견이 둘로 나뉘었기 때문이다. 그중 하나는 접근 가능한 지역에서만 선거를 실시하자는 것이었고, 다른 하나는 위원단이 한국의 분단을 결정할 수 없으니 유엔소총회에 의견을 묻자는 것이었다. 논란 끝에 유엔위원단은 이 문제를 소총회에 회부했다. 이로써 한국 문제는 유엔소총회에서 판가름하게 되었는데, 여기에서도 논란은 끊이지 않았다. 유엔이 아무리 국제적인 기관이라 하더라도 한 나라의 분단을 결정하는 일은 그만큼 부담이 컸던 탓이다. 특히 영국 연방에 속하는 캐나다와 호주는 끝까지 남한만의 단독선거에 반대했다. 미국은 모든 외교적 수단을 동원해 회원국들을 설득했다. 그 결과 유엔소총회는 2월 26일 위원단이 접근 가능한 지역 내에서 총선을 실시할 것을 결정했다. 사실상 남한만의 단정 수립이 확정되는 순간이었다.

소총회에서 한국 총선거에 대해 31 대 2 표로 가결한 것은 유엔대표단의 노력과 특별히 미 국무성에서 정당한 주장으로 우리의 기대한 바를 달성케 된 것이다. 우리가 당초에 민족자결주의를 발휘해 총선거를 진행했더라면 벌써 이 문제가 해결되었던 것인데 우리가 아니하고 있다가 이와 같이 연장이 된 것은 유감이나 지금은 유엔의 협조와 미국의 후원으로 모든 장애가 해소되고 우리 앞길이 순조로이 열리게 되어 지금부터는 우리 전 민족이 주저 말고 일심 합력해 모범적 선거를 진행해서 국권을 확립하고 앞으로 조국통일책을 여러 우방의 원조로 속히 해결되기를 바란다.*

남한의 단독선거가 결정되자 누구보다 기뻐한 사람은 이승만이었다. 1946년 6월 정읍 발언 이래 줄기차게 단정 수립을 주장해온 그였기에, 유엔의 결정은 곧 자신의 정치적 승리를 알리는 승전보와 같았다. 이승만은 1947년 7월 미소공위가 공전되던 시점부터 남한 단정을 추진할 우익 세력의 결집체로 한국민족대표자대회를 조직하고 남한만의 총선 실시를 주장해왔다. 또한 그는 8월 26일 총선거대책위원회를 조직하고 지방 조직과 청년 조직을 정비하며 총선을 준비해왔다. 그리고 단독선거가 결정된 직후인 1948년 3월 5일 각정당사회단체대표자대회를 열고 선거에 대비해 우익 조직을 대대적으로 정비했다. 여기에는 김구의 한국독립당 세력과 김규식의 중도우파 세력을 제외한 우익 단체 68개가 참여했다. 총선을 위한 이승만의 행보는 3월 30일 각종 우익 단체들이 결집한 전국애국연합총선거추진위원회의 구성과 함께 최고조에 달했다.

• 이승만, 《서울신문》, 1948년 2월 28일 자.

한국민주당(이하 한민당)도 이승만의 움직임에 적극 동참했다. 제2차 미소공위에 참가하면서 이승만의 뜻을 거스른 바 있었던 한민당은 미소공위가 공전되던 시점부터 이승만에 밀착했다. 이승만과 더불어 남한의 단정 수립에 힘쓰면서 총선을 통해 정치적 주도권을 확보할 심산이었다. 한민당은 1947년 11월 선거대책 대강을 작성하면서 총선 준비에 만전을 기했다. 한민당의 행동은 속이 훤히 들여다보이는 것이었지만, 이승만은 그들의 접근을 막지 않았다. 한민당이란 존재가 우익 세력을 통합하는 데 적지 않은 도움이 되었기 때문이다. 더구나 오랫동안 진행해왔던 김구와의 합작을 포기한 뒤에는 더욱더 필요한 존재가 되었다.

이렇듯 우익 진영은 미국의 단선·단정 수립 계획에 맞춰 남한 단독선거를 착착 준비해갔다. 그럼 남북의 좌익 진영은 그동안 무엇을 하고 있었을까?

미·소양군철수운동

우리 당은 여하한 희생도 사양치 않고 유엔위원단 반대의 총파업을 절대 지지할 것을 성명한다. 동포들이여! 총궐기해 지지와 원조로 또는 직접 공동투쟁으로 이 성스러운 구국투쟁에 승리를 가져오게 하자! 조선의 반동 매국노를 지지 육성하는 미국의 독점자본은 그 자체의 모순과 국제 국내 민주 역량의 급속한 성장과 그 위대한 투쟁으로 근저로부터 동요되고 있다. 그들은 화산 위에 앉았다. 보라! 중국 인민군의 위대한 승리와 인도네시아공화국의 지반의 강화와 북조선 민주 건설의 비약적 성장 강화를! 남북 조선의 단결된 민주 역량은 능히 국내의 반동파의 매국 음모를 격쇄할 수 있다! 우리에게는 승리의 자신이 있고 승리는 가까워온다! 동포들! 진리와 정의와 단결은 반드시 승리한다! 아무것도 두려워 말고 주저와 미련을 박차버리고 용감하게 궐기하라!*

모스크바 결의안에 입각한 한국 문제 해결에 사활을 걸렸던 김일성과 박헌영은 미소공위가 결렬되고 한국 문제가 유엔으로 이관되자 미·소양군 철수운동으로 노선을 전환했다. 한반도에 주둔한 외국군은 모두 철수하고 한국 문제를 한국인의 손으로 해결토록 하라는 주장이었다. 그러나 이것은 단지 듣기 좋은 구호에 불과했다. 그들은 외국군 철수 후 어떤 방법과 절차로 통일정부를 수립할 것인지 어떠한 구체적 방안도 제시하지 않았다. 그들의 주장에는 고민의 흔적조차 없었다. 그들이 소련의 주장을 단순히 반복하면서 구체적 방안을 제시하는 데 인색했던 이유는 이미 그들에게 자신들만의 통일 노선이 너무나 명확하게 자리 잡고 있었기 때문이다. 그것은 바로 북한이라는 민주기지를 기반으로 남북의 좌익 역량을 총결집해 좌익 주도의 통일정부를 수립한다는 기존의 방침, 민주기지론이었다.

1947년 11월 14일 유엔에서 한국 문제에 관한 결의안이 통과되자, 북한도 독자적인 정부인 '인민공화국'의 수립에 박차를 가했다. 이를 위해 처음으로 벌인 작업은 11월 18일에서 19일, 북조선인민회의에서 조선임시헌법 제정위원회를 조직하고 헌법 초안을 작성하는 일이었다. 헌법 초안은 1948년 2월 10일 자로 발표된 후 4월 25일까지 '전인민토의'를 거쳐 4월 29일 북조선인민회의를 통해 사실상 확정되었다.

---

* 남로당 중앙위원회의 2·7구국투쟁 지지 성명. 1948년 2월 13일.

이와 함께 2월 8일에는 인민군이 창설되었다. 이제 북한은 '남한보다 먼저 단정을 수립하려 한다'거나 '동족상쟁의 내란을 일으킬 위험성을 조성한다'는 비판을 피할 수 없게 되었다. 그럼에도 북한이 인민군 창설을 서두른 이유는 무엇일까? 그 이유는 김일성의 인민군 창설 축하 연설에 잘 나타나 있다. 김일성은 연설에서 인민군이 "북한의 민주개혁을 보위하기 위한 군대"이자, "통일정부를 수립하고 촉진하기 위한 준비와 대책"이라고 주장했다. 인민군은 자신의 체제를 수호하기 위한 군대이자, 남한에 자신의 체제를 강요하고 압박할 무기였던 것이다. 이즈음부터 북한 지도부가 말하는 '통일' 속에는 언제나 서로 상충하는 두 가지 의미가 중첩되어 나타났다. 평화와 전쟁이 그것이었다.

김일성이 북한의 정권 수립에 박차를 가할 때, 박헌영은 단선·단정반대운동을 조직해 미군정에 맞섰다. '2·7구국투쟁'으로 명명된 총파업투쟁이 그 시작이었다. 조선노동조합전국평의회(전평)가 주도한 총파업투쟁은 2월 7일부터 서울을 시작으로 전국 각지로 확대되었다. 그러나 정작 시위의 규모는 그리 크지 않았다. 미군정은 이 봉기가 실패했다고 기록했다.

하지만 남로당은 그 후에도 자신의 역량을 총집중해 단선·단정반대운동을 벌여나갔다. 사실 남로당이 할 수 있는 일은 이것밖에 없었다. 소련이 제시한 미·소 양군 철수를 한반도 문제 해결의 유일한 해법이라고 인식했기 때문이다. 문제는 미국이 어떤 확실한 정치적 보장도 없이 스스로 한반도를 나갈 리 없다는 현실이었다. 이런 상황에서 미국을 나가게 하려면, 혹은 미국이 추진하는 단정을 무산시키려면, 비합법적 무력투쟁에 입각한 실력 행사밖에는 달리 방법이 없었다.

그런데 남로당의 투쟁력은 시간이 갈수록 약화되었다. 단정 반대는 민족적 대의가 강한 사안이었기 때문에 민중들로부터 광범한 지지를 이끌어낼 수 있었다. 그러나 남로당 지도부는 비합법·모험주의적 투쟁을 연발하면서 민중들의 지지를 자신의 역량으로 끌어들이는 데 한계를 보였다. 더구나 남로당 지도부는 북한의 권력을 두고 김일성 세력과 물밑 경쟁 중이었다. 경쟁에서 승리하려면 남한혁명에서 가시적 성과가 필요했고, 이를 위해 지나치게 서두르는 감이 없지 않았다. 결국 당원들과 지지자들은 승산 없는 싸움에 내몰리며 무분별한 위험 속에 과도하게 노출되었다. 이것이 바로 남로당 세력이 남한에서 점차 약화될 수밖에 없었던 이유였다.

분단을 막아라

나의 유일한 염원은 삼천만 동포와 손을 잡고 통일조국, 독립된 조국의 건설을 위해 공동 분투하는 것뿐이다. 이 육신을 조국이 수요需要한다면 당장에라도 제단에 바치겠다. 나는 통일된 조국을 건설하려다가 38선을 베고 쓰러질지언정 일신의 구차한 안일을 취해 단독정부를 세우는 데는 협력하지 아니하겠다. 나는 내 생전에 38 이북에 가고 싶다. 그쪽 동포들도 제 집을 찾아가는 것을 보고서 죽고 싶다. (중략) 삼천만 동포 자매 형제여! (중략) 바라건대 나의 애달픈 고충을 명찰明察하고 명일明日의 건전한 조국을 위해 한 번 더 심환深患하라.*

이승만과 김일성이 남과 북에서 각각 독자적인 정부 수립에 열을 올릴

* 김구, 〈삼천만 동포에게 읍고泣告함〉, 《독립신문》, 1948년 2월 10일 자.

때, 한반도의 분단을 막기 위해 마지막까지 동분서주하던 사람들이 있었다. 김규식을 대표로 하는 중도파 민족주의자들이었다. 그들은 민족자주연맹을 중심으로 결집해 남과 북의 독자적 정부 수립에 반대하고 남북통일정부 수립을 위해 힘썼다. 그들은 독점자본주의와 무산계급독재 모두를 배격하고, 한국적 민주주의를 주창했다. 한국적 민주주의란 봉건 잔재가 청산되고 민주주의의 기본적 자유가 지켜지는 민주주의, 모든 계급이 협조하고 타협하는 민주주의를 의미했다. 중도파 민족주의자들은 미·소가 대치한 한국의 현실에서 가장 중요한 것은 '이념'이 아니라 '민족'이라고 생각했다. 때문에 민족 문제의 해결을 위해 모든 애국적 계층이 일체의 종파적 아집과 독선을 버리고 민족통일국가의 수립을 위해 힘써야 한다고 주장했다.

중도파 민족주의자들이 민족통일정부의 수립을 위한 방안으로 제기한 것은 남북요인회담(남북지도자회의)이었다. 부끄럽게도 남북의 지도자들은 여운형처럼 특별한 경우를 제외하고는 한 번도 서로 머리를 맞대고 민족의 미래를 논의한 적이 없었다. 그저 말로만 통일을 외쳤지 실질적인 행동은 없었던 셈이다. 중도파 민족주의자들은 이러한 현실을 타개하기 위해 남북의 지도자들이 직접 만나 통일정부 수립을 논의하자고 주장했다. 그것이 바로 남북요인회담이었다.

1948년 1월 28일, 김구는 전격적으로 남북요인회담과 남북 총선거에 의한 통일정부 수립 방안을 발표했다. 이는 김구의 전향적인 방향 전환을 의미했다. 그는 그동안 추진해오던 중경임정 추대 노선과 이승만과의 합작 노선을 모두 폐기하고, 중도파 민족주의자들의 통일정부수립운동에 합류했다. 이로써 우익 3영수 가운데 김구와 김규식이 민족통일정부 수립을 위한 공동전선에 함께 서게 되었다. 저돌적인 추진력을 소유한 김구와 합리적이고 냉철한 지성을 소유한 김규식의 만남은 그야말로 환상적인 조합이었다. 이는 중도파 민족주의자들의 통일운동에 큰 힘이 되었다.

2월 16일, 김구와 김규식은 두 사람 공동 명의로 북한의 김일성과 김두봉에게 서한을 발송했다. 남북통일정부의 수립을 논의하기 위해 남북요인회담을 개최하자는 내용이었다. 김구와 김규식이 제안한 남북요인회담은 4김을 중심으로 하는 남북 지도자들 간의 정치협상이었다. 김구와 김규식은 이를 위해 애국정당대표대회를 소집해 협상의 대표를 선출할 것을 제안했다. 우리가 흔히 남북협상이라고 부르는 남북요인회담은 이렇게 시작되었다.

흥미로운 것은 남북요인회담의 구체적 계획이 유엔위원단과 긴밀한 협의하에서 만들어졌다는 점이다. 남한 단독선거 결정에 부담감을 느끼던 일부 유엔위원단 대표들이 중도파 민족주의자들의 남북요인회담 제안을 한국 문제의 주요한 해결 방법 중 하나로 주목하고 김구와 김규식에게 구체적인 방안을 마련해달라고 요구했던 것이다. 김구와 김규식은 이러한 유엔위원단의 분위기에 기대를 품고 남북요인회담의 구체적 방안을 마련해 제시했고, 유엔위원단이 남북요인회담을 유엔소총회에 정식으로 제안해줄 것을 건의했다.

그러나 남북요인회담 계획은 더 이상 진전되지 않았다. 김구와 김규식의 제안에 대해 북한이 아무런 답변도 해오지 않았기 때문이다. 오히려 남북의 좌익 세력들은 단정을 주장하던 우익들이 그러했듯이 연일 김구와 김규식에 대한 비난만 쏟아냈다. 제국주의의 앞잡이, 친일반동, 반역도당 등 평생 민족의 독립을 위해 싸워온 김구와 김규식에게는 당찮은 말들이었다. 남북의 좌익 세력들이 이런 터무니없는 비난을 쏟아놓으며 김구와 김규식을 호도한 이유는 무엇일까? 김구와 김규식의 제안이 자신들의 약점을 제대로 건드렸기 때문이었다. 그것은 바로 자신들이 기대어 있는 소련의 정책과 민주기지론에 입각한 통일론이 실상은 민족의 통일을 위해 아무것도 하지 않는 것과 같다는 사실이었다.

2월 26일 유엔소총회에서 남한 단선이 결정되면서 김구와 김규식이 품었던 희망은 한낱 물거품처럼 사라졌다. 북한 측이 아무런 행동을 취하지 않는 사이, 남북요인회담에 가졌던 일말의 희망마저 모두 사라져버리고 만 것이다. 그런데 3월 25일 북한은 돌연 김구와 김규식, 남한의 정당 및 사회단체 앞으로 서한을 보내왔다. 유엔소총회 결의와 남한의 단선·단정을 반대하고 통일적 자주독립을 위해 4월 초 평양에서 예비회담 격으로 소규모의 남북지도자연석회의를 개최하고, 4월 14일 본회담 격으로 전조선정당사회단체대표자연석회의를 개최할 예정이니 참석해달라는 내용이었다.

북한의 제안은 김구와 김규식의 제안을 자신의 입장에 맞춰 교묘히 수정한 것이었다. 김구와 김규식이 제안한 남북요인회담을 전조선정당사회단체대표자연석회의의 예비회담으로 격하시키고, 그나마 남북지도자연석회의로 수정 제안함으로써 회담의 본질적인 성격을 자신이 원하는 대로 변경하고자 했다.

김구와 김규식은 북한의 제안을 쉽사리 받아들이기 힘들었다. 북한 측의 제안이 자신들의 제안과 크게 다른 데다가 두 개의 연석회의가 모두 수적으로 좌익 측에 유리한 방향으로 기획되었기 때문이다. 더구나 북한 측의 서한에는 해방 후 김구와 김규식의 활동에 대한 신랄한 비난이 포함되어 있었다. 여기에는 스티코프의 지시가 작용했다고 알려져 있다. 하지만 북한 지도자들의 인식도 크게 다르진 않았을 것이다. 그들은 왜 연석회의를 제의하면서 상대방이 받아들이기 힘든 제안과 언사를 남발한 것일까? 그 이유는 그들이 김구와 김규식이 제안한 남북요인회담에는 그다지 관심이 없었기 때문이다. 그들의 관심은 연석회의를 통해 남한의 단선을 파탄시키는 데 있었고, 연석회의를 통해 북측에 세워질 인민공화국의 정당성을 확보하는 것이 그들의 목표였다.

김구와 김규식은 북측의 제안을 받고 고민에 빠졌다. 이대로라면 북한의 의도에 이용당할 가능성이 높았기 때문이다. 그렇다고 북한의 제안을 무작정 거부할 수도 없었다. 그것은 어렵게 열린 남북협상의 길이 또다시 굳게 닫히는 것을 의미했고, 아무런 시도도 해보지 않고 앉아서 분단을 기다리는 꼴이었기 때문이다.

3월 31일, 김구와 김규식은 북한의 의도를 의심하면서도 일단 연석회의에 참여할 것을 밝혔다. 그리고 자신들의 측근인 안경근安敬根, 1896~1978과 권태양權泰陽, 1913~1966을 파견해 북측의 진의를 확인하고 남측의 준비 시간을 고려해 회의 날짜를 4월 19일로 미뤘다. 이 과정에서 김구는 연석회의에 참가할 결심을 굳혔다. 하지만 김규식은 달랐다. 그는 연석회의 참가를 보류하고 5개항으로 이뤄진 전제 조건을 북측에 제시했다. "어떤 독재체제도 배격하고 진정한 민주주의 국가를 수립할 것, 독점자본주의 경제 제도를 배격하고 사유재산제도를 승인할 것, 전국적 총선거로 통일중앙정부를 수립할 것" 등이 주요 내용이었다.

한 차례 회의 날짜가 미뤄지고, 회의 날짜에 임박해 김규식이 전제 조건을 제시하자, 북한은 애가 달기 시작했다. 김규식 때문에 김구의 북행도 미뤄지고 있었기 때문이다. 애초에 북한은 연석회의에 그리 적극적이지 않았지만 시간이 갈수록 중시하기 시작했다. 인민공화국의 정당성을 선전하는 데 연석회의만큼 좋은 소재는 없었기 때문이다. 결국 북한은 김규식의 전제 조건을 모두 받아들이고 북행을 재촉했다. 4월 19일 김구가 38선을 넘었다. 김규식이 북행한 것은 4월 21일이었다. 이로써 역사적인 남북요인회담이 시작되었다.

남북요인회담의 성과, 그러나

1948년 4월 19일부터 23일까지 북한이 주도한 '남북조선제정당사회단체대표자연석회의'가 개최되었다. 김구와 김규식이 제안한 남북요인회담은 연석회의 직후 열리는 것으로 조정되었다. 김구와 김규식의 북행이 늦어졌기 때문이다. 북한은 여전히 연석회의에 더 큰 의미를 두었다. 그들은 연석회의를 통해 자신들과 소련의 입장을 대변하고 북에서 수립될 정부의 정당성을 확보하고자 했다. 회의 형식은 남북 정세政勢에 대한 연설과 보고, 지지 발언이 대부분을 차지했다. 제대로 된 의견 교환이나 토론은 없었다. 단지 미리 준비한 각본에 충실했을 뿐이다. 김구와 김규식 등 남한의 민족주의자들은 연석회의의 성격을 간파하고 있었기 때문에 회의 기간 내내 소극적으로 대응했다. 김규식은 신병을 이유로 연석회의에 단 한 번도 참석하지 않았고, 김구는 한 차례 회의에 참석해 인사말을 하는 정도로 성의를 표했다.

4월 23일 마지막 날 회의에서 남북조선제정당사회단체대표자연석회의는 '조선정치정세에 관한 결정서'를 채택했다. 결정서는 미국과 남한의 단정 세력을 규탄하는 내용으로 가득 채워져 있었다. 북한의 주장이 일방적

남북조선제정당사회단체대표자연
석회의에 나가 인사말을 하는 김
구. 이후 김구와 김규식은 남북요
인회담을 통해 통일정부 수립 원칙
을 확인하고 북한으로부터 전쟁 방
지 약속을 받아냈다.

으로 관철된 것이었다. 남한의 민족주의자들은 연석회의에 소극적으로 대
응하고 있었기 때문에 결정서의 내용에 영향을 미칠 수 없었다. 문제는 서
명이었다. 남측 인사들은 이 결정서에 단체 명의로 서명을 했다. 개인 명의
가 아니라 단체 명의이긴 했지만, 이것은 문제가 될 소지가 충분했다. 과연
4월 25일 평양방송이 이 사실을 보도하자 남한 정계는 발칵 뒤집어졌다. 북
한에 간 남측 인사들이 미국과 단정 세력을 매도하는 문서에 찬동했다는
사실은 아무도 선뜻 믿기 어려운 일이었다.

　남측의 민족주의자들은 왜 자신들이 결코 동의하기 어려운 내용으로 구
성된 결정서에 서명을 했을까? 그것은 연석회의 이후 개최될 남북요인회
담을 고려한 어쩔 수 없는 선택이었던 것 같다. 남북요인회담이 예정된 상
황에서 북측과 섣불리 대립각을 세우기는 힘들었을 것이다. 남측 인사들의
서명은 북한의 의도와 상황이 만들어낸 산물이었다. 하지만 그럼에도 불구
하고 남측 인사들의 결정서 서명은 치명적인 실수였다. 후일 북한이 정권
수립의 정당성을 연석회의에서 찾았기 때문에 더욱 그러했다.

　이렇듯 쉽지 않은 상황 속에 4월 26일 남북요인회담이 시작되었다. 남북

요인회담은 김구, 김규식, 김일성, 김두봉 등 4인회담과 남북 요인 15인으로 구성된 지도자협의회, 수차례에 걸친 비공식회담으로 이뤄졌다. 가장 중요한 것은 4인회담이었다. 4인회담에서 김일성은 단선 반대를 주요 논제로 삼고자 했다. 반면 김구와 김규식은 남북통일을 위한 남북연합기구의 창설을 목표로 삼았다. 이를 위해 남북 지도자가 합의된 내용을 바탕으로 공동성명을 발표하고 남북통일운동을 위한 조직을 구성하자는 것이 그들의 주장이었다.

4월 30일, 4인회담의 논의 결과와 김규식이 제안한 5개항의 전제 조건을 바탕으로 작성한 공동성명서가 발표되었다. 공동성명서는 먼저 남북 요인 4인과 15인의 지도자협의회의 승인을 거친 후, 남북 전 정당 및 사회단체 대표들의 서명을 거쳐 전조선정당사회단체지도자협의회 명의로 발표되었다. 이 성명서는 총 4개항으로 구성되었다.

1. 소련이 제의한 바와 같이 우리 강토에서 외국 군대가 즉시에 철거하는 것은 우리 조국에서 조성된 곤란한 상태하에서 조선 문제를 해결하는 가장 정당하고 유일한 방법이다. 미국은 이 정당한 제의를 수락하고 자기 군대를 남조선에서 철퇴시킴으로써 조선 독립을 실지로 원조하지 않으면 안 된다. (중략)
2. 남북정당사회단체지도자들은 우리 강토에서 외국 군대가 철퇴한 후에 내전이 발생할 수 없다는 것을 확인하며 또 그들은 통일에 대한 조선 인민의 지망에 배치背馳하는 여하한 무질서의 발생도 용허하지 않을 것이다. (중략)
3. 외국 군대가 철퇴한 이후 좌기左記 제 정당단체들은 공동명의로써 전조선정치회의를 소집해 조선 인민의 각층각계를 대표하는 민주주의임시정부가 즉시 수립될 것이며 (중략) 이 정부는 그 첫 과업으로 일반적 직접적 평등적 비밀투표로

서 통일적 조선입법기관을 선거할 것이며 선거된 입법기관은 조선헌법을 제정

해 통일적 민주정부를 수립해야 할 것이다.

4. 상기 사실에 의거해 본 성명서에 서명한 제 정당 사회단체들은 남조선 단독선

거의 결과를 결코 승인하지 않을 것이다. 또 이러한 선거로서 수립되는 단독정

부를 결코 인정하지 않으며 지지하지 않을 것이다.*

1항과 4항은 북측의 요구가 적극 반영된 것이었다. 그러나 미·소 양군의 동시 철군 문제나 남한 단선·단정 반대 문제는 김구와 김규식도 원칙적으로 찬성하고 있었던 사항이므로 크게 문제될 것이 없었다. 특히 4항의 경우는 북측의 단정 수립을 반대할 수 있는 논리로도 사용될 수 있었다.

공동성명서의 가장 큰 성과는 김구와 김규식의 요구가 강하게 반영된 2항과 3항이었다. 2항은 사실상 북한이 미·소 양군 철군 후 내전을 일으키지 않겠다고 약속한 것이었다. 북한의 인민군이 창설된 후, 남한에서는 북한이 내전을 일으킬지도 모른다는 불안감이 고조되고 있었다. 때문에 김구와 김규식은 미·소 양군이 철군한 후 치안 책임을 유엔에 맡기자고 주장해왔다. 그런데 북한이 내전을 일으키지 않겠다고 약속함으로써 미·소 양군 철수 후 치안 문제에 대한 불안은 어느 정도 해소될 수 있었다. 문제는 북한이었다. 북한이 통일의 방법으로 전쟁을 염두에 두는 한, 이 조항은 그들에게 두고두고 골칫거리가 될 가능성이 높았다. 결과적으로 북한은 원치 않은 양보를 한 셈이었고, 남한은 예상 외로 큰 성과를 거둔 셈이었다.

---

* 《조선일보》, 1948년 5월 3일 자.

3항은 남북요인회담의 백미였다. 이 조항은 남북의 주요 지도자들이 최초로 미·소 양군 철수 후 민족통일정부의 수립 과정을 합의했다는 점에서 큰 의미가 있었다. 만약 미·소 양군이 38선을 중심으로 분할 점령하지 않았다면, 한국은 대체로 이 조항에서 제시한 과정에서 크게 다르지 않은 방법으로 민족통일정부를 수립하게 되어 있었다. 앞서 살펴보았듯 대부분의 지도자들이 3항과 유사한 과정을 예상하고 통일정부 수립을 준비하지 않았던가. 하지만 현실은 미·소의 분할 점령이었고, 이로 인해 민족의 미래는 결코 원치 않는 방향으로 나아가고 말았다. 공동성명서의 3항은 민족의 올바른 미래는 바로 이렇게 만들어져야 한다는 지향을 제시하는 것이었다.*

사실 북한은 남한에서 단정을 수립한 직후 인민공화국을 수립할 예정이었다. 하지만 남북요인회담 석상에서 자신의 계획을 드러낼 수는 없었고, 김구와 김규식의 강력한 주장으로 원치 않는 조항에 합의할 수밖에 없었다. 공동성명서 3항은 북한의 독자적인 정부 수립 명분에 치명적인 상처를 안기는 것이었다. 자신의 계획대로 인민공화국을 수립하는 순간, 자신이 합의한 통일정부 수립 과정을 어기기 때문이다.

공동성명서 3항은 북한이 준비한 헌법의 정당성을 무력화하는 것이기도 했다. 북한은 남북요인회담이 진행되던 4월 28일에서 29일에 북조선인민회의 특별회의를 개최해 헌법 초안을 사실상 승인했다. 그리고 그 과정을 남측 인사들에게 참관시켰다. 자신들이 준비한 헌법의 정당성을 확인받기 위한 의도된 행동이었다. 그러나 3항의 합의에 따르면 북한의 헌법은 제대로 된 과정을 거치지 않은 임의적인 결과물일 뿐이었다.

---

* 서중석, 『남북협상, 김규식의 길, 김구의 길』, 한울, 2000.

이렇듯 남북요인회담의 성과는 적지 않았다. 결정서 서명이라는 치명적 약점이 있었지만, 이를 충분히 상쇄할 만큼 북한의 양보를 상당히 얻어냈기 때문이다. 회담 종결 후 서울로 귀환한 김구와 김규식은 5월 6일 공동성명을 발표하고, 민족이 일치단결한다면 충분히 자주적·민주적 통일조국을 건설할 수 있으리라는 의견을 표명했다. 첫술에 배부를 수는 없지만, 지속적으로 노력한다면 통일조국의 건설도 불가능하지만은 않다는 주장이었다.

남북요인회담은 단정 수립에 반대하는 대다수 민중들의 열망을 대변하는 것이었다. 당시 여론조사에서도 이러한 민중의 열망은 그대로 확인되었다. 민중은 천 년이 넘게 이어져온 단일국가의 전통이 해방 후 3년의 갈등으로 이렇게 쉽게 깨어질 수 있다는 사실을 쉽사리 인정하지 못했다. 따라서 남북요인회담은 대다수 한국인들에게 통일정부 수립에 대한 새로운 희망을 안겨줬다.

그러나 미군정과 단정 세력의 반응은 싸늘했다. 그들은 연석회의 결정서의 내용을 거론하며 김구와 김규식이 공산주의자들의 모략에 빠졌다고 매도했다. 남북요인회담은 미군정에게 상당한 정치적 타격이었다. 자신들의 주요한 정치적 파트너였던 김구와 김규식이 지속적으로 자신의 뜻에 반대하는 모습을 보였기 때문이다. 미군정은 김구와 김규식에게 단선 참가를 종용했다. 하지만 둘은 단호히 선거 참여를 거부하고 통일운동을 계속할 것임을 대내외에 밝혔다.

그렇지만 안타깝게도 남북요인회담은 분단 이전에 남북의 지도자가 만나 통일 원칙에 합의했다는 성과를 얻었지만 그 이상 구체적이고 실질적인 결과를 도출해내지는 못했다. 남북의 분단정부 수립에 대해 미·소 양국의 의지가 너무 강한 데다가 남한의 단정 세력과 북한 지도부의 단정 수립 의지도 그에 못지않게 강했기 때문이다. 김구와 김규식이 제안한 전조선정치회담은 사실상 개최가 불가능했다. 이것이 바로 남북요인회담이 가지고 있던 본질적 한계였다. 남북은 이미 단독정부의 수립으로 나아가고 있었다. 남한의 5·10선거가 첫 번째 단계였다.

민주주의의 신호탄 5·10선거, 그 빛과 어둠

대망의 날 5월 10일은 오다. 조선의 운명을 결정할 역사적 총선거의 막은 드디어 열렸다. 국제 감시하에 실시될 이 중대한 선거는 미·소 대립이 격화된 현 단계에 있어서는 통일과 독립의 유일한 방도로서 우선 가능한 지역부터 외세의 압력에서 벗어나자는 것이니 독립을 갈망하는 이 민족으로서는 국권 회복의 절호의 기회가 아닐 수 없다.*

1948년 5월 10일, 총선거가 실시되었다. 우리 역사상 최초로 치러진 보통선거로, 이 땅에 민주주의의 시작을 알리는 신호탄이었다. 이 선거를 통해 최초의 입헌공화국이 세워질 예정이었다. 5·10선거는 민족을 대표하는 광범위한 정치 세력들이 참여하는 민족의 축제가 되어야 했다. 그래야만 신생 정부는 누구도 의심치 않을 만큼 충분히 정당성과 명분을 확보하게 될 터였다.

---

* 《동아일보》, 1948년 5월 10일 자.

하지만 현실은 그렇지 않았다. 선거는 남한에 국한해 시행되었고, 공식적으로 극우 단정 세력들만이 참여한 가운데 치러졌다. 김구와 김규식을 비롯한 중도파 세력 대부분은 끝내 선거에 불참했고, 남로당은 폭력적인 단선반대운동으로 선거를 방해했다. 미군정은 공권력을 동원해 좌익 세력을 탄압하는 한편, 여러 가지 장치를 통해 좌익 세력의 선거 참여를 원천 봉쇄했다. 결국 5·10선거는 굉장히 협소한 정치적 스펙트럼에서 시행될 수밖에 없었다.

단정 추진 세력들은 총선 실시를 크게 환영했다. 그들은 5·10선거가 '통일과 독립의 유일한 방도'라고 주장했다. 그러나 이는 사실과 전혀 다른 주장이었다. 5·10선거는 남북의 분단을 확정 짓고 단정을 수립하기 위한 선거였다. 그런 점에서 5·10선거는 민족의 구성원들 모두가 마냥 기뻐할 수 없는 것이었다. 기쁜 일이나 기뻐할 수만은 없었던 현실, 그것이 5·10선거에 당면한 민족의 현실이었다.

5·10선거는 남로당의 폭력적인 단선반대운동에도 불구하고 비교적 큰 탈 없이 치러졌다. 제주도에서는 4·3항쟁*으로 선거가 제대로 치러지지 못했지만, 서울을 비롯한 전국 각지에서는 순조롭게 진행되었다. 물론 선거 과정에서 전혀 문제가 없었던 것은 아니다. 선거의 첫 단계인 선거인 등록 과정에서는 강제 등록이 문제가 되었고, 선거 당일에는 경찰과 극우 청년단체들의 강압적 선거 진행이 문제가 되었다. 이는 유권자들의 자유로운 의사 표현을 제한할 가능성이 있다는 점에서 논란이 되었다. 하지만 선거 결과를 뒤집을 만큼의 논란은 아니었다.

---

* 1948년 4월 3일, 남로당 제주도당이 단독정부 수립에 반대하기 위해 무장봉기를 일으키자 미군정은 폭력적인 방법으로 이를 진압했다. 이로 인해 민간인의 피해가 속출했고 대규모의 민중항쟁으로 확대되었다.

5·10선거는 대다수 한국인들이 거의 처음으로 경험하는 선거였다. 문맹자가 많아 작대기로 기호를 대신했지만, 선거를 방해하는 수많은 제약이 존재했음에도 한국인들은 차분하게 자신의 소중한 한 표를 행사했다. 이를 통해 한국인들은 자신이 충분한 자치 능력을 가지고 있음을 당당히 증명했다.

선거 결과 이승만과 한민당 등 단정 세력이 과반 이상을 차지했다. 그들 외에는 선거에 적극 참여한 세력이 없었기 때문에 당연한 결과였다. 그런데 단정 세력이 애초에 의도한 만큼 의석을 독점한 것은 아니었다. 무소속으로 당선된 인사들 가운데 김구와 김규식의 노선을 따르는 중도파들도 상당수 포함되어 있었다. 김구와 김규식은 선거에 불참했지만, 지방의 일부 중도 세력들이 적극적으로 선거에 대응한 결과였다. 중도파 세력은 전체 의석의 3분의 1에 육박하는 의석을 확보했다. 유권자들이 선거를 통해 중도파를 지지함으로써 통일에 대한 자신들의 열망을 표출한 것이다. 선거 결과를 두고 여론은 김구와 김규식이 통일운동과 선거를 병행하지 못한 것을 안타까워했다. 김구와 김규식이 본격적으로 선거에 참여했더라면 그 결과가 사뭇 달라졌으리라는 판단 때문이었다.

이승만 세력과 한민당 세력도 각각 전체 의석의 3분의 1 정도를 차지했다. 흥미로운 것은 한민당 당선자 60여 명 가운데 당적을 내걸고 당선된 인사는 28~29명에 불과했다는 점이다. 나머지 30여 명은 한민당 소속임을 숨기고 무소속이나 대한독립촉성국민회(이하 독촉국민회)로 출마해 당선되었다. 일각에서는 5·10선거가 그동안 미군정의 여당 역을 자임했던 한민당의 독천장이 될 것이라고 예상했지만, 정작 한민당 인사들은 자신들이 민중에게 얼마나 인기가 없는지 너무도 잘 알고 있었다.

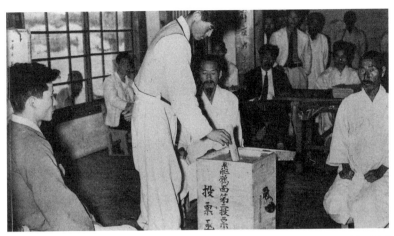

5·10선거 광경. 5·10선거는 우리나라 최초의 보통선거로, 비록 남한에서만 시행되었으나 유권자들은 좌우 정치 세력의 갈등 속에서도 한국인의 자치 능력을 보여줬다. 선거 결과 이승만과 한민당 등 단독정부 세력이 의석의 3분의 2를, 김구와 김규식을 따르는 중도파 세력 등이 의석의 3분의 1을 차지했다.

결과적으로 5·10선거는 이승만과 한민당 등 단정 세력이 과반을 차지한 가운데 중도 세력의 약진이 두드러진 선거였다. 아무도 일방적인 과반을 차지하지 못한 채 3개의 세력이 정립하는 양상을 보인 것이다. 물론 이승만과 한민당 등 단정 세력의 연합이 계속된다면 3개 세력의 정립이라는 구도는 아무런 의미가 없게 된다. 하지만 역사는 그렇게 단순하게 흘러가지 않았다. 이승만과 한민당은 이미 동상이몽을 꿈꾸고 있었다.

헌법의 탄생

우리가 오늘 우리 민국 제1차 국회를 열기 위해 모인 것입니다. 우리가 오늘이 있게 된 데 대해 첫째로는 하나님의 은혜와 둘째 애국선열들의 희생적 혈전한 공적과 셋째로는 우리 우방들 특히 미국과 유엔의 공의상公義上 원조를 깊이 감사치 않을 수 없는 것입니다. 우리는 민족의 공선公選에 의해 신성한 사명을 띠고 국회의원 자격으로 이에 모여 우리의 직무와 권위를 행할 것이니 먼저 헌법을 제정하고 대한독립민주정부를 재건설하려는 것입니다. 나는 이 대회를 대표해 오늘의 대한민주국이 다시 탄생된 것과 따라서 이 국회가 우리나라에 유일한 민족 대표 기관임을 세계만방에 공포합니다.*

1948년 5월 31일, 제헌국회가 출범했다. 제헌국회는 헌법을 비롯해 신생 국가의 모든 법적 기초를 마련할 막대한 책임을 가지고 있었다. 개원 첫날 제헌국회는 국회의장에 이승만, 부의장에 신익희(독촉국민회), 김동원(한민당)을 선출하고 본격적인 의사일정에 들어갔다.

제헌국회의 초기 세력 구도는 의장과 부의장 선출 과정에서 명확히 드러났다. 이승만 세력과 한민당 세력이 강력한 연대를 통해 수적 우위를 확보하고 의장과 부의장직을 독점하면서 국회 활동을 주도했다. 국회에서 양 세력이 보여준 첫 모습은 갈등이 아니라 연대였다. 그런데 이 연대는 무소속 중도파 의원들을 자극했다. 6월 13일, 무소속 중도파 의원들은 무소속구락부**를 조직하고 독자적인 세력 결집에 나섰다.

제헌국회의 첫 번째 과제는 헌법을 제정하는 것이었다. 이를 위해 제헌국회는 6월 3일 '헌법 및 정부조직법 기초위원회(이하 헌법기초위원회)'를 설치하고 30명으로 구성된 기초위원을 선정했다. 기초위원은 다수당의 독점을 막기 위해 지역과 정당을 안배해 선정되었다. 그 결과 독촉국민회와 한

---

* 이승만의 제헌국회 개회사, 1948년 5월 31일, 《동아일보》, 1948년 6월 1일 자.
** 무소속구락부는 조봉암(曺奉岩, 1898~1959) 등 무소속으로 당선된 국회의원 60여 명이 만든 교섭 단체다.

　　　　　　　　　　　　　　　　　　· 해방 후 3년

민당, 무소속 의원들이 각각 3분의 1씩을 차지했다. 하지만 이것은 독촉국민회와 한민당을 중심으로 헌법이 제정될 것임을 의미하는 것이었다. 기초위원 3분의 2가 이들 양당 소속이었기 때문이다. 특히 주목할 것은 헌법기초위원회 내에서 이승만보다 한민당이 유리한 고지를 차지했다는 점이다. 김준연金俊淵, 1895~1971, 백관수白寬洙, 1889~?, 서상일徐相日, 1887~1962 등 한민당의 노련한 정치인들이 기초위원으로 들어간 덕분이었다. 헌법기초위원회 위원장 자리는 한민당의 서상일에게 돌아갔다. 이는 이승만과 한민당의 균열 가능성을 암시했다.

헌법기초위원회는 유진오俞鎭午, 1906~1987, 권승렬權承烈, 1895~1980 등 법률 전문가로 구성된 전문위원 10명을 선정하고 헌법 기초 작업에 착수했다. 헌법기초위원회는 처음부터 시간에 쫓겼다. 정부 수립일을 8월 15일로 예정하고 있어, 그 전에 모든 작업을 완료해야 했기 때문이다. 이승만과 한민당은 5일 안에 헌법안을 본회의에 상정할 계획을 세웠다. 그들이 이토록 서두를 수 있었던 이유는 이미 준비된 헌법안이 있었기 때문이다. 유진오와 행정연구위원회가 공동으로 작성한 헌법안(이하 공동안)이 그것이었다.

고려대학교 법학교수였던 유진오는 1947년 말 남조선 과도정부 사법부 산하에 있던 법전기초위원회의 의뢰를 받아 헌법안을 작성했다. 그의 헌법안은 한민당의 지지를 받았다. 그런데 어느 날 신익희가 유진오를 찾아와 자신이 이끌고 있던 행정연구위원회와 헌법안 기초 작업을 함께하는 것이 어떻겠냐고 권유했다. 신익희는 이것이 이승만의 뜻이라고 했다. 행정연구위원회는 유진오와 마찬가지로 자신들이 작성한 헌법안을 가지고 있었다. 문제는 그들이 현실적으로 헌법안을 자신의 이름으로 발표하기가 어려웠다는 점이다. 행정연구위원회는 최하영崔夏永, 1908~1978, 장경근張暻根, 1911~1978

등 친일 관료들로 구성되어 있어서 친일파들이 신정부의 헌법안을 작성했다는 비난을 피하기가 어려웠다. 유진오로서도 행정연구위원회와 함께한다는 것은 한민당의 지지 외에도 이승만의 지지까지 얻게 되는 것이었으므로 마다할 이유가 없었다. 유진오와 행정연구위원회의 공동안은 그렇게 탄생했다.

그런데 여기서 한 가지 짚고 넘어갈 것은 유진오나 행정연구위원회나 친일 문제에 관한 한 오십보백보였다는 사실이다. 일제강점기 소설가로 더 유명했던 유진오는 1939년부터 국민총력조선연맹, 조선문인보국회 등 각종 친일 단체의 간부로 활동하며 일제의 침략전쟁과 황민화정책을 선전했고, 여러 작품과 산문을 통해 학병·징병·지원병을 선전하는 등 친일 행위를 서슴지 않았다. 그런데도 최하영 등이 유진오를 통해 자신들의 친일 경력을 윤색하고자 했던 이유는 무엇일까? 그것은 친일 관료였던 자신들보다 민간인이었던 유진오의 친일 행위가 그나마 세상에 덜 알려졌다는 점 때문이었다. 당시 유진오가 고려대학교의 교수로 명성을 얻고 있었다는 점도 영향을 미쳤을 것이다. 여하튼 신정부의 헌법마저도 친일 세력들의 손에서 좌지우지되고 있었던 것이 당시의 현실이었다.

이승만과 한민당은 유진오와 행정연구위원회의 공동안을 헌법기초위원회의 심의안으로 단독 채택하고 일사천리로 심의를 진행할 생각이었다. 그러나 그들의 계획은 곧바로 어긋났다. 6월 4일 또 하나의 헌법안이 제출되었기 때문이다. 이른바 '권승렬 안'이었다. 권승렬은 과도정부 사법부 관료로 친일 경력이 없었던 보기 드문 인사였다. 그는 유진오가 법전기초위원회에 제출한 헌법안을 수정해 새로운 헌법안을 완성했다. 권승렬 안의 가장 큰 특징은 역사적 정통성과 임정 이래 이어져온 헌법의 전통을 중시했다는 점이다.* 당연히 그의 헌법안에는 친일파 처벌에 관한 규정이 삽입되어 있었다. 이는 유진오와 행정연구위원회가 결코 반영할 수 없는 내용이었다.

권승렬 안의 제출로 헌법기초위원회는 심의안을 표결로 결정할 수밖에 없었다. 그 결과 헌법안 심의는 공동안을 주축으로 하고 권승렬 안을 참고로 하여 이뤄지게 되었다. 이는 사실상 헌법기초위원회가 양 안을 모두 비교 검토해야 한다는 것을 의미했다. 이로써 5일 안에 헌법안을 상정한다는 계획은 물 건너가고 말았다.

사실 헌법안 심의와 같이 중대한 사안을 5일 만에 끝내려고 했던 것 자체가 어불성설이었다. 헌법안을 심의한다는 것은 신국가의 정치 · 경제 · 사회 · 문화 전반을 어떻게 구성할지 논의하는 것이었다. 그런데 이를 졸속으로 처리하려고 했으니 이는 신정부를 기초도 없이 모래 위에 짓겠다는 말과 같았다. 더욱이 이승만과 한민당 간에는 신정부의 권력 구조를 어떻게 할 것인지에 대해서 합의조차 되어 있지 않았다. 바로 그 지점에서 이승만과 한민당의 갈등이 시작되었다.

대통령제냐 내각책임제냐

1948년 6월 21일 오후 헌법기초위원회 회의실, 기초위원들과 전문위원들이 모두 정좌한 가운데 헌법안 심의 제3독회 최종회가 시작되었다. 헌법

---

* 이영록, 『우리 헌법의 탄생』, 서해문집, 2006.

안은 이날 회의를 끝으로 심의가 마무리되고 본회의에 상정될 예정이었다. 그런데 갑자기 좌중이 시끄러워졌다. 이승만이 나타났기 때문이다. 그의 얼굴은 노기로 붉게 상기되어 있었다. 그는 좌중을 향해 일장 연설을 늘어놓았다. 내각책임제는 절대 안 된다는 요지였다. 이승만은 만약 국회에서 내각책임제가 채택된다면 자기는 그러한 헌법하에서는 어떠한 지위에도 취임하지 않을 것이며, 민간에 남아 국민운동이나 하겠다는 말을 남기고 퇴장했다. 이승만을 수행해 따라왔던 신익희는 자기도 원래 내각책임제에 찬성했지만, 이 박사의 태도가 저러하니 대통령제로 바꾸는 수밖에 없지 않겠냐고 말했다. 그리고 그는 유진오에게 다가와 아무 말 없이 악수를 하고 사라졌다. 무언의 압박이었다. 도대체 헌법안을 심의하는 동안 무슨 일이 벌어졌던 것일까?

헌법안 심의 과정에서 가장 큰 논쟁거리는 권력 구조 문제였다. 첫 번째 쟁점은 국회를 양원제로 할 것이냐 단원제로 할 것이냐였다. 무소속 의원들은 한민당과 독촉국민회 등 다수당의 권력을 제한하기 위해 양원제를 주장했다. 그러나 한민당이나 독촉국민회의 의원들은 자신들의 권력이 축소되는 것을 원치 않았다. 양원제, 단원제 문제는 표결로 판가름 났다. 결과는 한민당과 독촉국민회 의원들의 주장대로 단원제의 승리였다.

두 번째 쟁점은 대통령선거를 간접선거로 하느냐 직접선거로 하느냐였다. 무소속 의원들은 직선제를 주장했다. 국회에서 대통령을 뽑게 되면 이승만과 한민당의 세력 결탁이 더욱더 극심해질 것이라고 우려했기 때문이다. 그러나 한민당과 독촉국민회 의원들은 간선제를 주장했다. 직선으로 선출하면 대통령의 권한이 너무 과대해질 것이라고 생각했기 때문이다. 이 문제 역시 표결로 결론이 났는데, 결과는 간선제의 압도적 승리였다. 여기에는 8월 15일 이전에 직선을 시행할 시간적인 여유가 없고, 시행할 경우 남로당의 준동이 염려된다는 현실적인 이유가 크게 작용했다.

세 번째 쟁점은 대통령제를 채택할 것이냐 내각책임제를 채택할 것이냐였다. 이는 권력 구조 문제에서 가장 핵심적인 내용이었고, 정파들 사이에 가장 첨예한 이해 갈등을 보여준 사항이었다. 심의 결과는 내각책임제의 채택이었다. 공동안이나 권승렬 안이 모두 내각책임제를 채택하고 있었던 데다가, 기초위원들 사이에서는 대통령제가 독재로 흐를 가능성이 높다는 인식이 널리 퍼져 있었다. 여기에는 헌법기초위원회를 주도하고 있던 한민당의 의도가 강하게 작용했다. 내각책임제가 채택되면 그들은 국회 내 다수라는 지위를 활용해 실질적으로 권력을 장악할 수 있었다.

그러나 이승만은 내각책임제를 수용할 뜻이 전혀 없었다. 정부 수립의 도상에서 대통령의 자리는 당연히 이승만의 몫이었다. 김구와 김규식이 단독정부 참여를 거부한 이상 그에게 도전할 사람은 더 이상 없었다. 하지만 내각책임제에서 대통령은 실질적 권력이 주어지지 않는 '뒷방 늙은이'에 불과했다. 일평생 독립운동보다 권력의 향배에 더 관심을 기울여왔던 그에게 이것은 절대 용납할 수 없는 일이었다. 이승만과 한민당의 연대가 결정적으로 균열하는 지점이었다.

이승만은 헌법기초위원회의 분위기가 내각책임제로 흐르자 언론을 통해 내각책임제를 반대한다고 점잖게 자신의 뜻을 밝혔다. 그런데 위원회의 분위기가 전혀 바뀌지 않자, 6월 10일과 6월 15일 체면도 아랑곳하지 않고 헌법기초위원회를 직접 방문해 기초위원들을 압박했다. 하지만 위원회는 요지부동이었다. 그러자 이승만은 비공개로 국회 전원위원회를 개최해 자신의 뜻을 관철시키고자 했다. 그러나 그의 제안은 130표 대 12표라는 큰 차이로 거부되었다. 의원들 대부분은 헌법안과 같이 중대한 사안을 비공개로 처리할 수 없다고 생각했다.

결국 이승만은 6월 21일 헌법기초위원회를 다시 방문해 대통령제가 아니면 선거에 나서지 않겠다고 폭탄선언을 했다. 사실상 유일한 대통령 후보였던 이승만이 선거를 거부하고 나선 것이다. 이것은 독촉국민회와 한민당 모두에게 파국을 의미했다. 김구와 김규식도 없는 마당에 이승만까지 대통령 선거에 나서지 않는다면 더 이상 정부 수립은 불가능했다. 극우 단정 세력이라는 한정된 토대 위에 만들어진 단독정부는 이승만이라는 존재 없이는 성립조차 불가능했던 것이다. 결국 한민당은 이승만의 압박에 굴복했다. 그들은 단지 몇 개의 조항을 수정하는 방법으로 하룻밤 사이에 내각책임제를 대통령제로 바꿨다. 어처구니없지만 한국의 대통령제는 그렇게 탄생했다. 다분히 내각책임제적 조항이 섞여 있는 불완전하고 급조된 대통령제였다. 20일 가까이 합법적 절차에 의해 민주적으로 진행되었던 헌법안 심의는 이렇듯 한 개인의 그릇된 욕망에 의해 순식간에 뒤집어지고 말았다. 이것이 한국 민주주의의 현실이었다.

1948년 6월 23일, 헌법안이 국회 본회의에 상정되었다. 본회의에서의 헌법안 심의는 형식상의 추인 방식이 아니라 한 건 한 건 실질적인 검토 방식으로 이뤄졌다. 헌법기초위원회의 심의가 하나의 모범답안을 만드는 과정이었다면, 본회의에서의 심의는 제출된 헌법안을 중심으로 다양한 쟁점들을 재검토하고 법안 하나하나를 확정해나가는 과정이었다. 따라서 본회의 심의는 보다 복잡하고 더디게 진행될 수밖에 없었다. 국회의원 198명 전원이 참여하는 것이라 더욱 그러했다.

본회의 심의 초반에는 비교적 활발한 토론이 이뤄졌다. 하지만 중반 이후에는 제대로 되지 못했다. 국회의장인 이승만이 직접 나서서 의원들의 의견을 묵살하고 반강제적으로 회의 진행을 서둘렀기 때문이다. 본회의 심의에 주어진 시간이 많지 않다는 이유에서였다. 이로 인해 대통령제로 급조되면서 발생했던 조문들 사이의 여러 모순들이 제대로 수정되지 못했다.

급조된 헌법안에서 모든 권력은 대통령에게 집중될 가능성이 높았다. 원래 헌법안에는 국가의 중대사를 국무회의의 결의를 통해 행사한다고 되어 있었다. 한민당은 이 조항을 통해 충분히 대통령의 권한 행사를 제한할 수 있다고 낙관했다. 그러나 그것은 한민당의 착각이었다. 한민당은 본회의 심의 과정에서 이승만 측의 거부로 국무회의를 구성하는 국무원 가운데 국무총리 외에는 어떤 국무원에 대한 국회의 임명동의안도 추가하지 못했다. 이것은 마음만 먹는다면 대통령이 임면권을 통해 국무원을 좌지우지할 수 있다는 것을 의미했다. 그렇게 된다면 국무회의 결의라는 절차는 무용지물이 될 가능성이 높았다. 그러나 한민당은 이승만을 믿었던 것 같다. 자신들이 내각책임제를 양보했으므로 국무총리와 국무원 자리는 대부분 자신들이 차지하게 될 것이라고 말이다. 하지만 그것은 한민당의 순진한 꿈일 뿐이었다.

대한민국의 탄생

1948년 7월 17일, 헌법이 공포되었다. 7월 20일에는 공포된 헌법을 기반으로 정부통령 선거가 치러졌다. 이승만은 재석 의원 196명 가운데 180표를 얻어 대통령에 당선되었다. 애초부터 이승만 외 유력한 후보가 없었기 때문에 대통령 선거는 이승만의 압승으로 돌아갔다.

흥미를 끈 것은 오히려 부통령 선거였다. 무소속구락부가 조직적으로 김구를 부통령으로 밀었기 때문이다. 그들은 김구와 김규식을 정부에 참여시키기 위해 광범한 운동을 전개했다. 하지만 이승만과 한민당 세력이 김구를 배제하기 위해 이시영을 밀면서 대세는 일찌감치 결정되고 말았다. 이시영은 결선 투표를 통해 133표를 획득함으로써 62표를 얻은 김구를 물리치고 부통령에 당선되었다. 이시영은 중경임정 출신이었지만 김구의 통일 운동에 동참하지 않았다. 그는 정치적 영향력이 미미한 원로 인사라는 점 때문에 이승만과 한민당의 지지를 받았다.

김구는 정부 불참을 선언했는데도 자신을 두고 투표가 이뤄지자 더 이상 자신을 모욕하지 말라며 불쾌감을 감추지 못했다. 그러나 김구나 김규식이 아무리 단정 불참을 선언한다 해도 언젠가는 그들도 남한의 현실 정치에 참여할 수밖에 없게 되어 있었다. 그들은 여전히 남한의 실질적인 정치 세력이었기 때문이다. 국회의 무소속구락부 의원들은 김구와 김규식을 끊임없이 현실 정치와 연결시키기 위해 노력했고, 그러한 노력은 이승만과 한민당의 독식이 계속될수록 더욱 거세질 것이 분명했다.

정부통령 선거가 끝나자 정계의 관심은 국무총리 임명 문제로 옮겨갔다. 한민당은 김성수를, 독촉국민회는 신익희를, 무소속구락부는 조소앙을 국무총리로 추천했다. 한민당은 자신의 후보가 무난하게 국무총리로 지명될 것이라고 예측했다. 그러나 기대는 산산이 부서졌다. 이승만은 모두의 기대를 저버리고 엉뚱하게 조선민주당 출신의 월남 인사 이윤영李允榮, 1890~1975을 국무총리 후보로 지명했던 것이다. 7월 27일, 국회는 국무총리 이윤영 승인안을 압도적 표차로 부결시켰다. 장군 멍군이었다. 그러자 이번에는 이승만이 민족청년단 단장 이범석李範奭, 1900~1972을 국무총리 후보로 지명했다. 국회 내 다른 여러 세력이 추천한 인물에 대해서는 철저히 외면하겠다는 심사였다. 8월 2일, 국회는 국무총리 이범석 승인안을 110표 대 80표로 통과시켰다. 천하의 한민당이라 해도 목전에 다다른 정부 수립 일을 두고 더 이상 시일을 끌 명분이 없었던 것이다. 이쯤에서 한민당도 이승만이 자신들을 정부에서 밀어내려고 한다는 사실을 깨닫게 되었다. 그러나 알았다 해도 그들이 할 수 있는 일은 아무것도 없었다. 자신들이 급조한 헌법에 의하면 정부 구성과 관련된 모든 권한은 대통령에게 주어져 있었기 때문이다.

국무총리 승인 후 관심은 자연히 내각 구성으로 모아졌다. 한민당은 최소한 4석은 자신들에게 배정될 것이라고 정세를 낙관했다. 그러나 내각은 철저히 이승만의 신임을 기준으로 하는 정실 인사로 이뤄졌고, 한민당의 기대는 여지없이 깨졌다. 한민당 입각자는 재무장관 김도연 한 사람에 불과했다. 김도연은 한민당 소속이긴 했지만 이승만과 더 가까운 인물이었다. 내각 안에 한민당의 이해관계를 관철할 인물은 아무도 없었다.

이승만은 내각책임제로 자신을 압박했던 한민당에게 '뒤끝 정치'의 정수를 보여줬다. 결국 8월 6일 한민당은 앞으로 신정부에 대해 '시시비비주의'로 임할 것이라고 선언했다. 사실상의 야당 선언이었다. 이것이 이승만과 한민당의 오랜 동상이몽의 결말이었다.

1948년 8월 15일, 대한민국 신정부의 수립이 선포되었다. 이날 자정을 기해 미군정의 통치는 종식되었다. 민주공화국 대한민국의 시작이었다. 대한민국이 수립되자 북한은 분단 책임을 회피하기 위해 미뤄뒀던 정권 수립을 완료하고자 박차를 가했다. 북한은 이미 6월 초를 전후한 시점에, 연석회의

1948년 8월 15일, 약 3년간의 미군정 통치가 끝나고 마침내 민주공화국 대한민국이 수립되었다.

에 참여했다가 북쪽에 머물러온 홍명희洪命憙, 1888~1968, 김원봉 등을 내세워 남측에 6월 23일 '제2차 남북제정당사회단체연석회의'와 '지도자협의회'를 갖자고 제의한 바 있었다. 대상은 김구와 김규식 등 남북요인회담과 연석회의에 참여했던 인사들이었다. 김일성은 남측의 5·10선거 실시로 남북요인회담의 공동성명은 이제 적절하지 않게 되었다고 주장하며 북한의 정권수립에 호응해달라고 요청했다. 그러나 김구와 김규식은 그의 제안을 거부했다. 김구와 김규식은 북한의 정권 수립을 배신적 행위로 규정하고 통일을 위해 끝까지 싸우겠다고 천명했다.

북한은 6월 29일부터 7월 5일까지 2차 연석회의를 강행했다. 이를 통해 북한은 남북 총선거를 실시하고 전 조선 최고입법기관을 수립해 통일정부로서 인민공화국을 수립할 것을 결정했다. 이에 따라 8월 25일 북한에서는 최고인민회의 대의원을 뽑기 위한 총선거가 실시되었다. 선거 방식은 1946

년 9월에 있었던 인민위원 선거와 동일했다. 북조선민주주의민족전선(북조선민전)이 단일 후보를 추천하면 이에 대한 찬반을 표시하는 방식이었다. 비밀 유지에 문제가 있는 흑백함투표도 그대로 시행되었다. 선거 결과는 전체 유권자 중 99.97퍼센트가 참가해 98.49퍼센트가 찬성했다고 발표되었다.

남한에서도 인민대표자를 뽑기 위한 선거가 실시되었다. 이른바 '지하선거'였다. 투표는 7월 15일부터 8월 10일까지 전개되었다. 방식은 부락 단위로 비밀집회를 소집하고 그 자리에서 투표를 강요하는 방식이었다. 집회가 곤란한 곳에서는 연판장에 서명을 날인하는 방식으로 진행되었다. 선출된 대표자들은 비밀 통로를 통해 황해도 해주로 집결해 최고인민회의 남측 대의원 360명을 선출했다.

남한의 지하선거는 남로당이 자신의 역량을 과시할 필요성 때문에 사활을 걸고 실시되었다. 때문에 이 선거는 광범위한 지역에서 이뤄졌다. 하지만 남한의 지하선거가 그들이 선전하는 것처럼 일반적인 선거와 같은 대표성이나 민주성을 담보할 수 있는 것은 아니었다. 단지 인민공화국 수립의 명분을 얻기 위해 구속자만 1,565명에 이를 정도로 무모한 희생을 감수하고 치러진 어리석은 체제 경쟁의 산물이었을 뿐이다.

남북 총선거가 완료되자 북한은 9월 2일 최고인민회의를 개막했다. 이를 통해 북한은 9월 8일 헌법을 공식 채택하고, 9월 9일 조선민주주의인민공화국의 수립을 선포했다. 김일성과 박헌영이 치열하게 경쟁했던 북한의 권력은 김일성의 승리로 결론이 났다. 최고인민회의 상임위원회 선거에서 김일성이 박헌영을 제치고 내각 수상에 선출되었던 것이다. 박헌영은 부수상에 선출됨으로써 2인자의 자리에 머물러야 했다.

북한은 제2차 남북제정당사
회단체연석회의와 남한의
지하선거로 명분을 만들어
1948년 9월 9일 조선민주주
의인민공화국을 수립했다.

　북한에서 또 하나의 정권이 수립되면서 한반도에는 두 개의 정부가 들어
섰다. 두 정부는 스스로를 중앙정부라 규정하며 상대방을 불법적인 정부로
매도했다. 대한민국은 한반도 전체를 영토로 한다고 선언했고, 조선민주주
의인민공화국은 서울을 수도로 규정했다. 이와 함께 기나긴 체제 경쟁이
시작되었다. 양측의 경쟁은 이내 극단적인 대결로 치달았다. 정권 수립 후
얼마 지나지 않아 북한은 무력에 입각한 '국토완정'을 주장했고, 남한은 서
슴없이 '북진통일'을 주장했다. 두 개의 정부가 수립되는 순간 수많은 사람
들이 예견했듯 한반도에는 '내전 같은 국제전쟁'이자 '외전 같은 동족전쟁'
의 기운이 만연했던 것이다.

　대한민국은 수많은 역경과 시련 속에 수립되었다. 여기에는 너무나 많
은 사람들의 꿈과 희생이 녹아 있었다. 독립과 민주주의, 자유에 대한 열망
으로 만들어낼 민주공화국은 그러나 이 모든 것을 성취할 마지막 단계에서
그 고비를 넘지 못하고 두 개의 국가로 분리되었다. 이는 미·소 대립이 만

· 해방 후 3년

들어낸 규정력의 산물이었지만, 민족을 하나로 묶지 못했던 남북 좌우 갈등의 영향도 컸다.

　신생 대한민국의 앞에는 숱한 과제가 남아 있었다. 한 언론이 "정부 수립을 선포하는 날, 삼천만에게 8·15의 감격이 없다"라고 자조하듯 말한 것은 이 때문이었다. 해방의 감격은 정부 수립 자체에 있는 것이 아니라 신생 정부 앞에 놓인 과제들의 해결을 통해 정부의 토대와 정당성을 확대해나갈 때 가능한 것이었다. 그것은 새롭게 도입된 자유민주주의를 정착시키고 확대 발전시키는 것, 토지개혁으로 봉건적 잔재를 일소하고 사회·경제적 발전을 이룩하는 것, 친일파와 친일 잔재를 청산하고 민족의 정통성을 확립하는 것, 한반도의 평화를 유지하고 민족통일을 달성하는 것을 통해야 비로소 가능해지는 것이었다.

　신생 대한민국에서는 새로운 싸움이 벌어지고 있었다. 그 싸움은 독재와 민주주의의 싸움이자 분단과 평화통일의 싸움이었다. 그 싸움은 민주주의 원리가 작동하는 한, 지지부진하더라도 결국은 국가의 정통성과 정당성을 확대하는 방향으로 움직일 것이 분명했다. 그것이 신생 민주공화국 대한민국 앞에 놓인 운명이었다. 대한민국의 역사는 그렇게 시작되었다.

1948년 8월 15일, 대한민국 정부가 수립되었다. 신정부의 수립은 끝이 아니라 시작이었다. 신정부의 앞날에는 시급히 해결해야 할 과제들이 산더미같이 쌓여 있었다. 그것은 국가의 정통성과 정당성을 확대해 나가기 위한 싸움이었다. 대한민국의 생존 여부는 그러한 과제들을 얼마나 잘 수행하느냐에 달려 있었다.

신정부가 가장 우선적으로 해결해야 할 과제는 민족통일이었다. 당시 대한민국이 가지고 있었던 정치적·경제적 불안 등 대부분의 문제는 분단에서 기인했다. 따라서 모든 문제의 근본적 해결 방안은 민족통일밖에 없었다. 하지만 미·소 좌우의 갈등 속에 두 개의 국가로 분립된 상황에서 곧바로 민족통일이라는 과제를 수행하는 것은 쉽지 않았다. 특히 양측이 극심한 갈등과 대립 속에 무력에 의한 통일을 주장하면서 평화적 수단에 의한 민족통일은 더욱 요원한 일이 되었다.

남북의 대립이 극심해지면서 대한민국이 해결해야 할 과제 가운데 가장 시급한 문제로 떠오른 것은 전쟁 방지였다. 북한은 정부 수립 후 얼마 지나지 않아 '국토완정'을 내세우며 혁명이나 무력에 의한 통일 방안을 가시화했다. 전쟁을 방지하기 위해서는 전쟁을 억제할 수 있는 실질적인 군비를 갖추는 한편, 미국 등 주요 우방으로부터 안전을 보장받아야 했다. 하지만 안타깝게도 대한민국은 전쟁을 방지하지 못했다. 섣불리 북진통일을 주장하면서 미국으로부터 전쟁을 막을 수 있는 실질적인 군비를 원조받는 데 실패했고, 미국 등 주요 우방으로부터 안전 보장을 받는 데에도 실패했다.

대한민국이 해결해야 할 또 다른 과제는 친일파 숙청과 토지개혁 등 과감한 사회개혁이었다. 친일파 숙청 문제는 민족정기를 바로잡고 일제 식민통치의 잔재를 청산한다는 측면에서 반드시 필요했다. 그러나 친일 경찰 등을 주요한 권력 기반으로 삼고 있었던 이승만 정권은 반민족행위특별조사위원회(반민특위)를 강제 해산시키면서 끝내 친일파 숙청을 무산시켰다.

하지만 다행히 토지개혁은 '농지개혁'이라는 명칭으로 성공적으로 실시되었다. 농지개혁은 유상몰수 유상분배의 방식으로 실시되어 봉건적인 토지제도를 개혁하는 데 상당한 성과를 거뒀다. 이승만 정권은 한민당과 달리 지주 세력과는 본래부터 큰 이해관계가 없었던 데다가 주요 정적으로 떠오른 한민당을 견제할 필요성 때문에 농지개혁을 실행했다. 여기에는 초대 농림부장관이었던 조선공산당 출신의 조봉암이 큰 역할을 수행했다.

농지개혁은 봉건적 토지 소유 관계를 근대적 토지 소유 관계로 재편하기 위한 개혁이었다. 이를 통해 농촌을 '소농'을 중심으로 한 자립적 경제구조로 재편하고, 토지에 묶여 있던 자본을 산업자본으로 전환해 자본주의적 기초를 마련하는 데 그 목적이 있었다. 이승만 정권은 1949년 6월부터 농지개혁을 실시해 한국전쟁 전까지 토지 분배를 대부분 완료했던 것으로 알려져 있다. 그런데 이승만 정권의 농지개혁 성공에는 한국전쟁이 큰 역할을 담당했다. 한국전쟁 과정에서 봉건적 지주 계급이 몰락함으로써 의도하지 않았던 근대적 계급 관계로의 재편이라는 효과까지 거두게 되었던 것이다. 이로써 대한민국은 자본주의 발전을 위한 중대한 발판을 마련할 수 있었다.

대한민국이 해결해야 할 또 다른 과제는 경제개발이었다. 하지만 이승만 정권하에서 경제개발은 제대로 이뤄지지 않았다. 미국은 한국 사회의 안정을 위해 상당량의 원조를 제공했다. 그러나 이승만 정권에 만연해 있던 부정과 부패로 인해 자원을 효과적으로 분배하고 산업을 발전시키는 것은 불가능했다. 따라서 경제개발 문제는 차후의 과제로 넘겨질 수밖에 없었다.

민주주의를 발전시키는 것도 대한민국이 해결해야 할 과제였다. 민주주의는 대한민국의 정체성을 결정짓는 가장 중요한 요소이자 대한민국의 정당성을 인정받는 데 필수적인 요소였다. 그러나 불행히도 이승만 정권은 13년이라는 긴 시간 동안 독재정치를 수행했다. 제1공화국에서 보장되었던 유일한 민주주의적 장치는 선거였다. 하지만 이승만 정권은 부정선거를 통해 이마저 유린했고, 이로 인해 몰락의 길을 걸었다.

전체 참고 자료

《경향신문》

《동아일보》

《조선일보》

『자료대한민국사』 1~8, 국사편찬위원회, 1968~1998.

『한국현대사자료총서』 1~13, 돌베개, 1986.

1장 _ 자주적 민족국가 건설 프로젝트

김광식, 「해방직후 여운형의 정치활동과 건준 인공의 형성과정」, 『한국현대사』 1, 열음사,
    1985.

김남식, 「조선공산당과 3당합당」, 『해방전후사의 인식』 3, 한길사, 1987.

김무용, 「해방 후 조선공산당의 노선과 조선인민공화국」, 『한국사학보』 9, 2000.

김무용, 「해방 후 조선공산당의 통일전선과 좌우합작운동」, 『한국사학보』 11, 2001.

김인식, 『안재홍의 신국가건설운동 1944-1948』, 선인, 2005.

도진순, 『한국민족주의와 남북관계』, 서울대학교출판부, 1997.

문제안 외, 『8·15의 기억』, 한길사, 2005.

박병엽, 『김일성과 박헌영 그리고 여운형』, 선인, 2010.

박태균, 『현대사를 베고 쓰러진 거인들』, 지성사, 1994.

서중석, 「국내 독립운동세력의 해방 후 국가 건설방향」, 『대동문화연구』 56, 2006.

서중석, 『한국현대민족운동연구』, 역사비평사, 1991.

서중석, 「해방정국의 중도파 정치세력을 어떻게 볼 것인가」, 『한국민족운동사연구』 39, 2004.

심지연·경남대학교 극동문제연구소, 『인민당연구』, 경남대학교출판부, 1991.

안정애, 「좌우합작운동의 전개과정」, 『한국현대사』 1, 열음사, 1985.

여연구, 『나의 아버지 여운형』, 김영사, 2001.

여운형, 『조선독립의 당위성(외)』, 범우, 2008.

여운홍, 『몽양 여운형』, 청하각, 1967.

유병용·김인식·남광규, 「해방 전후 중간파 민족주의의 성격」, 『한국정치외교사논총』 29-1, 2007.

윤해동, 「여운형 암살과 이승만·미군정」, 『역사비평』 8, 1989.

이기형, 『몽양 여운형』, 실천문학사, 1984.

이동화, 「몽양 여운형의 정치활동 상~하」, 『창작과 비평』 13-2~3, 1978.

이만규, 『여운형투쟁사』, 총문각, 1946.

이정식, 「여운형과 건국준비위원회」, 『역사학보』 134~135, 1992.

정병준, 『몽양여운형평전』, 한울, 1995.

정병준, 「여운형의 좌우합작·남북연합과 김일성」, 『역사비평』 38, 1997.

정병준, 『우남 이승만 연구』, 역사비평사, 2005.

정병준, 「해방 이후 여운형의 통일·독립운동과 사상적 지향」, 『한국민족운동사연구』 39, 2004.

정병준, 「1946~1947년 좌우합작운동의 전개과정과 성격변화」, 『한국사론』 29, 1993.

정용욱, 『존 하지와 미군 점령통치 3년』, 중심, 2003.

정용욱, 『해방 전후 미국의 대한정책』, 서울대학교출판부, 2003.

정창현, 「1946년 좌익정치세력의 삼당합당 노선과 추진과정」, 『한국사론』 30, 1993.

홍인숙, 「건국준비위원회의 조직과 활동」, 『해방전후사의 인식』 2, 한길사, 1985.

2장_혁명으로 인민정부를 건립하라

고준석, 『비운의 혁명가 박헌영』, 글, 1992.

고지훈, 「해방 직후 조선공산당의 대미인식」, 『역사문제연구』 17, 2007.

기광서, 「해방 직후 조선공산당에 대한 소련의 입장」, 『역사비평』 65, 2003.

김남식, 『남로당연구』, 돌베개, 1984.

김남식 편, 『남로당연구자료집』, 고려대학교 아세아문제연구소, 1974.

김남식, 심지연 편저, 『박헌영노선비판』, 세계, 1986.

김무용, 「해방 후 조선공산당의 노선과 조선인민공화국」, 『한국사학보』 9, 2000.

김무용, 「해방 후 조선공산당의 신전술 채택과 당면과제」, 『역사연구』 5, 1997.

김무용, 「해방 후 조선공산당의 통일전선과 좌우합작운동」, 『한국사학보』 11, 2001.

김무용, 「1946년 9월총파업과 10월항쟁의 상호 융합, 운동의 급진화」, 『대구사학』 85, 2006.

김문현, 「남로당 지방당조직의 활동상을 밝힌다」, 『역사비평』 5, 1988.

김시중, 「남로당 지방당조직 어떻게 와해되었나」, 『역사비평』 6, 1989.

문광석, 「조선공산당 8월 20일 테제와 9월 20일 테제 비교 분석」, 성균관대 석사논문, 2005.

민주주의민족전선 편, 『해방조선』 1, 과학과 사상, 1988.

박병엽, 『김일성과 박헌영 그리고 여운형』, 선인, 2010.

샤브시나 꿀리꼬바, 「소련의 여류 역사학자가 만난 박헌영」, 『역사비평』 27, 1994.

서중석, 『한국현대민족운동연구』, 역사비평사, 1991.

안재성, 『박헌영 평전』, 실천문학사, 2009.

이강수, 「삼상회의결정안에 대한 좌파 3당의 대응」, 『한국근현대사연구』 3, 한울, 1995.

이균영, 「김철수와 박헌영과 3당합당」, 『역사비평』 6, 1989.

이애숙, 「일제 말기 반파시즘 인민전선론」, 『한국사연구』 126, 2004.

이완범, 「조선공산당의 탁치 노선 변화 과정」, 『한국근현대사연구』 35, 2005.

이완범, 「조선공산당의 탁치 노선 전환 이유」, 『정신문화연구』 99, 2005.

이정박헌영전집편집위원회 편, 『이정 박헌영 전집』, 역사비평사, 2004.

이주환, 「해방직후 조선공산당 내 분파투쟁과 북조선분국」, 『동국사학』 38, 2002.

이철순, 「해방직후 좌익세력의 대미인식에 관한 연구」, 서울대 석사논문, 1988.

임경석, 『이정 박헌영 일대기』, 역사비평사, 2004.

임경석, 「잡지 콤무니스트와 국제선 공산주의그룹」, 『한국사연구』 126, 2004.

정용욱, 「조선공산당 내 '대회파'의 형성과정」, 『국사관논총』 70, 1996.

정창현, 「1946년 좌익정치세력의 삼당합당 노선과 추진과정」, 『한국사론』 30, 1993.

정해구, 『10월인민항쟁연구』, 열음사, 1988.

「조선공산당 중앙 및 도당 대표동지 연석회의 의사록」, 『역사비평』 16, 1991.

중앙일보 특별취재반, 『비록 조선민주주의인민공화국』 (상), 중앙일보사, 1992.

중앙일보 현대사연구팀, 『발굴자료로 쓴 한국현대사』, 중앙일보사, 1996.

한국역사연구회 1930년대 연구반, 『일제하 사회주의운동사』, 한길사, 1991.

한림대학교 아시아문화연구소 편, 『조선공산당문건자료집』, 한림대학교출판부, 1993.

3장_임정법통이냐, 단정이냐

고하선생전기편찬위원회 편, 『독립을 향한 집념: 고하송진우전기』, 동아일보사, 1990.

김수자, 「미군정기 통치기구와 관료임용정책」, 『한국근현대사연구』 5, 1996.

김영미, 「미군정기 남조선과도입법의원의 성립과 활동」, 『한국사론』 32, 1994.

김인식, 「송진우·한국민주당의 중경임시정부 절대지지론」, 『한국근현대사연구』 24, 2003.

김인식, 『안재홍의 신국가건설운동 1944-1948』, 선인, 2005.

김인식, 「8·15 해방 후 우익 계열의 중경임시정부 추대론」, 『한국사학보』 20, 2005.

도진순, 『한국민족주의와 남북관계』, 서울대학교출판부, 1997.

동아일보사 편, 『평전 인촌 김성수』, 동아일보사, 1991.

박태균, 「해방직후 한국민주당 구성원의 성격과 조직개편」, 『국사관논총』 58, 1994.

박태균, 「해방후 친일파의 단정·반공운동의 전개」, 『역사비평』 25, 1993.

박태균, 『현대사를 베고 쓰러진 거인들』, 지성사, 1994.

박태균, 「8·15 직후 미군정의 관리충원과 친일파」, 『역사와 현실』 10, 1993.

브루스 커밍스, 『한국전쟁의 기원』, 일월서각, 1986.

서중석, 『한국현대민족운동연구』, 역사비평사, 1991.

송남헌, 『해방3년사』 1~2, 까치, 1985.

심재욱, 「설산 장덕수의 정치활동과 국가인식」, 동국대 박사논문, 2007.

심지연, 『한국민주당연구』 1, 풀빛, 1982.

심지연, 『한국민주당연구 2-한국현대정당론』, 창비, 1984.

윤덕영, 「송진우·한국민주당의 과도정부 구상과 대한민국임시정부지지론」, 『한국사학보』 42, 2011.

윤덕영, 「일제하·해방직후 동아일보 계열의 민족운동과 국가건설노선」, 연세대 박사논문, 2010.

윤덕영, 「주한 미군정의 초기 과도정부 구상과 송진우·한국민주당의 대응」, 『한국사연구』

154, 2011.

윤덕영, 「1945년 한국민주당 초기 조직의 성격과 주한미군정 활용」, 『역사와 현실』 80, 2011.

이경남, 『설산 장덕수』, 동아일보사, 1981.

이인, 『반세기의 증언』, 명지대학교출판부, 1974.

인촌기념회 편, 『인촌 김성수전』, 인촌기념회, 1976.

장신, 「일제말기 김성수의 친일 행적과 변호론 비판」, 『한국독립운동사연구』 32, 2009.

정병준, 『우남 이승만 연구』, 역사비평사, 2005.

정용욱, 『해방 전후 미국의 대한정책』, 서울대학교출판부, 2003.

친일반민족행위진상규명위원회 편, 『친일반민족행위진상규명 보고서』 4-3, 4-15, 친일반민족행위진상규명위원회, 2009.

허정, 『내일을 위한 증언』, 샘터, 1979.

4장_혁명을 위해 분단의 벽을 쌓다

국사편찬위원회 편, 『북한관계사료집』 1, 국사편찬위원회, 1982.

국사편찬위원회 편, 『쉬띄꼬프일기』, 국사편찬위원회, 2004.

기광서, 「소련군의 북한 진주와 부르주아민주주의 노선」, 『통일문제연구』 20, 2005.

기광서, 「해방 후 김일성의 정치적 부상과 집권과정」, 『역사와 현실』 48, 2003.

기광서, 「해방 직후 조선공산당에 대한 소련의 입장」, 『역사비평』 65, 2003.

기광서, 「해방 후 북한 중앙정권기관의 형성과 변화」, 『평화연구』 19, 2011.

기광서, 「해방 후 소련의 대한반도정책과 스티코프의 활동」, 『중소연구』 93, 2002.

기광서, 「훈령으로 본 소련의 미소공동위원회 전략」, 『역사문제연구』 24, 2010.

기광서, 「1940년대 전반 소련군 88독립보병여단 내 김일성 그룹의 동향」, 『역사와 현실』 28, 1998.

김광운, 『북한정치사연구』 1, 선인, 2003.

김남식 외, 『해방전후사의 인식』 5, 한길사, 1989.

김선호, 「해방직후 조선민주당의 창당과 변화」, 『역사와 현실』 61, 2006.

김성보, 「북한의 민족주의세력과 민족통일전선운동」, 『역사비평』 16, 1992.

김성보, 『북한의 역사』 1, 역사비평사, 2011.

김성보, 「소련의 대한정책과 북한에서의 분단질서 형성 1945~1946」, 『분단 50년과 통일시대의 과제』, 역사비평사, 1995.

김주환, 「해방직후 북한의 대미인식과 민주기지론」, 『역사비평』 8, 1990.

김준엽 편, 『북한연구자료집』 1, 고려대학교 아세아문제연구소, 1969.

동아일보사 편, 『원자료로 본 북한 1945-1988』, 동아일보사, 1989.

박병엽, 『김일성과 박헌영 그리고 여운형』, 선인, 2010.

박병엽, 『조선민주주의인민공화국의 탄생』, 선인, 2010.

서동만, 『북조선사회주의체제성립사 1945-1961』, 선인, 2005.

서중석, 『한국현대민족운동연구』, 역사비평사, 1991.

『옳은 노선』, 민중신문사출판부, 1946.

와다 하루키, 『북조선』, 돌베개, 2002.

이강수, 「해방직후 남북한의 친일파숙청 논의 연구」, 『전남사학』 20, 2003.

이재훈, 「해방직후 북한 민족주의세력에 대한 소련의 인식과 정책」, 『역사비평』 70, 2005.

이주환, 「해방직후 조선공산당 내 분파투쟁과 북조선분국」, 『동국사학』 38, 2002.

전현수, 「소련군의 북한 진주와 대북한정책」, 『한국독립운동사연구』 9, 1995.

전현수, 「쉬띄꼬프일기가 말하는 북한정권의 성립과정」, 『역사비평』 32, 1995.

전현수, 「한국현대사와 소련의 역할, 쉬띄꼬프일기 연구」, 『경북사학』 27, 2004.

전현수, 「해방직후 북한의 토지개혁」, 『대구사학』 68, 2002.

정용욱, 『해방 전후 미국의 대한정책』, 서울대출판부, 2003.

조성훈, 「1946년 11월 북한의 인민위원회 선거 연구」, 『한국민족운동사연구』 22, 1999.

중앙일보 특별취재반, 『비록 조선민주주의인민공화국』 상~하, 중앙일보사, 1992.

중앙일보 현대사연구팀, 『발굴자료로 쓴 한국현대사』, 중앙일보사, 1996.

5장_단정으로 권력을 꿈꾸다

김인식, 『안재홍의 신국가건설운동 1944-1948』, 선인, 2005.

김혜수, 「1946년 이승만의 사설정보조사기관 설치와 단독정부수립운동」, 『한국근현대사연구』 5, 1996.

도진순, 『한국민족주의와 남북관계』, 서울대학교출판부, 1997.

로버트 올리버, 『대한민국 건국의 비화』, 계명사, 1990.

박태균, 「1945~1946년 미군정의 정치세력 재편계획과 남한 정치구도의 변화」, 『한국사연구』 74, 1991.

브루스 커밍스, 『한국전쟁의 기원』, 일월서각, 1986.

서중석, 『한국현대민족운동연구』, 역사비평사, 1991.

심지연, 『미소공동위원회연구』, 청계연구소, 1989.

우남실록편찬회, 『우남실록』, 열화당, 1976.

우남이승만문서편찬위원회, 『우남이승만문서』 동문편 13, 중앙일보사 현대한국학연구소, 1998.

유영익, 「이승만의 건국이상」, 『한국사시민강좌』 17, 1995.

윤덕영, 『일제하·해방직후 동아일보 계열의 민족운동과 국가건설노선』, 연세대 박사논문, 2010.

윤덕영, 「주한 미군정의 초기 과도정부 구상과 송진우·한국민주당의 대응」, 『한국사연구』 154, 2011.

이원순, 『인간 이승만』, 신태양사, 1965.

이인수, 「우남 이승만」, 『한국현대인물론』 1, 을유문화사, 1987.

이정식, 『대한민국의 기원』, 일조각, 2006.

정병준, 「남한진주를 전후한 주한미군의 대한정보와 초기점령정책의 수립」, 『사학연구』 51, 1996.

정병준, 『우남 이승만 연구』, 역사비평사, 2005.

정병준, 「이승만의 정치고문들」, 『역사비평』 43, 1998.

정병준, 「주한미군정의 임시한국행정부 수립 구상과 독립촉성중앙협의회」, 『역사와 현실』 19, 1996.

정병준, 「태평양전쟁기 이승만-중경임시정부의 관계와 연대 강화」, 『한국사연구』 137, 2007.

정용욱, 「미군정기 이승만의 방미외교와 미국의 대응」, 『역사비평』 32, 1995.

정용욱, 「미군정의 임정 관계 보고서」, 『역사비평』 24, 1993.

정용욱, 「미소의 대한정책과 군정연구」, 『한국사론』 27, 국사편찬위원회, 1997.

정용욱, 『존 하지와 미군 점령통치 3년』, 중심, 2003.

정용욱, 『해방 전후 미국의 대한정책』, 서울대학교출판부, 2003.
정해구, 「분단과 이승만 : 1945~1948」, 『역사비평』 34, 1996.

6장_임정법통론으로 신민주국가를 건립하라

김구, 『백범 김구선생 언론집』 상~하, 나남출판, 2004.
김삼웅, 『백범 김구 평전』, 시대의 창, 2004.
도진순, 『한국민족주의와 남북관계』, 서울대학교출판부, 1997.
배경식 편, 『올바르게 풀어쓴 백범일지』, 너머북스, 2008.
백범사상연구소 편, 『백범어록』, 화다출판사, 1978.
서중석, 「김구 노선의 좌절과 역사적 교훈」, 『한국현대정치사』 1, 실천문학사, 1989.
서중석, 『한국현대민족운동연구』, 역사비평사, 1991.
선우진, 『백범 선생과 함께한 나날들』, 푸른역사, 2009.
신창현, 『해송 신익희』, 태극출판사, 1976.
오문환, 「백범 김구의 자주통일 국가건설사상」, 『국가건설사상』 3, 인간사랑, 2006.
이승억, 「임시정부의 귀국과 대미군정 관계」, 『역사와 현실』 24, 1997.
이연복, 「백범 김구」, 『한국현대인물론』 2, 을유문화사, 1987.
이용기, 「1945~48년 임정 세력의 정부수립 구상과 임정법통론」, 『한국사론』 38, 1997.
장준하, 『돌베개』, 사상, 1985.
정병준, 『우남 이승만 연구』, 역사비평사, 2005.
정병준, 「태평양전쟁기 이승만-중경임시정부의 관계와 연대 강화」, 『한국사연구』 137, 2007.
정병준, 「해방 후 백범 김구의 건국노선과 평화통일 활동」, 『백범과 민족운동연구』 7, 2009.
정용욱, 「대한민국임시정부의 환국과 백범」, 『백범과 민족운동연구』 7, 2009.
정용욱, 『해방 전후 미국의 대한정책』, 서울대학교출판부, 2003.
정용욱, 「해방 전후 백범 김구의 활동과 미국」, 『백범과 민족운동연구』 5, 2007.

7장_좌우가 공존하는 민족통일국가를 꿈꾸다

강만길·심지연, 『항일독립투쟁과 좌우합작』, 한울, 2000.
강원용, 『빈들에서』 1, 열린문화, 1993.

김동선, 「김규식의 정치노선과 민족자주연맹의 결성」, 『한국민족운동사연구』 46, 2006.

김인식, 『안재홍의 신국가건설운동 1944-1948』, 선인, 2005.

김인식, 「좌우합작운동에 참여한 우익 주체의 합작 동기」, 『한국민족운동사연구』 29, 2001.

도진순, 『한국민족주의와 남북관계』, 서울대학교출판부, 1997.

새한민보사 편집국, 『임시정부수립대강』, 새한민보사, 1947.

서중석, 『한국현대민족운동연구』, 역사비평사, 1991.

서중석, 「해방정국의 중도파 정치세력을 어떻게 볼 것인가」, 『한국민족운동사연구』 39, 2004.

송남헌 외, 『몸으로 쓴 통일독립운동사』, 한울, 2000.

심지연, 『미소공동위원회연구』, 청계연구소, 1989.

심지연, 『송남헌 회고록』, 한울, 2000.

여강출판사 편, 『남조선과도입법의원속기록』 1, 여강출판사, 1984.

윤민재, 『중도파의 민족주의운동과 분단국가』, 서울대학교출판부, 2004.

이정식, 『김규식의 생애』, 신구문화사, 1974.

이준식, 「김규식의 민족운동 노선과 이념」, 『한국민족운동사연구』 39, 2004.

임영태, 『식민지시대 한국사회와 운동』, 사계절, 1985.

정병준, 「해방 직후 각 정파의 정부수립 구상과 그 특징」, 『통일문제연구』 30, 1998.

정병준, 「1946~1947년 좌우합작운동의 전개과정과 성격변화」, 『한국사론』 29, 1993.

정용욱, 『존 하지와 미군 점령통치 3년』, 중심, 2003.

정용욱, 『해방 전후 미국의 대한정책』, 서울대학교출판부, 2003.

8장_민주공화국 대한민국의 탄생

강성천, 「1947~1948년 UN조선임시위원단과 통일정부 논쟁」, 『한국사론』 35, 1996.

고려대학교박물관 편, 『현민 유진오 제헌헌법 관계 자료집』, 고려대학교출판부, 2009.

국회보편집위원회, 「헌법기초 당시의 회고담」, 『국회보』 20, 1958.

김광운, 『북한정치사연구』 1, 선인, 2003.

김득중, 「제헌국회의 구성과정과 성격」, 성균관대 석사논문, 1994.

김수용, 『건국과 헌법』, 경인문화사, 2008.

도진순, 『한국민족주의와 남북관계』, 서울대학교출판부, 1997.

동아일보사 편, 『원자료로 본 북한 1945-1988』, 동아일보사, 1989.

박광 편, 『진통의 기록』, 평화도서주식회사, 1948.

박광주, 「헌법제정과정과 대통령 선거」, 『한국현대사의 재인식』 2, 오름, 1998.

박찬표, 「대한민국의 수립」, 『한국사』 52, 국사편찬위원회, 2002.

박찬표, 「제헌국회의 의정활동」, 『한국현대사의 재인식』 2, 오름, 1998.

백범사상연구소 편, 『백범어록』, 화다출판사, 1978.

서중석, 『남북협상, 김규식의 길, 김구의 길』, 한울, 2000.

서중석, 『한국현대민족운동연구』 2, 역사비평사, 1996.

서희경, 『대한민국 헌법의 탄생』, 창비, 2012.

유영익, 「이승만 국회의장과 대한민국 헌법 제정」, 『역사학보』 189, 2006.

유진오, 『헌법기초회고록』, 일조각, 1980.

윤경섭, 「1948년 북한헌법의 제정배경과 그 성립」, 성균관대 석사논문, 1996.

이영록, 『우리 헌법의 탄생』, 서해문집, 2006.

이영록, 「제헌국회의 헌법 및 정부조직법 기초위원회에 관한 사실적 연구」, 『법사학연구』 25, 2002.

정병준, 『우남 이승만 연구』, 역사비평사, 2005.

정용욱, 『존 하지와 미군 점령통치 3년』, 중심, 2003.

정용욱, 『해방 전후 미국의 대한정책』, 서울대학교출판부, 2003.

친일반민족행위진상규명위원회 편, 『친일반민족행위진상규명 보고서』 4-10, 친일반민족행위진상규명위원회, 2009.

1943년	11월	27일	미 · 영 · 중 카이로선언 채택.

1945년	7월	26일	미 · 영 · 중 포츠담선언 발표.
	8월	8~9일	소련, 대일본 선전포고. 소련군, 만주로 진격.
		15일	**광복.** 여운형, 엔도 정무총감과 회담. **조선건국준비위원회 결성.**
		16일	서대문 · 경성형무소, 정치범 · 경제범 석방. 여운형, 휘문중학교 연설.
			장안파 조선공산당 조직.
		17일	조만식, 평안남도 건국준비위원회 결성.
		18일	박헌영, 서울 도착.
			여운형, 계동 자택 앞에서 테러당함.
	9월	1일	조선국민당(위원장 안재홍) 결성
		6일	조선인민공화국 결성. 조선건국준비위원회 해체.
		7일	여운형, 자택 부근에서 테러를 당해 가평에서 요양.
		8일	**미군 제24군, 인천항 상륙.** 공산주의자들, 계동 열성자대회 개최.
		9일	미군, 서울 진주. 미군정청 설치 공포.
		11일	조선공산당 재건.
		14일	조선인민공화국, 이승만을 주석으로 하는 정부조직 발표.
		16일	한국민주당 결성.
		19일	김일성, 원산항으로 귀국.
		22일	김일성, 평양 도착.
	9월 말~10월 초		미군정, 미군정의 부장 · 과장급 자리에 조선인 임명.
		10월 5일	미군정, 군정장관고문회의 설치. 여운형, 하지와 첫 회담(여운형은 10월 중순으로 회고).
		8일	박헌영, 개성에서 김일성과 회담.
		10일	각정당행동통일위원회 결성. 미군정, 조선인민공화국 부인 성명.
		10~13일	북한 공산주의자들, 북부 5도당 책임자 및 열성자 대회 개최.
		14일	소련군환영대회 개최. 김일성, 공식 석상에 첫 등장.
		16일	이승만 귀국.

	20일	연합군환영대회 개최. 미 국무부 극동국장 빈센트, 다자간 신탁통치안 계획에 대해 발언(23일 국내 언론에 보도). 조선공산당 북조선분국 중앙집행위원회 설립.
	23일	각정당행동통일위원회, 독립촉성중앙협의회로 전환.
	27일	박헌영, 하지와 첫 회담.
11월	3일	조선민주당(당수 조만식) 결성.
	7일	이승만, 조선인민공화국 주석 취임 거절.
	12일	조선인민당(위원장 여운형) 결성.
	23일	중경임정 김구 · 김규식 귀국.
	26일	중경임정 공식 기자회견.
11월 말		조선독립동맹, 북한으로 귀국.
12월	12일	조선인민공화국, 중경임정에 합작 제안(12월 말까지 협상).
12월 중순		조선공산당 북조선분국, 김일성을 책임비서로 선출.
	16일	모스크바삼상회의 시작.
		한민당, 국민대회준비회 중앙집행위원회 소집하여 1946년 1월 10일 국민대회 개최를 결정.
	19일	임시정부개선환영대회 개최.
	20일	이승만, 조선공산당과 완전한 절연 선언.
	23일	한민당, 애국금헌성회 발족.
	25일	소련 요시프 슈킨, 중앙정권기관 창출 및 토지개혁 필요성 제기.
	27일	**모스크바삼상회의 결의안 왜곡 보도, 반탁운동 시작.**
	28일	중경임정, 신탁통치반대국민총동원위원회 결성. 모스크바삼상회의 종료(한국 시간 28일 오후 6시).
		박헌영, 평양 방문(1946년 1월 2일 새벽 서울로 귀환).
	29일	첫 번째 대규모 반탁시위 개최.
	30일	송진우 피살. 모스크바삼상회의 결의안 전문 보도.
	31일	중경임정, 국자 1, 2호 포고문 발표. 정권인수운동 공식화.
1946년 1월	1일	김구, 하지 면담(정권인수운동 좌절).
	2일	북한, 조선공산당, 조선인민공화국, 모스크바삼상회의 결의안 지지 성명

		발표.
	3일	조선공산당 주도 반탁집회가 찬탁집회로 변질.
	4일	중경임정, 비상정치회의 소집.
	7일	인민당·공산당·한민당·국민당 4당회담. 4당 공동성명 발표.
	8일	한민당, 4당 합의안 번복.
1월 중순		조만식, 고려호텔 연금.
	16일	미소공동위원회 예비회담 시작.
		《동아일보》,《대동신문》 등 우익 신문, 박헌영이 소련 일국의 신탁통치를 원한다고 말했다고 일제히 보도.
2월	1일	비상국민회의 발족.
	5일	조선독립동맹, 경성특별위원회(위원장 백남운) 결성.
	8일	**북조선임시인민위원회 결성.**
		이승만과 김구, 대한독립촉성국민회 조직.
	9일	북조선임시인민위원회, 위원장에 김일성 선출.
	9~11일	여운형, 북한 방문.
	13일	비상국민회의 최고정무위원회 설치. 위원 28명 명단 발표.
	14일	**남조선대한국민대표민주의원 결성.**
	15일	민주주의민족전선 결성.
	16일	조선독립동맹, 조선신민당 결성.
	19~20일	박헌영, 조선공산당 중앙 및 지방 동지 연석간담회 참석.
3월		중경임정, 우익정당통합운동.
	18일	이승만, 민주의원 의장직 사임.
	20일	**미소공동위원회 본회의 개막(제1차 미소공동위원회).**
	20일경	박헌영, 스티코프에게 자금 지원 요청.
	23일	북한, 20개조 정강 발표.
3월 중순~8월		북한, 민주개혁 실시.
4월		조선공산당 북조선분국, 북조선공산당으로 명칭 변경.
	3~6일	박헌영, 평양 방문.
	7일	한독당, 국민당·신한민족당과 통합 합의.
	16일	이승만, 남선순행 시작.

	18일	여운형, 서울 관수교에서 테러당함.
		미소공동위원회, 공동성명 5호 발표.
	19~25일	여운형, 북한 방문.
5월	8일	조선공산당 간부 위조지폐사건 혐의로 체포.
	9일	**미소공동위원회 무기휴회 선언.**
	10일	이승만, 자율적 정부 수립 주장.
	17일	한민당, 자발적 정부 수립 주장.
	19일	북한, 미소공위재개운동 시작.
6월		**좌우합작운동 공론화.**
	3일	이승만, 단독정부 수립 주장(정읍 발언).
	10일	조선공산당, 미소공위재개운동 시작.
	10~11일	이승만, 대한독립촉성국민회 중앙·지방조직 장악.
	29일	이승만, 민족통일총본부 설치.
	30일	하지, 좌우합작운동 지지 성명 발표.
27일~7월 중순		박헌영, 북한 방문.
7월		여운형·김규식, 좌우합작운동 본격화.
	1일	김일성·박헌영, 10여 일간 모스크바 방문. 스탈린과 회담.
	17일	여운형, 신당동에서 교살당하기 직전 구출됨.
	22일	박헌영, 북한에서 돌아와 민전 의장단회의에서 좌우합작 5원칙, 3당 합당 제안.
		북한 북조선민주주의민족통일전선 결성.
	25일	좌우합작위원회 결성. 첫 회담 시작.
	27일	민전, 좌우합작 5원칙 발표.
	31일	여운형, 북한 방문.
8월	3일	여운형, 좌익 3당 합당 제안문 발표.
	5일	조선공산당 대회파, 박헌영 비난 성명서 발표.
	28일	북조선노동당 결성.
9월	4일	박헌영, 남조선노동당준비위원회 구성.
	5일	북조선임시인민위원회, 인민위원회 선거 규정 발표.
	6일	미군정, 《조선인민보》·《현대일보》·《중앙신문》 등 좌익신문사 폐쇄.

7일	미군정, 박헌영 등 조선공산당 주요 간부 체포령.
18일	미군정, 좌우합작위원회에 과도입법기구 설치 제안을 공식 요청.
23~30일	여운형, 북한 방문.
23일	부산 철도노조원의 파업을 시작으로 9월 총파업 시작.
29일	박헌영, 서울 탈출. 월북 길에 오름.
10월 1일	대구 노동자 1명 사망하면서 10월 항쟁 발발(2달간 전국적인 항쟁으로 발전).
6일	박헌영, 평양 도착.
7일	**좌우합작위원회, 좌우합작 7원칙 발표.**
	여운형, 괴청년들에게 납치되었다가 풀려남.
12일	미군정, 법령 제118호로 과도입법의원 창설을 공포.
14~31일	미군정, 과도입법의원 민선의원 선거 실시.
16일	한민당 김성수, 과도입법의원 설치 찬성.
10~12월	한민당 비주류 세력, 대규모 탈당.
11월 3일	북한, 인민위원회 선거 실시.
17일	사회노동당 정식 발족.
22일	이승만, 방미 계획 발표.
23일	남조선노동당 결성.
12월 4일	여운형, 정계 은퇴 선언. 이승만 방미.
12일	**남조선과도입법의원 개원.**
22일	민중동맹 결성.
27일	김구, 반탁운동 재개.
28일~1947년 1월 8일	여운형, 북한 방문. 1월 8일 서울 귀환.

1947년 1월	여운형, 정치활동 재개.
2월 14~17일	김구, 국민의회 조직.
22일	**북조선인민위원회 결성.**
27일	사회노동당 해산.
3월 1~3일	김구, 과도정부수립운동을 벌이다가 좌절.
8일	미군정, 여운형을 인도 범아시아회의 조선 대표로 위촉.
12일	미국, 트루먼독트린 발표.

		17일	여운형 계동 자택, 폭탄테러로 반파됨.
	4월	21일	이승만 귀국.
		29일	이승만, 김구 측 국민의회 주석 취임 요청 거부.
	5월	12일	여운형, 혜화동 로터리에서 권총 피습.
		21일	**미소공동위원회 재개**(제2차 미소공동위원회).
		24일	여운형, 근로인민당 결성.
	6월	10일	한민당, 미소공동위원회 참가 선언.
		27일	입법의원, 보통선거법 통과.
		28일	하지, 이승만·김구에게 테러와 암살 계획을 중지하라고 공개 경고.
	7월	1~3일	미소공위 미국 측 대표, 북한 방문.
		2일	입법의원, 부일협력자 등에 관한 특별조례 통과.
		10일	이승만, 한국민족대표자대회 조직. 김구 측 국민의회와 통합 논의.
	7월 중순		**미소공위, 사실상 결렬 상태에 빠짐.**
		19일	여운형, 혜화동 로터리에서 피살.
	8월	26일	이승만, 총선거대책위원회 구성.
	9월	17일	**미국, 한국 문제를 유엔에 이관.**
		26일	소련, 미·소 양군 동시 철수 제안.
	10월	18일	미소공동위원회 최종 결렬.
	11월		한민당, 선거대책대강 작성.
		14일	**유엔총회, 한국 문제에 관한 결의안 통과. 유엔 감시하의 총선 실시 발표.**
		18~19일	북한, 조선임시헌법제정위원회 조직. 헌법 초안 작성 시작.
	12월	1일	김구, 이승만의 단독선거안을 받아들이는 성명 발표.
		2일	한민당 정치부장 장덕수 피살.
		3일	국민의회, 이승만 측 민족대표자대회와 통합 결의.
		15일	좌우합작위원회 해체.
		20일	민족자주연맹 결성.
1948년	1월	8일	국민의회와 민족대표자대회 통합 최종 결렬. 유엔한국임시위원단 서울 도착.
		28일	**김구, 남북요인회담과 남북 총선거에 의한 통일정부 수립 방안 발표.**

2월	7일	남조선노동당, 2·7구국투쟁.
	8일	북한, 인민군 창설.
	10일	북한, 헌법 초안 발표.
	16일	김구·김규식, 김일성·김두봉에게 남북요인회담 개최 서한 발송.
	26일	**유엔소총회, 접근 가능한 지역 내 총선 실시 결정.**
3월	5일	이승만, 각정당사회단체대표자대회 개최.
	25일	북한, 김구·김규식과 남한 정당·사회단체에 남북지도자연석회의·전조선정당사회단체대표자연석회의 참석 요청.
	30일	전국애국연합총선거추진위원회 구성.
4월	19일	김구, 방북 길에 오름.
	19~23일	북한, 남북조선제정당사회단체대표자연석회의 개최.
	21일	김규식, 방북 길에 오름.
	26일	남북요인회담 개최.
	29일	북한 헌법, 북조선인민회의를 통해 사실상 확정.
	30일	남북요인회담, 공동성명서 발표.
5월	10일	**5·10선거 실시.**
	31일	**제헌국회 출범.**
6월	3일	제헌국회, 헌법 및 정부조직법 기초위원회(헌법기초위원회) 설치.
	23일	헌법기초위원회, 헌법안 본회의 상정.
	29일~7월 5일	북한, 제2차 남북연석회의 개최.
7월 15일~8월 10일		남조선노동당 지하선거 실시.
7월	17일	제헌국회, 헌법 공포.
	20일	정부통령 선거 실시. 이승만 당선.
8월	**15일**	**대한민국 정부 수립.**
	25일	북한, 최고인민회의 대의원 선출을 위한 총선거 실시.
9월	2일	북한, 최고인민회의 개막.
	8일	북한, 헌법 공식 채택.
	9일	조선민주주의인민공화국 수립 선포.

해방 후 3년

초판 1쇄 인쇄일 2015년 8월 7일
초판 3쇄 발행일 2019년 4월 5일

지은이 | 조한성

발행인 | 박재호
편집 | 고아라, 홍다휘, 강혜진, 이은정
마케팅 | 김용범
총무 | 김명숙
종이 | 세종페이퍼
인쇄 · 제본 | 한영문화사
출력 | ㈜상지피앤아이

발행처 | 생각정원 Thinking Garden
출판신고 | 제 25100-2011-320호(2011년 12월 16일)
주소 | 서울시 마포구 양화로 156(동교동) LG팰리스 1207호
전화 | 02-334-7932 팩스 | 02-334-7933
전자우편 | pjh7936@hanmail.net

ⓒ 조한성 2015 (저작권자와 맺은 특약에 따라 검인은 생략합니다)
ISBN 979-11-85035-27-7 03910

만든 사람들
기획 | 박재호
편집 | 김준연
디자인 | 이석운, 김미연